U0664559

遗失在西方的中国史

Chinese history lost in the West

劳费尔
东方珍宝探秘

〔美〕伯托尔德·劳费尔 著　芮传明 译

THE MYSTERIES
OF THE
ORIENTAL JEWELLERY

SPM
南方传媒　广东人民出版社

·广州·

图书在版编目（CIP）数据

遗失在西方的中国史：劳费尔东方珍宝探秘 /（美）
伯托尔德·劳费尔著；芮传明译. — 广州：广东人民
出版社，2022.8

ISBN 978-7-218-14824-3

Ⅰ.①遗… Ⅱ.①伯… ②芮… Ⅲ.①汉学－文集
Ⅳ.① K207.8-53

中国版本图书馆 CIP 数据核字（2021）第 086622 号

YISHI ZAI XIFANG DE ZHONGGUOSHI: LAOFEIER DONGFANG ZHENBAO TANMI

遗失在西方的中国史：劳费尔东方珍宝探秘

（美）伯托尔德·劳费尔 著　芮传明 译　　　　版权所有　翻印必究

出 版 人：肖风华

选题策划：倪腊松
责任编辑：李力夫
责任技编：吴彦斌　周星奎
装帧设计：胡振宇

出版发行：广东人民出版社
地　　址：广州市越秀区大沙头四马路 10 号（邮政编码：510102）
电　　话：（020）85716809（总编室）
传　　真：（020）85716872
网　　址：http://www.gdpph.com
印　　刷：三河市中晟雅豪印务有限公司
开　　本：710mm×1000mm　1/16
印　　张：24.75　字　　数：294 千
版　　次：2022 年 8 月第 1 版
印　　次：2022 年 8 月第 1 次印刷
定　　价：78.00 元

如发现印装质量问题，影响阅读，请与出版社（020-85716849）联系调换。
售书热线：（020）85716826

总 目

汉译者序

劳费尔（Berthold Laufer），1874 年 10 月 11 日生于德国科隆，1934 年 9 月 13 日卒于美国芝加哥。作为世界著名的汉学家、语言学家、考古学家、人类学家、民俗学家，他因其优秀著述《中国伊朗编》（*Sino-Iranica: Chinese Contribution to the History of Civilization in Ancient Iran*）被译成中文在五六十年前就已闻名中国学术界。

劳费尔的主要研究地域是远东地区，格外熟悉和感兴趣的则是中国。他的著述极为丰富，仅独立署名的大小专著、论文和书评等作品，便达二百数十种，而数十年日常工作的报告等文字尚未计算在内。他对中国古代文化艺术以及它们与其他文明之交流的研究非常深刻，见解独特，其观点往往令人拍案叫绝。

不得不遗憾地承认，多年来，中国学术界对劳费尔这位学术大师确有"怠慢"之嫌，盖因他的诸多优秀作品除了 1964 年由林筠因翻译出版了《中国伊朗编》外，似乎再未见到较大篇幅的译著，甚至未见相关的介绍；这与劳费尔著述的数量、质量、价值和影响是很不相称的。在中国的优秀传统文化越来越受到国人和国际学界重视，并进行越来越广泛和深刻的研究之际，我们深切地感到，若继续"冷淡"劳费尔的相关作品，非但是具备相应汉译能力者的失责，更是中国学术界在古代艺术、考古及中外文化交流等领域的巨大损失。

有鉴于此，译者不揣谫陋，冀以绵薄之力，为该领域的学术研究略作添砖加瓦之事。不敢自嘘"鸿鹄之志"，妄图毕大功于一役；只望累十"九层之台"，庶几积小成于多年。因此，本书作为规划的第一步，先收载三部篇幅不是很大，但是影响不小的专著；随后再尽快推出篇幅更大，论述更为深刻的其他作品。

具体而言，本书收载的三部著述，按初版的时间排序，分别为《东方绿松石考释》（*Notes on Turquois in the East*，1913 年初版）、《中国和希腊之钻石研究》（*The Diamond: a Study in Chinese and Hellenistic Folk-lore*，1915 年初版）和《中国的象牙》（*Ivory in China*，1925 年初版）。它们都由芝加哥的菲尔德自然史博物馆（Field Museum of Natural History）出版，是其人类学系列的出版物之一。这部汉译本的总标题则取名《劳费尔东方珍宝探秘》，因为它们的内容不仅限于中国，更涉及中国古代文明与域外的交流。

劳费尔具有丰富的语言学知识，其旁征博引之处往往直接摘录原文，故著述中不乏德文、法文、意大利文、拉丁文等辞句，或者梵文、藏文、日文、阿拉伯文等术语。译者只有尽其所能地将原貌提供给读者；若出现不够确切，甚至不正确的译文，则恳请读者诸君予以谅解，并不吝赐教。

在此，除了简单交代这部译著的来龙去脉外，也借此机会略微介绍原作者的学术生涯和主要学术成果，以方便中文学界的读者更多、更好地参考和借鉴劳费尔的精彩著述，及了解和探讨中国与世界的传统文化。

1884—1893年间，劳费尔就读于德国科隆的弗里德里希·威廉中学，1893—1895年间则在柏林大学度过；其中有部分时间（1894—1895）兼职于柏林的东方语言学院。1897年，他获得莱比锡大学的哲学博士学位，并听从同样出生于德国的博厄斯（Boas）教授的建议，于1898年前赴美国，就职于纽约的美国自然史博物馆。这是他在其人生道路上迈出的关键一步，从此，他扎根美国，成为著名的民族学者、人类学者、东方学者。

1898—1899年间，劳费尔率领杰瑟普北太平洋考察队（Jesup North Paific Expedition）前赴库页岛和黑龙江流域考察，对当地的土著部落进行民族学研究。1901—1904年间，他又率领雅各布·希夫考察队（Jacob H. Schiff Expedition）前往中国，研究中国的文化和历史，并收集相关的民族学资料。

回到美国之后，劳费尔担任美国自然史博物馆的民族学部助理，历时两年（1904—1906）。在此期间，他于1905年兼任哥伦比亚大学的人类学讲师，以及在1906—1907年间兼任同一座大学的人类学和东亚语言学讲师。

1908年，劳费尔成为芝加哥菲尔德自然史博物馆的职员。从此之后，他谢绝了其他机构的多次邀请，乃至高薪的许诺，始终没有离开过菲尔德自然史博物馆，直到去世。他相继担任过东亚部的部长助理、亚洲民族学部的部长助理，以及人类学部部长等职务。

劳费尔就职菲尔德自然史博物馆之后，又有两次为了学术研究赴远东地区进行长时间的考察。第一次是 1908—1910 年间，他作为黑石考察团（Blackstone Expedition）团长，考察了中国的西藏和内地。第二次是 1923 年，他随马歇尔·菲尔德考察团（Marshall Field Expedition）考察了中国。

劳费尔最感兴趣的地区是远东，因此他曾挤出大量时间学习和掌握必要的语言，所学的东方语言包括波斯文、梵文、巴利文、马来文、中文、日文、满文、蒙文、藏文和达罗毗荼文等。而在远东各地中，他最为关注，且研究成果最多的领域则是中国。这体现在菲尔德自然史博物馆的中国展览室上：其中的绝大部分展品都是他在东方考察期间购买所得；他尤其引以为豪的是其玉器收藏，他对此深有研究，倍加珍爱，乃至往往亲自向参观者详细介绍形形色色的中国古代玉器。他认为这些实物以及与之相关的著述是他平生对学术研究的主要贡献。

另一方面，劳费尔在大量学术机构中兼任重要或主要职务的现象也充分表明，他的学识渊博，兴趣广泛，并且积极投身学术研究事业，从而在其并不漫长的学术生涯中为后世创造了丰硕而极有价值的研究成果。例如，他参与工作的学术机构包括全美中国研究顾问委员会、全美中国文化和经济研究委员会、美国与远东友谊促进会、全美波斯艺术与考古研究会、民族学研究会、美国先进科学协会、美国研究委员会、美国东方学会、美国新东方学会、科学史学会、美国人类学协会、德国人类学学会东京分会、皇家亚洲学会华北分会、亚洲学会、美国民俗学会、语言学会、亚洲艺术联谊会、东亚艺术学会，等等。此外，他还担任了不少学术机构的通讯成员以及好几种刊物的联合编辑。

当然，劳费尔最令人印象深刻和最有价值的成果是他撰写的大量学术著述。他的早期作品的主题涉及中国西藏和蒙古，不过此后他更以有关中国内地之艺术和考古的研究闻名于世。例如，1909 年初版的《中国汉代陶器》(*Chinese Pottery of the Han Dynasty*) 使他得到该领域的国际学术界的认可。这虽然是他研究中国古代陶瓷史的第一本书，距今已有一百余年，但至今仍是该领域的典范之作。数年之后，他又有长文《中国汉代墓雕》(*Chinese Grave Sculptures of the Han Period*，1911 年初版) 和专著《中国陶俑：护甲史导论》(*Chinese Clay Figures: Prolegomena on the History of Defensive Armor*，1914 年初版) 面世，同样十分精彩。

不过，最能使劳费尔驰名国际学界的，似乎是他撰成于 1912 年的专著《玉：中国的考古与宗教研究》(*Jade: A Study in Chinese Archaeology and Religion*)。他依靠其良好的汉语知识，摘录和转引了大量极有价值的汉语文献资料，用流畅的语言谈论了古代中国宗教崇拜、丧葬以及个人装饰品中的玉器，发表了许多非常有创见的观点，提供了十分有意思的信息。该书并附图数百幅，长时期内始终是相关领域的重要参考著述。

　　众所周知，劳费尔有关古代世界文明交流的名著是《中国伊朗编》（*Sino-Iranica: Chinese Contribution to the History of Civilization in Ancient Iran*，1919 年初版），有些学者认为，这是他最重要的一部著作。不管怎样，此书对于古代中国与伊朗或其他域外地区之间植物、矿物、药物、织物等文明交流的某些深入考证，至今仍被学术界视为权威之论。劳费尔同样探讨古代世界文明交流的类似著述还有许多，本书译载的三篇（《东方绿松石考释》《中国和希腊之钻石研究》《中国的象牙》）便是其中的一部分。此外，如《火浣布与火怪》（*Asbestos and Salamander: an Essay in Chinese and Hellenistic Folklore*，1915 年初版）、《中国和印度的取火透镜》（*Optical Lenses: Burning Lenses in China and India*，1915 年初版）《阿拉伯与中国之海象牙和角鲸牙贸易》（*Arabic and Chinese Trade in Walrus and Narwhal Ivory*，1913 年初版）、《亚洲琥珀的历史记载》（*Historical Jottings on Amber in Asia*，1907 年初版）等，都是兼具学术性和趣味性的著述。

　　劳费尔的诸多作品发表至今，少则将近九十年，多则一百数十年。在这段漫长的时期里，社会迅速发展，学术研究的总体水平当然也大为提高。因此，用现代的眼光来看，劳费尔的著述难免存在这样那样的不足之处，甚至谬误。然而，这并不妨碍它们仍然可以作为该研究领域的重要参考文献，尤其是当学者们将关注点更多地转向近现代或当代，忽视传统文化研究，并且学风趋于浮躁、功利时，劳费尔的著述显然更加具有莫大的"启发"和"纠偏"意义。这也是译者期望达到的目的之一。

中国与希腊之钻石研究

The Diamond: A Study in Chinese and
Hellenistic Folklore

目 录

导 言

在希腊—罗马世界的所有奇观和财富中，最能令中国人产生深刻而持久印象的，是大量形形色色的宝石。在上古时代，中国人所知的宝石种类极其有限，主要是适宜雕刻的、不透明的彩色石料。至于对透明宝石的发光品性，以及有关切割、打磨和镶嵌的技术，他们则一无所知。直到与希腊、印度文明接触后，他们才对这新世界有所了解。伴随着域外的新物品，西方的民间传说也一起涌入了中国的城市和乡村。

本书通过对钻石史的详细研究来进行有关中希关系的一系列专门探讨，[1] 主要是因为这个专题提供了有关古典观念传播至远东的很有启发性的一个例子。中国人在这个领域的知识是一片空白；正是因为不了解钻石，所以他们很容易接受与这方面相关的观念。[2] 印度是钻石销往西亚、希腊—罗马世界以及东南亚和中国的集散中心。尽管如此，中国人有关钻石的观念与印度并不相同，却与希腊、罗马古典文献中阐述的观念一致。这是因为钻石是从希腊化世界直接输入中国的，而人们对于这一点在此之前始终毫不知情。这便是我目前首次进行这项研究的另一个理由。

　　中国学者丰富而可信的记载大大丰富了我们有关这个专题的知识，以至超过了西方古典作家留给我们的资讯，阐明了至今尚未解决的好几个问题。在下文将看到，金刚钻在古代世界的使用一事，曾遭到许多学者的怀疑和否认，如今则已成为确凿无误的事实；此外，古人对真钻石的了解和熟悉，从开初的怀疑逐步演变成对事实的确认。同样地，诸如"古人是否使用金刚砂（钻石粉），是否切割、磨光钻石"这类讨论热烈的问题也会获得新的解答。

注释

1 我已发表了另外两篇与此方向类似的文章：*The Story of the Pinna and the Syrian Lamb*（Journal of American Folk-Lore, Vol.XXVIII, 1915, pp.103-128）以及 *Asbestos and Salamander*（*T'oung Pao*, 1915, pp.297-371）。

2 Geerts 在 1878 年说道，中国和日本至今未见出产钻石（*Les produits de la nature japonaise et chinoise*, p.201）。在山东省发现钻石只是近年的事情（参看 A.A.Fauvel, *Les diamants chinois*, Comptes-rendus Soc.de l'industrie minière, 1899, pp.271-281; *Chinese Diamonds*, Mines and Minerals, Vol.XXIII, 1902-1903, p.552）。已故的 F.H.Chalfant 在 Forsyth 所编的 *Shantung, the Sacred Province of China* 一书的第 346 页作了这样的记述："沂州东南 55 里处有钻石矿场。石料见于两条河流的下游，分布在覆盖于微红砂石砾岩上的很薄的沙层中。在沂州附近开采金矿的一家德国公司做出了决定性的努力去开发钻石矿，但是这家企业并不是商业上的成功者。据德国专家们的看法，由于两条河道长时间的水流的作用，钻石才沉积在如今的这个位置；而矿石的源头则可能在蒙山山脉的某处。钻石——其中有一些的质量很高——则始终在上面所说的地点被捡到，偶然也见于其他地方。"德国在 1907 年放弃了这些矿场，因为此处所产的钻石作为宝石而言几无价值，而只适宜于工业用途。见 *Engineering and Mining Journal*, Vol.LXXXIV, 1907, p.1159。

一位匿名作者在 *Mines and Minerals*（Vol.XXIII, 1903, p.552）上报道了中

国的钻石开采情况："中国人通过以下方法获得钻石：据他们说，夏雨过后，沙层表面便会显露出钻石。人们知道在那里挖掘是无用的，所以都在急流冲刷过的沙子上来回走动。由于钻石碎片具有尖锐的棱角，很容易刺入寻宝者草鞋的鞋底，而其他的普通砾石则不太可能嵌入鞋底。待到寻宝者认为数量足够时，便将许多草鞋堆在一起焚烧；此后再用筛子将草鞋灰筛去，钻石就被分离出来了。我们见到的钻石都很小，尺寸仅在小米和大麻籽之间。这类钻石通常都呈淡黄色，尽管也有纯白色的。当他们见到较大颗粒的钻石时，便把它敲碎。他们告诉我们道，这是为了用以做钻头的尖刃。显然，中国人不知道如何切割钻石，他们通常不把它视作宝石。他们更喜欢玉、紫晶、红玉髓和玛瑙。只是在荷兰人于 16 世纪最早将切割钻石传入中国之后，各大口岸及京城的富人才切割从印度或欧洲进口的钻石，用以装饰其帽子或戒指。山东的钻石采集者将它们销至全国各地，形成相当重要的一项贸易。"我不知道这一现代的钻石采集具体的开始日期，但是似乎不会早于 19 世纪下半叶。我在中文典籍中找不到有关它的任何资料。

第一章

钻石谷的传说

《梁四公记》[1]是最奇特的汉文古籍之一，它的一段记载如下：“梁天监中，有蜀杰公[1]谒武帝[2]。尝与诸儒语及方域，西至西海[3]。海中有岛，方二百里。岛上有大林，林皆宝树。中有万余家，其人皆巧，能造宝器[4]，所谓拂林国也。岛西北有坑盘坳，深千余尺。以肉投之，鸟衔宝出，大者重五斤。彼云是色界天王[5]之宝藏。”

从几个方面来看，上述引文是十分重要的。首先，它是最早提到“拂林”的汉文典籍，比我们先前见到的“拂林”记载早了一百年。有关拂林问题的终生研究者夏德（Hirth）教授[6]在两《唐书》中见到有关拂林的第一条记载，而《隋书》（撰于629—635年）中则也附带提到了拂林，因此追溯其名首次出现的时间到7世纪上半叶。沙畹（Chavannes）令我们注意到了撰于607年，提到拂林的一条资料，见沙畹译自《册府元龟》的一个段落。[7]其中，该国名也如上文所引，写作“拂林”。[8]

---

[1]　译注：《图书集成》在此所谓的“蜀杰公”不见于其他诸书（如《太平广记》《说郛》等）的引文中，很可能是因抄录者误引了“四公子”各自的奇特名字所致，尤其是第一位名叫“蜀闖”（yi chen），前一字颇易与“蜀”字混淆；第三位名叫“䨲杰”（wan ji），名中有“杰”字。劳费尔虽然在上注中提到了“四公”的名字（不过与传统读音略有出入），但在引录的正文中，却仍袭《图书集成》之误，并进一步解释“蜀杰公”为“四川的一位名叫杰的王公”，不免离真相更远了。

《梁四公记》所载者清楚地涉及天监年间（502 — 519 年），并通过谈及梁武帝而确认了这一年代。所以，我们在此见到了于 6 世纪初提及拂林国的最早资料。夏德和沙畹所探讨的著名的拂林国便见于这段文字中；我如今将要揭示，这一内容包含了源自希腊化东方的一个传说。

值得注意的是，《梁四公记》的作者将后世所称的"拂菻"写作"拂林"，这显然是有意用"宝林"之"林"来替代和解释同音字"菻"，遂成"拂林"。在此我不是要重启曾经热烈讨论的该名的语源问题，或者撇开夏德和沙畹的诠释，[9] 而是想谈及伯希和最近提出的一个说法。[10]按照此说，"拂林"（Fu-lin）之名源自 Rōm 一名，其中介形式可能是 Frōm，源自亚美尼亚词 Hrom 或 Horom，以及巴拉维语 Hrōm。伯希和也认为"拂林"一名出现在汉籍中肯定在 550 年左右，甚至可能更早，这与上引文献完全吻合。

这个三言两语描述的大鸟攫取宝石的故事几乎是不可思议的，然而，当我们把它视作众所周知的一个西方传奇的简编版后，它便立即变得极好理解了。该故事最古老的可以接受的一个版本见于艾比法纽斯（Epiphanius，约 315 — 403）的著述中，[11]他是塞浦路斯首府康斯坦提亚（Constantia）的主教。他在谈及耶路撒冷大祭司胸甲上的十二种珍宝时，在接下来的故事中提及了红锆石。

其场景是大塞西亚（Great Scythia）之荒漠的一个深谷中，四周的谷壁全为高墙般的山岩；从崖顶望不到谷底，只见阴霾缭绕，混沌一片。国王派人前来这里搜寻宝石。他们住在附近，宰杀绵羊，剥去羊皮，然后将它们从崖顶掷入深渊。在悬崖上空翱翔的兀鹰嗅到了羊肉的腥味，扑入深谷，攫起羊尸，吞食羊肉。于是，羊尸在谷底所粘住的宝石便落在崖顶。随后，服刑的囚犯来到巨鹰吞食羊肉的地点，寻找和搜集落在地上的宝石。所有这些宝石无论色彩有何不同，全都非常贵重；它们并有这样的奇效：一旦置于灼热的炭火之上，它们只是稍微发热，炭火却会立时熄灭。这种宝石以利于妇女分娩而著称，据说还有驱魔功效。[12]

这个故事与上文所引汉文典籍《梁四公记》的记载惊人地一致，其要点——幽深的山谷、作为诱饵投入的鲜肉、飞禽将粘着宝石的肉攫出——无不确切吻合。若将西方润色该传说的其他附加特色添入汉文版本中，那么其吻合程度就更加令人注目了。所以，我们可以相当合理地得出结论：中文版本可以溯源至艾比法纽斯式的传说，从罗马帝国的一部分"拂林"——如汉文记载所称——直接传播至中土。

在第二古老的西方版本中，我们见到两个新的要素：亚历山大大帝与护卫宝石的蛇。有关矿物学的最早的阿拉伯文著述撰于9世纪中叶以前，其作者被错指为亚里士多德；它的"宝石"条下有这样一段话[13]："除了我的弟子亚历山大，没有其他任何人到过发现宝石的那个山谷。它位于呼罗珊的极东边界处，山谷深不可测，肉眼望不到底。[14]亚历山大在行进到如此遥远的地方后，被一大群蛇阻挡住了前进的道路。在这个山谷中，人类如果被蛇凝视，那么他就会死亡。于是，亚历山大立即用镜子照向群蛇；群蛇见到镜子里反射出的自身的眼光，马上毁灭消亡了。亚历山大及其人马却能查看它们了。[15]旋即，亚历山大干了另一件事：他们杀了羊，剥了皮，将羊尸投入谷底，钻石遂粘在肉上。猎食的飞禽把羊尸叼了上来，战士们追逐群鸟，捡起其猎物上掉下来的宝石。"

这段叙述不禁令我们怀疑，该传说或许是亚历山大传奇故事的一部分；传奇故事的原型保存在伪卡利斯提尼（Pseudo-Callisthenes）的著述里，此书撰成于公元2世纪的埃及亚历山大里亚。[16]然而，事实并非如此。这段传说既不见于伪卡利斯提尼的著述里，也不见于任何早期的西方或东方的亚历山大传奇故事中。最早出现这则故事的亚历山大传奇乃是波斯诗人尼扎米（Nizāmī，1141 — 1203）的《亚历山大传记》（*Iskander-nāmeh*）。[17] 在此，我们也见到了群蛇，因此，伪亚里士多德的《宝石》（*Lapidarium*）显然是尼扎米这段文字的来源。[18]

众所周知，在阿拉伯故事《一千零一夜》中，水手辛巴德（Sindbad）被巨鸟罗克（Rokh）留在钻石谷底后，见到商人们将鲜肉投入谷中，兀鹰（亦即 Nizāmī 所言的兀鹰）将它们连同粘在肉上的钻石一起叼上崖顶后，他便以肉裹身，遂被巨鸟叼上了崖顶。[19] 这是对艾比法纽斯（Epiphanius）编撰的简单形式传奇故事的进一步发展和有意思的模仿。在成于 960 年的著名的阿拉伯文著述《印度奇事》[20] 中，这一传奇由一位深入印度的旅行家叙说，而他则将故事地点置于克什米尔。他引入了一个新要素：谷内有一年到头日以继夜燃烧的火。巨蛇散布于火堆的四周；而羊肉、兀鹰和攫取宝石等要素则与上文所述相同。但是，这事的危险性显然增大了：羊肉有可能被火吞噬；同样地，兀鹰若太接近火，也会被焚烧；采宝者可能死于火和蛇。[21]

在宋代（960 — 1279），这个故事隐约地见于周密的著述中。[22] 他在其《齐东野语》（卷 16）中说道，金刚钻"相传产西域诸国，或谓出回纥国。往往得之河北沙碛间鸷鸟海东青所遗粪中，然竟莫知为何物也"。方以智在其撰于 17 世纪上半叶的《物理小识》中批评周密之言是错误和不清楚的。[23] 两位作者显然都不知道更古的《梁四公记》版本。

13 世纪的蒙元时期，这个传说获得了新的动力，遂在阿拉伯人、中国人和欧洲人之间再度流传开来。上文已经提到的卡兹维尼（Qazwīnī，1203 — 1283）将传说中的钻石产地置于锡兰（Serendīb）群山中的月亮谷；地理学家伊德里西（Idrīsī）则将它置于北亚的 Kīrkhīr（可能是 Kirghiz，即黠戛斯）。阿拉伯的矿物学家提法希（Ahmed Tīfāshī，卒于 1253 年）甚至记载了两个版本：一个版本将宝石说成锡兰的红锆石（这与艾比法纽斯之说一致），另一个版本将宝石说成印度的钻石。[24] 前者讲述得很生动，"巨蟒足以吞下整个人"之说肯定是从域外引进的观念。至于后者，则记载得很简洁，并有一条关于前一章的资料。

1259 年奉遣前赴波斯，觐见波斯统治者旭烈兀的使臣常德在其行记里谈到，在西域的奇闻异事中，钻石（金刚钻）产自印度；这个说法十分正确。其言云："金刚钻，出印毒。以肉投大涧底，飞鸟食其肉，粪中得之。"[25] 显然，常德所载者源自他在西域的听闻，而他的版本并非出自更为古老的《梁四公记》，他分明不知道此书。这个现象很有意思，因为同样的西方故事却在不同的时代，通过不同的途径传入中土。

约在同一时期，马可·波罗记载了他从印度听来的钻石故事。[26] 他的主要观点与阿拉伯作家们的观点相当一致，这颇令人惊叹。然而，这位威尼斯人并不是第一位记载这类故事的欧洲人。正如玉尔（Yule）指出的那样，这是拜占庭史家泽泽斯（Tzetzes）之杂录书中的许多故事之一。[27]

15 世纪的尼科洛·康提（Nicolo Conti）谈到一座名为阿尔本尼伽拉斯（Albenigaras）的山，在毗舍耶那伽罗城（Vijayanagar）以北 15 日程处。此外，在康提之后，显然斯卡利吉（Julius Caeser Scaliger）也谈到过这个故事。据玉尔（Yule）说，这个通俗的故事不仅流传于亚美尼亚，[28] 也见于俄罗斯。[29]

明代（1368 — 1644）的曹昭在其《格古要论》（成于 1387 年）里复述了这个故事。其文载云："（金刚钻）出西蕃深山之高顶，人不可到。乃作鹰隼打食在上，同肉吃于腹中，却于野地鹰粪中获得。"[30]

有关这则传说的起源，有两个鲜明的观点，分别出自玉尔（Yule）[31] 和罗德（Rohde）[32]，他们都指出，这与希罗多德所述阿拉伯人获得肉桂香料的方式（III, 111）十分相像，不能否认二者之间有着相当的联系。希罗多德说道，巨鸟用肉桂枝筑造自己的窝巢，用泥土加以黏结；鸟巢建在高峭的悬崖上，人力根本无法攀登。于是，阿拉伯人采用了一条诡计：杀死牲畜，将其尸身割成笨重的大块，丢在鸟巢附近，自己随即躲到远处窥探。之后巨鸟俯冲下来，攫取肉块，放到鸟巢中，却因肉块太过笨重而将鸟巢压垮，使之坠落崖下。于是，阿拉伯人再回到崖下，拾取肉桂枝。

然而，从希罗多德到艾比法纽斯，其间的时间跨度太大了，使得我们难以用紧密的历史纽带把他们的故事联系起来，所以其中必定存在着许多不为人知的中间环节。它们作为两个不同的版本，显然属于同一类型的传说，似乎揭示了这样一个事实：后者在近东存在了很长一段时间。[33] 我们是从 6 世纪初的汉文记载开始探讨这个问题的，它为此说提供了更多的证据。

鲍尔（V.Ball）倾向于认为，[34] 该故事"似乎是根据印度十分常见的实际生活编创的，譬如矿石的开采、向守护财宝的邪恶精灵（其代表是神话中的巨蟒）献祭牲畜而安抚之等。在印度的这类献祭中，猛禽都一成不变地充当叼物的角色。所以，故事的其他情节可能也来源于此。同样可能的一种情况是：普林尼和其他早期作家有关钻石被公羊血软化的说法，其源出自这类献祭。"[35]

　　这种主观的解释很难令人信服。它预设了这类传说源出印度，然而，这种假设却未得到证实。后期的阿拉伯作者和马可·波罗将事件的地点置于印度，这并不具有重大意义。艾比法纽斯将地点置于塞西亚，汉文版本置于拂林/拂菻，而伪亚里士多德则置于呼罗珊，如此等等。迄今尚未见到关于这则传说的古代梵文或巴利文版本。这些证据有利于表明阿拉伯人在 9 世纪和 10 世纪把这个传说向更东的地区传播，然而，中国在此之前数百年就已听闻这类传说了。当然，蛇和鹰可以视作印度的那伽（Nāga）和迦楼罗（Garuḍa），[36] 然而，印度人却并未谈到与这两种神话生物相关联的传说。

　　即使伪亚里士多德可能是由于受到了间接影响，或者受到了传播至叙利亚的印度观念的潜在影响而增添了蛇的要素，这也不可能证明该传说的源头位于印度。因为艾比法纽斯的版本中没有蛇；而古老的汉文版本中也没有蛇，并由"鸟"取代了"鹰"。尽管汉文资料在结尾时提到了一个佛教观念——色界天王，但是这也不能成为"传说起源于印度"之说的证据，因为张说在《梁四公记》里说得很明白：这一传说源于拂林/拂菻国。有关"色界天王"云云的附注肯定并非源出拂林，而是作者获自另一个传说。我们现在着手考察这个问题，它将为印度在传说的传播过程中的地位问题提供出乎意料的线索。

　　钻石谷的传说是否流行于古代印度？对此问题，同样是《梁四公记》为我们提供了线索，就如拂林版本的传说那样。其文载云："扶南大舶从西天竺国来，卖碧颇黎镜，[37] 面广 尺五寸，重四十斤，内外皎洁，置五色物于其上，向明视之，不见其质。问其价，约钱百万贯，帝令有司算之，倾府库偿之不足。其商人言：'此色界天王有福乐事，天澍[38] 大雨，众宝如山。纳之山藏，取之难得。以人舁肉投之藏中，内烂粘宝，一鸟衔出，而即此宝焉。'举国不识，无敢酬其价者。"[39]

　　这段记载为我们提供了一条线索："色界天王"是如何与前文所言源自拂林的传说联系起来的。两个传说都被记载在同一本书中，于是二者就相互结合和混淆了。扶南（柬埔寨）商人所讲的故事不被中国人所理解，是不足为奇的。若非西方的传说为这个谜团的解开提供了启示，连我们自己都会完全陷入迷茫之中。来自扶南的故事讲述者要么没有表达清楚自己的意思，要么他的话没有被其翻译完全理解，或者我们所见的《梁四公记》的文本存在谬误。

　　但毋庸置疑的是，在此所载的故事反映了钻石谷的传说。该传说的一切基本特征都清楚地展示了出来：无法进入的藏宝之山、投掷肉块、飞禽护卫宝石等等。故事中唯一的模糊之处是飞禽所攫鲜肉上黏附宝石一事未见谈及，却愚蠢地插入"肉烂粘宝"之语。扶南商人从印度的西海岸来到中国，他从那里带来了昂贵的玻璃镜，同时也带来了这则故事。因此，至少在6世纪初，某种形式的钻石谷传说肯定已经流传于印度西部了。这个传说显然要比扶南船员所说的故事丰满和理性得多。鉴于此，印度在亚洲各族的文化趋同方面发挥了一定的作用。汉文资料《梁四公记》幸运地保存了迄今所知唯一的印度版的钻石谷传说，并第一次得到揭示和解释。

　　非常有意思的是，这个印度的传说属于简明的戏剧版，其中缺少了巨蟒的旁白，也没有迦楼罗（Garuḍa）；唯一的印度特色是"天树"[1]和"色界天王"。除了这些小插曲外，要说钻石谷传说起源于印度是不

---

[1]　译注：劳费尔在此再度提到"天（神）树"（devataru），显然还是基于上文对"澍"字的误释。提请读者注意。

能令人信服的，它与艾比法纽斯的版本完全吻合。有鉴于此以及年代的原因，应该认为拂菻是传说源头，钻石谷传说由此同时向印度和中国传播。休特（G.Heut）最近提供了另一个有趣的故事，它源自西亚，其微弱的反响波及印度。[40]

因此，我的看法是，钻石（或宝石）谷传说的两个早期版本分别出自艾比法纽斯和伪亚里士多德，无论它们是否具有更早的源流以及借鉴了较早的希罗多德的故事，二者都是源于希腊化的东方，随后从这个中心传播至中国、印度、阿拉伯和波斯。汉文的《梁四公记》中的故事确切地吻合艾比法纽斯的版本；就时间而言，也比阿拉伯诸版本和其他版本更接近艾比法纽斯的版本；并且，比伪亚里士多德的版本更早，更纯净。因此，《梁四公记》为这个专题做出了重要的贡献，证明了拂菻的钻石谷传说传入中土远在"拂菻"一名载入正史之前。

钻石谷传说的中国版和印度版还证实了另一个要点，使得我们能够重构在希腊化世界流布的该传说的最初形式。它表明，艾比法纽斯——我们有关该主题的最古老资料的作者——并未保留该故事的原始或纯净形式。他为追求神学旨趣，将它与犹太大祭司胸甲上的宝石联系起来，并把它说成是红锆石；这令人很难相信这是故事的原始形式。可以肯定的是，艾比法纽斯并不是这则故事的原创者，而只是它的传播者。它是他那个时代的民间传说，他采纳了它，并应用于他的专门用途。汉文资料也维持了这种观点，将其作为来自希腊化东方的传说记录了下来，并清楚地表明了其目的。

早期亚洲的宝石始终能在中国人的内心产生无限的魅力，而这个传说的地域范围则解释了拂菻拥有大量珍宝的现象。我们在此不妨稍作推测：当拂菻居民回答外国商人提出的许多问题时，他们讲述的是自由流传在拂菻的故事，它不可能只集中在红锆石，而应该涉及最广泛意义上的"宝石"。这便是最初的故事，它由中国人保留了下来，流传至今。至于伪亚里士多德及其后继者采用"钻石"之说（除了 Tīfāshī，他又采用了红锆石之说）的原因，则很容易理解，因为钻石始终被认为是一切宝石中最为优秀、最为珍贵者。[41]

注释

1 或作《梁四公子记》（见 Bretschneider, *Bot.Sin.*, pt.I, No.451）。这四人分别名为蜀闿（yi chen）、黂杰（wan ji）、麨黐（shu tuan）、仉督（chang du）。该书由张说（667—730）撰写，他是唐代的官员、诗人和画家。此处的引文据自《图书集成·经济汇编·食货典》卷321《宝货总部纪事》；我在 *Optical Lenses*（T'oung Pao, 1915, p.204）中也曾录引此文。

2 他是南朝梁政权的第一位皇帝，名叫萧衍，生活于464—549年。

3 在此名为"西海"，即地中海。参见 Hirth, *The Mystery of Fu-lin* II（Journal Am.Or.Soc., Vol.XXXIII, 1913, p.195）。

4 这里的汉文虽称"宝器"，但可能其中也包括了古代的凹雕宝石制品。

5 "色界"是婆罗门教或佛教所谓的三界（欲界、色界、无色界）里的第二界。有关这个专题的探讨，更可参看 O.Franke 的 *Chinesischen Tempelinschrift*（Abhandl.Preuss Akad., 1907, pp.47-50）。有四大天王护卫着三界的四方，各自驻守宇宙之山须弥山（Sumeru）的一个方位。在此所言的色界天王是指鸠鞞罗/俱肥罗（Kubera）或毗沙门（Vaiçravaṇa），是为北方君主和财富之神，统领罗刹、药叉，有大威力。在早期的佛教艺术中，他的形象被塑造成站在一名药叉身上（见拙著 *Chinese Clay Figures*，第297页及以下）。在后期的艺术中，其形象则为右手持一幡幢，左手抱着一只珠光宝气的獴（参看 A.Foucher, *Bull.de l'Ecole française*, Vol.III, p.655）

在此所言的鸟被认为是蛇的天敌；而在印度的信仰中，蛇是宝石或其他财宝的守护者。獴（或如英裔印度人所称的猫鼬）吞吃了蛇，占有了其珠宝，并因此演变成了毗沙门的侍物。当然，上引资料中提到印度财宝之神绝不是故事中的固有要素，而是中国作者因受印度传说的启发自行插补的。这个印度故事被他记载在同书的另一个段落中，下文将要进一步探讨。

6 见其专著 *China and the Roman Orient* 以及论文 *The Mystery of Fu-lin* （Journal Am.Or.Soc., Vol.XXX, 1909, pp.1-31 和 Vol.XXXIII, 1913, pp.195-208）。

7 见 *T'oung Pao*, 1904, p.38。

8 同样的写法也见于《酉阳杂俎》和唐太宗的一首诗中（见《佩文韵府》卷27）。

9 沙畹曾发表了相互矛盾的两种观点，见 *T'oung Pau*, 1913, p.798。

10 见 *Journal asiatique*（Mars-Avril, 1914），p.498。

11 见 Dindorf 所编 *Epiphanii opera*, Vol.IV, p.190, Leipzig, 1862。所引的文字亦见于 J.Ruska, *Steinbuch Aristoteles*, p.15。

12 鹰攫宝石有助于妇女分娩的观念基于古人所谓"鹰石"（*aëlites*）的信仰，它见于鹰巢附近，据说拥有这类特殊功效。据普林尼所言（见 Pliny, X, 3, §12, 以及 XXXVI, 21, §151），这种宝石可分四类，据说具有使人孕育的功效，因为摇晃它时，能听到石中另有一石的格格响声，于是被认为是外石孕育了内石。人们还能同时找到雄石和雌石；若无它们，鹰就无法繁衍后代。因此，幼鹰从来不会超过两只。Philostratus 在其 *Life of Appolonius from Tyana* 中说道，兀鹰若不首先安置好一块"鹰石"，是绝不会建造鹰巢的（见 F.de Mély, *Lapidaires grecs*, p.27）。

这种石料被认为是含铁的晶簇，为球状的陶土铁石，有时候是中空的，有时候则包裹着另一块石或者少量的水。据 Physiologus 说（XIX），这种分娩石见于印度，都是由雌鹰前去攫取的。Physiologus 的这个故事后来就流传到阿拉伯作家那里去了，见 J.Ruska, *Steinbuch des Aristoteles*, p.165; *Steinbuch des Qazwīnī*, pp.18, 38, 以 及 L.Leclerc, *Traité des simples*, Vol.I, pp.121-123。O.Keller 认为"鹰石"传说源出埃及，因为它是由 Horapollo（II, 49）首先谈及的（见 *Tiere des classischen Altertums*, p.269）。然而，Horapollo 的著述 *Hieroglyphica* 成于公元 4 世纪，而那时，甚至 Theophrastus 也已谈到"分娩石"（见 *De lapidibus,* 5）。似乎更为合理些的观点当如 Physiologus 所言，该故事是从印度传播而来。拉兹（Rāzi）医生（卒于 923 或 932 年）说道（见 Leclerc 同前引书），他曾见印度的一些书中声称，当分娩石一放到一位孕妇的腹部，她就顺利地产下婴儿了。有关中国的类似观念可参看 F.de Mély, *L'alchimie chez les chinois*（Journal asiatique, 1895, Sept.-Oct., p.336），以及 *Lapidaires chinois,* p.LXIII。

13 见 J.Ruska, *Steinbuch des Aristoteles,* p.150。

14 此话与艾比法纽斯（Epiphanius）的措辞几乎一模一样："因此，若从山顶望下去，只能看到谷壁，却无法看见谷底。"

15 这个说法亦即普林尼所说的丑陋的蛇怪故事（VIII, 3）。中世纪的诗人们也谈到，当蛇怪看到镜子里的自己时就会毁灭。见 F.Lauchert, *Geschichte des Physiologus*, p.186。

16 这个年代是根据现代的通行说法。然而，据 A.Ausfeld 说，他在对希腊著述进行基本调查之后，发现最古老的伪卡利斯提尼著述的修订本极可能成于公元前 2 世纪（见 *Der Griechische Alexanderroman*, p.242, Leipzig, 1907）。

17 见 J.Ruska, *Steinbuch des Aristoteles*, p.14。

18 卡兹维尼（Qazwīnī）也载有同样的故事，只是稍微扩展了些（见 J.Ruska, *Steinbuch aus der Kosmographie des al-Qazwīnī*, p.35）。有意思

的是，他记载了两个版本：一个版本非常接近地采纳了伪亚里士多德的说法；另一个版本则将地点改成了 Serendīb，即现今的斯里兰卡（实际上那里不产钻石），并且其主角的名字也不再是"亚历山大"。显然，这位阿拉伯的博学者在关于钻石的记载方面转引了两种不同的原始材料，第一种可称"亚里士多德说"，第二种则称"另一人说"。很明显，在其匿名版本中，群蛇是不见于原始材料中的纯粹附加物。他说道："（钻石）矿位于 Serendīb 的山岭中，在一个极深的山谷里，那里盘踞着致命的蛇群。"然而，群蛇在此并未被赋予守护宝石，不被兀鹰叼走的职责。为了证明添入这些爬行动物的合理性，作者在最后补充道，大颗的宝石仍留在谷底，因为兀鹰害怕群蛇而不敢接近。

这样的观察对于追溯该传说之起源和发展并非没有价值。它表明，蛇的特色并非孕育于印度（尽管这样推测很诱人，但是"印度起源说"是很肤浅的判断），而是源于阿拉伯—波斯的亚历山大传奇类故事，其明显的目的是夸大亚历山大远征的冒险性。卡兹维尼的双重版本也反映在马可·波罗的游记里（见 Yule and Cordier 所编《游记》，Vol.II, pp.360-361），它同样提供了两种不同的版本，一种有蛇，一种没有蛇。E.Rohde 已经证明，卡兹维尼的故事确实据自伪亚里士多德的《宝石》（见其 *Der griechische Roman*, p.193, note, Leipzig, 1914）。Ruska 正确地得出结论道，有关宝石的传说是相对独立的，尤其是出自亚历山大主题的故事更是如此。许多故事最初与亚历山大并无关系，但是后来与他联系起来，犹如所罗门王成为无数传奇故事的中心人物一样。这一结论特别有赖于 A.Ausfeld 的彻底研究，他对亚历山大的希腊传奇故事进行了长期的探究，在其最古老和可靠的纯净版本中未见有关矿物的传奇故事。

19 参看 Benjamin of Tudela 的著述，第82页（Grünhut 和 Adler 编，*Jalusalem*, 1903）。

20 见 P.A.van de Lith and L.M.Devic, *Livre des merveilles de l'Inde*, p.128

（Leiden, 1883-1886）；或者 L.M.Devic, *Les merveilles de l'Inde*, p.109（Paris, 1878）。

21 钻石谷传奇的某个母题似乎是闪族人"沙米尔"（Shamir）传说的反映。有关这一传说的最有意思的表达方式见于卡兹维尼的著述中（见 Ruska, *Steinbuch aus der* Kosmographie, p.16），他称这种宝石为 sāmūr，并描述该宝石的特征是能够切割其他一切石料。而据传说，所罗门王之所以竭力想获得宝石沙米尔（Shamir），便是因为它能无声无息地切割石料，建造神庙。唯有兀鹰知道它在何处，但是必须施以诡计才能从兀鹰那里探知这个秘密。于是，他们把鹰蛋装入一只玻璃瓶中，仍然置于鹰巢中。当兀鹰回来，发现自己无法用利爪打破玻璃瓶，便去找来一块宝石，掷向瓶子，从而使之无声地裂为两半。兀鹰回答了所罗门的问题，告诉他们，宝石取之于西方一座名叫 Sāmūr 的山。所罗门遂派遣一些精怪前去那里取宝，他们出色地完成了使命。

在这则传说中，宝石 sāmūr 无疑即是指钻石，而兀鹰知道宝石地点的母题也与"宝石谷传说"所言一致。卡兹维尼很合理地讲述的这个故事在《犹太法典》（*Talmud*）中却被丑化了，宝石沙米尔（shamir）演变成了麦粒大小的虫子，能够割裂和雕刻最硬之物，因此，沙米尔（shamir）成了《犹太法典》中的奇妙动物之一（见 L.Lewysohn, *Zoologie des Talmud,* p.351）。这虫子（同时也是钻石）沙米尔（shamir）被啄木鸟带到荒无人烟的山顶，这类似于飞鸟或兀鹰将钻石带出蛇谷的说法。据推测，是群蛇让《犹太法典》有了将钻石说成虫子的奇妙观念，这一想法倒也颇为诱人。Lewysohn 的观点是：shamir 一词表达了"硬"的概念，例如，用以指称铁，因为它比石头硬；也可用以指称钻石。希伯来词 shamir 见于《旧约·耶利米书》（第 17 章第 1 节）、《旧约·以西结书》（第 3 章第 9 节）和《旧约·撒迦利亚书》（第 7 章第 12 节）中，可能是指钻石（英文版《圣经》作"坚硬之石"）；它更可能指金刚砂。按有些学者的看法，希腊词 σμυρις（金刚砂）衍生自希伯来词。有关"沙米尔"传说的其他目录资料，可参看 T.Zachriae, *Zeitschr. Vereins für Volkskunde*, Vol.XXIV, 1914, p.423。

22 周密是个多产的著名学者，生于 1232 年，卒于 1308 年或 1298 年。见 Pelliot, *T'oung Pao*, 1913, pp.367, 368。

23 见其《物理小识》卷 8。

译注： 劳费尔并未具体引录方以智《物理小识》卷 8 的原文，今补录如次："周密云：'（金刚钻）如鼠屎，青黑色，鹰隼粘食遗粪而人取之者，讹也。'独狐滔曰：'紫背铅能碎金刚钻。'虚舟曰：'细岛砂能磨之，使之长方成锋，即金刚切玉刀矣。有极大者，莹白放光。香山隩首勒嵌之，以此竞贵。'《十洲记》：'西海流砂，治昆吾作剑如铁，光明如水晶，貘熊舐铁，粪可铸剑。驼火鸟粪亦然。'故周密说不明耳。凡宝石真者必坚，皆能刻磁。好水晶之棱，亦能刻磁。"

24 见 A.Raineri Biscia, *Fior di pensieri sulle pietre preziose di Ahmed Teifascite*, pp.21, 54, Bologna, 1906。由于并非每个读者都能见到这部著述，所以我在此抄录了这一长段意大利原文："阿赫梅德·提法希——愿上帝保佑他——告诉我们道，拉洪（Rahun）山区在好些年内不下雨，也就没有激流将红锆石冲刷下来，那些渴望获得它们而销售谋利的人便采用了下面所讲的另一种方法。他们发现，在荒无人烟的高山顶上有许多兀鹰，于是捕来野兽，将其杀死，剥皮，割成较大的碎块，然后投入深谷中，随即离去。众鹰见到鲜肉，立即飞来攫取，并把它们运往自己的鹰巢。但是它们在飞行途中不得不数次降落地面，以稍事休息；而这样便使鲜肉粘上了各种砾石或红锆石。众鹰反复往返于掷肉处和鹰巢，并且相互争夺兽肉，从而导致兽肉掉落下来。有人亲眼看到这种场景，并有许多人争着捡拾粘在肉上的红锆石。在这高山的下部布满了浓密的树木、宽广而深邃的沟渠和峡谷，不过并无参天大树。那里盘踞着硕大巨蟒，足以吞下整个人。正因为如此，无人能够爬上山去，看到它所包藏的一切。"

25 见 Bretchneider, *Mediaeval Researches*, Vol.I, p.152。贝勒说道，这个传说相当古老，但是他只提到了出自《水手辛巴德》的二手资料以及马可·波罗的记载。这段文字见 G.Schlegel, *Nederlandsch-chineesch Woordenboek*, Vol.I, p.860。可参看 Yule 和 Cordier 所编的《马可·波罗游记》："人们前往这些白鹰的窝巢（这类窝巢很多），他们在其粪便中找到大量钻石，这是这些飞鸟在吞食人们扔在谷底的鲜肉时一起咽下去的。"（Vol.II, p.361）

26 见 Yule and Cordier, *The Book of Ser Marco Polo*, Vol.II, p.360。但是其中并未记载用镜子对付巨蟒妖术的故事。似乎用肉喂食蛇群上方众鹰的特色已经成为纯粹的印度观念，这不见于阿拉伯文的记载中。

27 包含这则故事的最早的中世纪资料之一，乃是 Elysaeus 所撰的有关印度和约翰长老之地的怪诞故事，它由 F.Zarncke 编辑出版（*Der Priester Johannes* II, pp.120-127）。其文云：有一处不同凡响的山谷出产红榴石。但是人们害怕那里的巨大怪鸟和幽深山谷，故无人胆敢一探究竟。后来，人们想出了一个获取宝石的方法：宰杀牲畜，在夜间将其尸身抛下深谷，于是，牲畜尸身上便沾满了锐利的红榴石。怪鸟攫取牲畜尸身，飞上山顶。人们一面安抚和饲喂巨鸟，一面剥取牲畜尸身上的宝石。于是，蓝宝石、红榴石等等都为他们所得。

28 可能是因为 17 世纪的亚美尼亚文著述《宝石》（*Lapidarium*）采用了这个故事的缘故，它由 K.P.Patkanov 译成了俄文（见俄译本第 3 页）。特别有意思的是，我们所知的亚美尼亚文版的两则故事中都不见有关群蛇的说辞。而更为奇妙的是，《宝石》将故事的主角说成亚历山大；因此，有些东方形式的亚历山大传奇故事必定早就存在了，而其中是没有"蛇"这一角色的。

为了便于暂时见不到 Von Haxthausen 之 *Transcaucasia* 一书（London, 1854；为亚美尼亚大众故事的原始资料）的读者了解详情，兹抄录这段文字于次："在印度斯坦有个幽深的山谷，出产各种各样的无价宝石，遍地散布。当阳光照到它们时，便熠熠闪耀，犹如发光的海洋、五彩的火焰。人们从周围的山顶上看到这一景象，却无人能进入谷内，部分原因是无路可通，而只能从峭壁上攀崖而下；部分原因则是因为谷中酷热难耐，无人能够在其中坚持哪怕一分钟。商人们从外国来到此地，他们将一头牛剁成多块，每块缚在一根长杆上，然后投入宝石谷内。随后，便有猎食的巨鸟在上空盘旋，俯冲进入谷中，叼起肉块。商人们密切地注视着巨鸟的飞行方向以及它们降落后吞食牛肉的地点；他们往往在这些地方找到贵重的宝石。"

29 见 Azbukovnik, *Tales of the Russian People*（俄文），Vol.II, p.161。由于在此谈论的故事涉及红锆石，故显然要回到艾比法纽斯的记载。

30 见《格古要论》卷中《珍奇论·金刚钻》，载 [明] 周履靖《夷门广牍》。

31 见同前引书，p.363。

32 见 *Der griechische Roman*, p.193。

33 该故事的某些要素亦见于普林尼书中关于宝石 *callaina* 的奇妙传奇故事中（见 XXXVII, 33 ），而这 callaina 则被后人错误地当成绿松石。有人说，这类宝石见于阿拉伯半岛上名为"黑头"之鸟的窝巢内。普林尼随后说道，这些宝石在人类无法攀登的悬崖上，并谈到寻宝者将会遇到的危险。至于用投石器取得这些宝石的说法，则肯定是宝石获取方法另一个不同的特性，是另一种传说类型的特征。

34 见其 *Translation of Tavernier's Travels in India*, Vol.II, p.461。

35 这种传说——下文还将谈及——在汉文典籍中也有十分奇特的类似记载，它完全独立于"钻石谷"故事，与之毫无关系。遗憾的是，鲍尔并未透露出"其他早期作家"是些什么人。事实上，普林尼是记载这一故事的最早的和唯一的古典作家。5 世纪的 Augustinus、卒于 636 年的 Isidorus，以及 1035—1123 年的 Maebod 都只是重复了普林尼的故事，而普林尼的故事则肯定并非源自印度。

W.Crooke 倾向于认为（*Things Indian*, p.135），假如鲍尔的解释是正确的

话，那么早期的钻石开采者肯定不是雅利安人，因为他们并未将牛视为神圣之物。"早期的钻石开采者"一词未免有点夸张了，因为在非常古老的印度典籍中未见任何文字谈及钻石。在这一点上，克鲁克（Crooke）的资料缺乏必要的精确性。按他的说法，"钻石在极早时代的印度非常贵重。《往世书》（Purāṇa）曾谈及它们，并将其划分等级；马可·波罗说，它们产于 Mutfili 国。"

《往世书》至早撰于公元 1 世纪，更可能还要晚得多。因此可以肯定的是，有关印度钻石的资料，绝对无法如某些矿物学者或其他学者所假想的那样（如 G.Watt, *Dictionary of Economic Products of India*, Vol.III, p.93），可追溯到遥不可及的古代。吠陀时代的印度人根本不知道钻石，当时绝无有关钻石的专门名称流传下来。诚然，*maṇi* 一词有时候意为钻石（见 Macdonell and Keith, *Vedic Index of Names and Subjects*, Vol.II, p.119），但是它只是指用以个人装饰的一种珠子或者一种护身符；认为它即钻石的随意推测因这样的事实而遭到否定：钻石是不能打孔而串在线上的。

虽然 *vajra*（汉译通常作"金刚"）一词在后世变成了钻石的一种属性，但最初只是一种棒状武器——尤其是因陀罗（Indra）的雷电——的称呼（见 Macdonell, *Vedic Mythology*, p.55）。语言学方面的证据表明，钻石在印度的上古时代并无地位，因为在任何古印度语言中都没有清楚和专门的词汇适用于钻石。人们既未将长期包含其他意思的词（如 *vajra*）转化成钻石的专名，也未根据钻石的特性而新创一名。

S.K.Aiyangar 的文章（*Note upon Diamonds in South India*, Quarterly Journal of the Mythic Society, Vol.III, p.129, Madras, 1914）使我们注意到了这样一个事实：最早系统谈论钻石的是 *Arthaçāstra of Kauṭilya*（见 V.A.Smith, *Early History of India*, 第三版，pp.151-153）。他谈到了按矿区分类的六种钻石，描述了其光泽和硬度的差别。他还提到了规则晶体形和不规则形状的钻石。最好的

钻石应该是颗粒大，分量重，能承受冲击，形状规则，并能划破金属器物的表面，且能够折射光线，闪耀发光的。艾扬伽尔（Aiyangar）认为钻石开采的时间"可能在公元前3世纪初"。然而，这个年代是有争议的（可参看L.Finot, *Bull.de l'Ecole française*, Vol.XII, 1912, pp.1–4），不过在此不拟讨论了。更为可能的是，在早期的巴利文佛经中可以找到有关钻石的确凿无疑的记载。

在 *Questions of King Milinda*（即 Rhys Davids 翻译的 *Milindapañha*, p.128）一书中，谓钻石应该有三种品性：一是完全纯净，二是不能与其他物质合成，三是与最昂贵的宝石一起装配。第一点隐喻了佛僧生活方式的纯洁；第二点譬喻了僧人远离邪恶之人；第三点则譬喻佛僧当与最优秀的人士为伍，即与证得初果、二果、三果或阿罗汉果者交往。*Milindapañha*（《弥兰陀王问经》）的撰写年代可以相当程度地确认：与佛教高僧那先（Nāgasena）讨论教义的弥兰陀（Milinda）即是在约公元前125—95年期间统治西北印度（贵霜王朝）的希腊国王 Menandros；而他们的对话可能编纂于公元1世纪初（见 M.Winternitz, *Geschichte der indischen Litteratur*, Vol.II, p.140; V.A.Smith, *Early History of India*, p.225）。因此完全可以认为，在公元前数百年的佛教时代，钻石已被印度人所知。L.Finot 在其 *Lapidaires indiens*（p.XIX）列举了《弥兰陀王问经》谈到的各种宝石。

印度人中最早描述钻石的是 Varāhamihira（505—587年；见 H.Kern, *Verspreide Geschriften*, Vol.II, p.97）和 Buddhabhaṭṭa，后者的作品撰于6世纪以前。由于 vajra（金刚）一词兼指因陀罗的雷电和钻石，所以在许多场合很难确定此名究竟是二物中的哪一种（见 A.Foucher, *Etudes sur l'iconographie bouddhique de l'Inde*, Vol.II, p.15）；而同样的问题也出现在汉文佛经中，在此，"金刚"为 vijra 的汉译名，也包含两个概念。于是，伯希和提出了问题："金刚的确切含义到底是什么？"（*Bull.de l'Ecole française*, Vol.II, p.146）又如，佛经名 *Sūtra Vajracchedikā* 若翻译成《钻石切割者经》（*Diamond Cutter*）是否正确？

这个问题引发了不少争辩。假如它应该意为"如钻石般的锋利切割"（Winternitz，同前引书，p.249），那么为什么不可以也译为"如雷电般的锋利切割"？雷电通常被说成是金属的，也很锋利；因陀罗把它磨得像刀一样，或者像牛角。

尽管此经的一位中国诠释者评论道，由于钻石的光彩和不可摧毁性胜于其他任何宝石，所以该经文的智慧也超过其他一切哲理，并永世长存（W.Gemmell，*The Diamond Sutra*，p.47），然而，这只是后世人的想法，不能证明最初的印度观念也是如此。由此产生的最荒诞的误解是所谓的"金刚座"（*Vajrāsana*）。这是释迦牟尼之宝座的名称，他是佛教创建者，在伽耶（Gayā）的一棵菩提树下彻底悟道。中国僧人玄奘曾经到访那里，声称金刚座由钻石（"金刚"）构成（见《大唐西域记》卷八；Julien，*Mémoires sur les contrées occidentales*，Vol.I，p.460；Watters，*On Yuan Chwang's Travels*，Vol.II，p.114）。然而，若无其他更多的证据，则此说并不可信，因为他继续说道，金刚座周长百余步。这可能只是为了解释这个名称而形成的民间传说，玄奘自己便很好地解释了此名的缘起。他说道，由于贤劫千佛坐在这里入金刚定，故称金刚座。此外，《玄奘传》（见 Julien，*Histoire de la vie de Hiouen-Thang*，p.139）则更清楚地声称，金刚座的"金刚"一词意谓它"坚固，难坏，能沮万物"，易言之，这仅是一种譬喻，用以象征佛陀为了悟道，长期苦修而形成的坚强决心以及克服邪魔的坚毅品格。

与此圣迹相对应的，是中国普陀山的磐陀石，它被称为"金刚宝石"。据当地的传说，观音菩萨曾以此为座。然而，这个"金刚座"只是一块巨砾而已，有一架梯子通往其顶，常有修行的僧侣来此打坐，入定（见 R.F.Johnston，*Buddhist China*，p.313，London，1913）。因此，佛陀的"金刚座"与钻石的密切关系，也就如但丁作品中上帝的天使所坐的钻石宝座（"上帝的天使，坐在门道里，在我看来宛如钻石。"见 *Purgatorio*，IX，104-105）。在此，钻石也是一个譬喻，有人说，是譬喻忏悔者的坚毅和持久；另一些人说，是象征教会的坚实基础。见 Scartazzini

所编 *Divina Commedia*, p.371。

在日本神道教的一篇经文中，有"内心强硬如钻石"之语，其意即是"如钻石一般坚定的信仰"（H.Haas, *Amida Buddha*, p.122）。而在佛教经籍中，也用钻石譬喻罪人的死硬之心（见 H.Wenzel, *Nāgārjuna's Friendly Epistel*, p.24, stanza 83; S.Beal, *The Suhrillekha or "Friendly Letter"*, p.31, stanza 85, London, 1892）。摩尼教徒在一篇经文中谈到光明使者时，也以同样的方式做出譬喻，称他"任众金刚宝柱"（见 Chavannes and Pelliot, *Traité manichéen*, p.90）。

36 马可·波罗解释以自然形态存在的巨蟒道："此外，在这些山岭中，除了其他的有害生物外，还有多到令人难以置信的巨蟒，而这主要归因于酷热的天气。巨蟒也是那里的最毒之物，以至抵达那个地区的任何人都会蒙受极大的风险。许多人都被这些邪恶的爬行动物所毁。"

37 参看 *T'oung Pao*, 1915, p.200 作者有关该问题的注释。

38 此词相当于梵文 *devataru*，意即"天神之树"，用以指称见于因陀罗天的五种神奇之树：劫波树（*kalpavriksha* 或 *kalpataru*）、波利质多树（*pārijāta*）、曼陀罗树（*mandāra*）、缮摩塔那树（*saṁtāna*）及檀香树（*haricandana*）。参看 Hopkins, *Journal Am.Or.Soc.*, Vol.XXX, 1910, pp.352, 353。

译注： 劳费尔此注似有误解汉籍原文之嫌。盖汉文的多个版本均作"天澍大雨"，亦即"天降大雨"之意。而劳费尔显然将"澍"字误识为了"樹"（树），遂有"天树"之说。这或许是他所据版本之误所致。

39 见《太平御览》卷 808。

40 见 *Le conte du "mort reconnaissant" et le livre de Tobie*（Revue de l'histoire des religions, Vol.LXXI, 1915, pp.1-20）。

41 见 J.H.Krause, *Pyrgoteles,* p.29。在艾比法纽斯的著述中还提到钻石优于其他宝石的不可燃性。

第二章

钻石之不可摧毁性

道家的大师葛洪（公元 4 世纪）对钻石有如下的叙说："扶南出金刚，生水底石上，如钟乳状 [1]。体似紫石英 [2]，可以刻玉。人没水取之。虽铁椎击之亦不能伤，惟羚羊角 [3] 扣之，则灌然冰泮。" [4]

从海中捕捞钻石的母题是古老的印度寓言。《首波罗本生经》(*Suppāraka jātaka*) 是著名的巴利文的佛陀往世故事集中的一篇（No.463），它说道，钻石产于库拉马拉海（Khuramōla Sea）中。菩萨在船上，担任一帮商人的船长。他想，如果告诉他们，此为出产钻石之海，那么他们必将贪婪地大肆捞取钻石，以至超载而导致船舶沉没。于是他绝口不提，任凭船舶前行。随后，他装作捕鱼的样子，撒下网去，捞起不少钻石，堆在船里。随后，他把不值钱的货物扔入海中。[5]

当然，印度矿物学者所了解的远多于此，他们甚至可以列出出产钻石的八个地点。[6] 在《首波罗本生经》中，产于海洋的珍珠演变成了钻石。[7] 鲁弗斯（Q.Curtius Rufus）在谈到印度时重复了当地的这个传说，他说海水把宝石和珍珠冲到岸上，咆哮的海洋所带来的这些垃圾的价值在于造就了令人垂涎的奢侈品。[8]

从扶南传来的中国传说——铁不能击碎钻石，但钻石能击碎铁——也以同样的形式见于普林尼的著述中。他说道，钻石被置于铁砧上，测试它抗击打的能力，结果，宝石弹开，铁砧则粉碎了。[9] 这肯定是纯粹的虚构，仅仅是对钻石硬度的一种民间解释罢了。[10]

　　于是，这种观念相应地传播开来，菲西奥洛古斯（Physiologus）则提供了东西方之间的缺环，他坚称，铁、火和烟都不能损坏钻石。[11] 在印度，我们听到了同样的观点：既然钻石被视作最纯真之物，那么它就不可能被其他石料或铁锤毁坏。[12] 有关阿拉伯的矿物学文献也反复谈及同类故事中的情况，在此就不赘述了。因为中国葛洪的记载远比它们早得多，并且证明了早在阿拉伯人称霸之前，钻石的传说就从印度传到扶南，再从扶南传到中国了。

　　在谈论主宰自然界的热情与冷漠现象时，普林尼阐述道，钻石虽然坚不可摧，乃至对自然界中最暴烈的两种东西铁与火都不惧怕，[13] 却能被公羊血摧毁，当然，公羊血必须是新鲜和温热的。钻石得完全浸入血中，并不断向其吹气。即使如此，它仍能摧毁铁砧和铁锤，除非这些铁砧和铁锤是极佳的锻造物。这个虚幻的说法后来流传到了圣奥古斯丁（St.Augustin）的著述里，[14] 并进一步出现在西方中世纪诗人的作品中，他们把公羊之血解释为基督之血；这类说法也见于《宝石》（Lapidaires）中。[15]

　　上述汉文资料提到的羊角可能源于抄写者的笔误，也可能是误解了有关公羊血的西方传说。更可能是扶南甚至印度的居民已经更换了传说的内容，从而再被中国人采纳。这一解释因5世纪《玄中记》里的一句话而更获证实。李时珍在《本草纲目》卷10引征其语道："故西方以金刚喻佛性，羚羊角喻烦恼。"在此，"烦恼"是佛教术语，为梵文 kleça-kashāya 的意译，是身心发生恼、乱、烦、惑、污等精神作用的总称，亦即妨碍"觉悟"的一切精神作用。[16]

　　这两个譬喻若分别而言，并不会招人反驳，但是若合并而言，那么难道象征符号为羊角的罪恶思想能够战胜象征符号为钻石的佛教真理？所以，从佛教角度来看，这个譬喻是不可理解的；即使要作譬喻，也得倒过来才是。显而易见，这个譬喻并非源自佛教，而是出自基督教世界，它在印度得到了重新解释。我们只有用"羊血"取代"羊角"，并把"羊血"解释为绵羊（即救世主基督）之血，这个譬喻才能让人理解。

对该譬喻的这种解释确实与西方普林尼"公羊血克制钻石"的说法吻合。将钻石譬喻为基督的观念（类似于佛教将钻石譬喻为佛陀）不见于菲西奥洛古斯（Physiologus）的著述中，但出现在中世纪诗人的作品里。弗劳恩洛布（Frauenlob）在解释用公鹿血摧毁钻石的救赎方式时说道，如钻石（adamas）般坚硬和冷酷的诅咒被基督之血摧毁了。[17]

注释

1 钟乳石是石灰石岩洞内生成的碳酸钙沉淀物。汉文称之为"钟乳"是因为其形与古钟的纽相仿（参看 Hirth, *Boas Anniversary Volume*, pp.251, 257）。Giles 在其《字典》第 5691 条称该物为"石钟乳"。据说钟乳石磨成粉末后可作滋补品。参看 F.Porter Smith, *Contributions toward the Material Medica of China*, p.204; Geerts, *Produits de la nature japonaise et chinoise*, p.342; F.de Mély, *Lapidaires chinois*, pp.92, 254。关于这一矿物的重要资料见杜绾的《云林石谱》卷下；成于 1178 年的周去非的《岭外代答》卷 7；李时珍的《本草纲目》卷 9。

2 E.Biot 将紫石英比定为无色水晶（rock crystal）和烟水晶（smoky quartz）。见 Pauthier and Bazin, *Chine moderne*, Vol.II, p.556。

3 据说羚羊角非常结实，只产于安南的高石山（见《物理小识》卷 8）。

4 转引自《本草纲目》卷 10。参看 P.Pelliot, *Le Fou-nan*（Bull.de l'Ecole française, Vol.III, 1903, p.281）。同样的记载见于《新唐书》卷 222 下《南蛮下·扶南》中。当然，扶南并不产钻石，而只是从印度进口，这可由《新唐书》卷 221 上《西域上·天竺》的记载予以证实："有金刚、旃檀、郁金，与大秦、扶南、交趾相贸易。"由于中国人在扶南既见到印度钻石，也听到有关钻石的传说，故他们误认为钻石即是扶南的物产，这是可以理解的。赵汝适说道，印度的钻石即使置于火中一百次，也不会熔化掉（见夏德和柔克义的译本，第 111 页）。

5 见 E.B.Cowell, *The Jātaka*, Vol.IV, p.88。参看 *Tibetan Dsang-*

Iun, Ch.30（I.J.Schmidt, *Der Weise und der Thor*, pp.227 et seq），以及 Schiefner, *Tāranātha*, p.43。印度矿物学者对钻石浮于水中的说法也很感兴趣（见 L.Finot, *Lapidaires indiens*, p.XLXIII）。在《杂宝藏经》（公元 472 年从梵文译成汉文）中有一段寓言般的记载，将钻石说成是产于水中之物（Bunyiu Nanjio, *Catalogue*, No.1329; Chavannes, *Cinq cents contes et epologues*, Vol.III, p.1）。《杂宝藏经》卷 7 载云：有一位婆罗门擅长鉴别如意珠。他带着一颗如意珠，从南天竺到东天竺，都无人能够识辨。后来抵达舍卫国，波斯匿王便求助于佛陀。佛陀遂解释道："此如意珠是摩竭大鱼脑中出。鱼身长二十八万里。此珠名曰金刚坚也。常出一切宝物，衣服、饮食，随意皆得。得此珠者，毒不能害，火不能烧。"我的直接引文译自《渊鉴类函》卷 364《珠三》，其辞句略异于沙畹（Chavannes）所译（同前引书，第 77 页）。

6 见 L.Finot, *Lapidaires indiens*, p.XXV。

7 同上引书，第XXXII 页。此珠有个梵文名称，为*samudraja*，意即"海生"。

8 J.W.McCrindle, *Invasion of India by Alexander*, p.187.

9 见 XXXVII, 15, § 57。参看 Blümner, *Technologie*, Vol.III, p.230。

10 钻石固然很硬，但是并不坚实，只要用锤子一击，就能轻易地使之粉碎。它的脆度至多相当于结晶矿石的平均脆度。见 Farrington, *Gems and Gem Minerals*, p.70。古人这种难以置信的观念首先遭到 Garcia da Orta（或 ab Horto）的驳斥，他的书题为 *Drugs of India*，1563 年在果阿（Goa）用葡萄牙语出版。他说道："钻石能经受锤击一事，是根本不值一驳的；相反，只要一把小锤就能使之粉碎。用一根铁杵能将它在研钵中轻易地捣成粉末，这些粉末则可以用来研磨其他钻石。"（见 J.Ruska, *Der Diamont in der Medizin*, Festschrift Baas, p.129）在 Garcia 著述的意大利语译本中，有这样一段话："说钻石能承受锤击，那是不真实的，因为只要用锤轻轻一击，它便成为齑粉了。若用铁的气锤，它更

容易粉碎。因此，人们便用此法把它们制成粉末，用以研磨其他钻石。"（p.182,
Venice, 1582）

11 见 F.Lauchert, *Geschichte des Physiologus*, p.34。

12 见 R.Garbe, *Die indischen Mineralien*, p.82。

13 相应地，普林尼认为钻石能够抵御火；而 Dioscorides 也认可这样的观点
（见 L.Leclerc, *Traité des simples*, Vol.III, p.272）。Theophrastus 则以顺便提
及的方式，谓钻石具有与红榴石一样的不可燃性（*De lapidibus*, 19; F.Wimmer
所编歌剧，第343页）；由于它们缺乏温度，故不受火的影响（参看 Krause,
Pyrgoteles, p.15 and note 4）。公元2世纪上半叶的 Apollonius Dyscolus 说
道，钻石置于火中是不会发热的（Keller 编 *Rerum naturalium scriptores Graeci
minors*, Vol.I, p.50）。

14 "对于这种宝石，铁、火及其他任何器物都无法摧毁之，除了公羊血。"（*De
civitate Dei*, XXI, 4）。亦见于 Isidorus, *Origines*, XII, 1, 14，以及 Marbodus,
De lapidibus pretiosis, I。

15 见 F.Lauchert, *Geschichte des Physiologus*, p.179；亦见 F.Pfeiffer,
Buch der Natur von Konrad von Megenberg, p.433；Albertus Magnus, *De
virtutibus lapidum*, p.135, Amstelodami, 1669。普林尼之故事的起源很难追溯，
因为未见更早的典籍或东方资料记载此说。C.W.King 认为，这是一个珠宝商编出
来的故事，可能是为了保守商业秘密（*Antique Gems*, p.107）。Blümner 推测，
或许古代的钻石匠真的相信公羊血能粉碎钻石，却未曾检验一下：是否不用羊血也
能达到同样的目的。还有一种可能是，他们只是向外人假意展示这样一道手续，以
增加其行业的神秘性（*Technologie*, Vol.III, p.231）。

然而，这些并无证据的理性假设不能令人满意。似乎更有道理的是 E.O.von
Lippmann 的观点：由于公羊的性欲强烈，故其血被认为特别热（*Abhandlungen*

und Vorträge, Vol.I, p.83）。众所周知，公羊是向酒神巴克斯（Bacchus）献祭的动物（见 O.Keller, *Antike Tierwelt*, Vol.I, p.305）；此外，公羊血是治疗痢疾的药物（F.de Mély, *Lapidaires grecs*, p.92）。然而，特别值得注意的是，按 Manilius 之说，作为黄道星座的摩羯宫属于女灶神 Vesta；故需要用到火的一切事物，诸如采矿、加工金属，甚至烘烤面包，都受到该星座的影响。又，在古代的占星学中，黄道十二宫是与十二宝石联系在一起的；在此系列中，钻石（*adamas*）归属摩羯宫（见 F.Boll, *Stoicheia*, p.40）。因此，公羊血对于钻石之作用的观念，似乎可以最终溯源至占星学。

斯特拉波（Strabo）记载了与公羊角相关的一个奇特习俗（XVI, 4, §17）：埃塞俄比亚的穴居人在埋葬死者时，先用鼠李树（学名 Paliurus；据斯特拉波说，当地人多用该植物浸泡饮料）的嫩枝条把尸身从脖子到腿捆缚起来，然后立即往尸身上扔石子，同时欢笑庆贺，直到石子盖没尸身的脸庞。随即，他们在尸身上放一只公羊角，然后便离开了。在此情况下，公羊角无疑象征着具有超凡威力的法器，它压制着死者的躯体和灵魂，使其精灵安处地下，防止它返回生前的家里，伤害其他在世者。因此，送葬者是因为达到了这一目的而欢欣鼓舞。

公羊头广泛地使用于希腊的艺术中（见 H.Winnefeld, *Altgriech. Bronezebecken aus Leontini*, Progr.Winckelmannsfest, No.59, 1899）。上文谈及，鲍尔（Ball）认为有关公羊血的观念源于印度人在采矿之始的献祭仪式。这个观点并不可信，因为在印度的古代传说中未见将钻石与公羊血联系起来的记载。汉文典籍将西方古典作家的"羊血"换成了"羊角"，这个事实进一步证明了"公羊血源于印度"之说的缺乏根据，因为中国的这个记载是从深受印度文明影响的扶南地区（今柬埔寨）引进的。所以，"羊血"向"羊角"的转化似乎发生在印度。若然，那就不可能在印度找到"羊血观"的源头，印度显然并不知道"羊血"之说，而是将它换成了"羊角"；羊角显然比羊血更为强壮坚实。

　　然而，值得注意的是，有关公羊血象征"灼热"的西方古典观念在晚期的印度艺术中则有相当的体现：火神阿耆尼（Agni）被描绘成骑在一头灰色山羊上，身周散发火焰，其冠冕也为火焰环绕（见 B.Ziegenbalg, *Genealogy of the South Indian Gods*, p.191, Madras, 1869）。于是，便出现了以公羊或山羊作为火兽的观念：用异常猛烈的火来克制自然界最为坚硬的物体。

　　16 参看 Eitel, *Handbook of Chinese Buddhism*, p.67；Chavannes, *Cinq cents contes et apologues*, Vol.I, p.17；O.Franke, *Chin.Tempelinschrift*, p.51。F.de Mély 错误地理解了此语，作"在印度，以钻石譬喻佛性，以羚羊角譬喻佛的忧虑"（*Lapidaires chinois*, p.124）。

　　17 参看 F.Lauchert, *Geschichte des Physiologus*, p.179。在 *Cathedral of Troyes* 一书中，有一幅 13 世纪末的雕像图片，以一种罕见的形式描绘了上帝的羔羊：长有巨角的一头公羊背着复活十字架。A.N.Didron 称这件作品是"最不可理解的畸形物"。然而，这一象征符号却确切地解释了以上的记载（见 *Christian Iconography*, Vol.I, pp.325, 326）。

第三章

钻石与铅

公元 1 世纪的迪奥斯科里德斯（Dioscorides）评述钻石道："钻石的特性之一是：凡是被它触压的石料都会碎裂。除了铅以外，它对一切石料都具有这种效果。铅是能够克制钻石的。钻石虽然能抵御火和铁，却会被铅摧毁。这就是用以捣碎钻石的方法。"[1]

有关宝石的最古老的阿拉伯文著述——是以亚里士多德之名义署名的——在《钻石》这章记载道，"除了铅以外，其他诸物均无法损坏钻石"之说可能源自迪奥斯科里德斯；据说铅能捣碎钻石。[2]

在 9 世纪或 10 世纪有关炼金术的一部叙利亚文和阿拉伯文著述（由 R.Duval 编辑和翻译）中，作者声称铅能克制钻石。译者将这理解为铅用于钻石加工，他注释道，人们在加工钻石和其他宝石时，使用的是包在铅箔里的红宝石或钻石粉末。[3] 由此可知铅对于钻石的作用大得难以想象。这个观念让人认为它的源头为炼金术。

13 世纪的曼苏尔（Muhammed Ibn Mansūr）在一本关于矿物的波斯文著述中说道："铁砧上的钻石在锤击之下并未碎裂，却嵌入了砧中。为了粉碎钻石，它被置于两块铅之间，再用大锤击打铅块，钻石便粉碎了。此外，也可以不用铅，而用树脂或蜡包裹钻石。"[4]

17 世纪的亚美尼亚文著述《宝石》（*Lapidarium*）非常清楚地谈及了此事[5]："用铅损毁钻石的方法如下：将铅锤成箔，并用它完全包裹钻石，再置于铁砧上，用铁锤敲击之。钻石在锤击之后便成碎末，留在铅箔之内，不会四散溅开，因为铅的良好延展性阻止了它的四溅。从铅箔中取出钻石末，便可以用于加工了。如果没有铅，则可将钻石用蜡涂没，再裹以十二层纸，然后再用铁锤把它击碎。为了保证钻石末的纯净度以及毫无损耗，人们把这些碎末倒入沸水中，以使蜡熔化，纸漂在水面，钻石末则沉到容器的底部。接着在一个钢钵内将碎末捣得更细，于是便可供加工之用了。这样的钻石粉末可用以研磨珠宝和粗糙的钻石。"

在此，清楚地展示了铅的实际用途。然而，仅在这部较晚近的书中体现的工艺过程中的铅的使用方式，却源于迷信的观念，正如 13 世纪中叶提法希（Tīfāshī）所解释的那样。按他的说法，钻石正如普林尼所言，是金质的石料，而铅是能够影响黄金的，因此铅也能摧毁钻石。[6]

这个西方观念也传播到了中国，见于独孤滔的炼丹著述《丹房鉴源》中。他声称"紫背铅能碎金刚钻"，则是将钻石称为金刚钻。[7] 按照《本草纲目》作者李时珍的说法，"金刚钻"一名最初见于词典《释名》中，而一般的矿物学名称都为"金刚石"。伪亚里士多德说钻石可以在一切石料和珍珠上钻孔；卡兹维尼（Qazwīnī）也称它为"钻头"。李时珍说金刚砂"可以钻玉补瓷，故谓之钻"[8]。

这个观念的一个有趣的类似例子见于公元 9 世纪的阿拉伯故事《水手辛巴德》中。辛巴德说道："我沿着山谷行走，发现地上尽是钻石。这种宝石可以戳穿珍珠和其他宝石，以及瓷器和缟玛瑙，因为它是非常坚硬、致密的石料，无论是铁还是钢都无法损伤它；我们既不能从它上面切下哪怕一丁点儿细屑，也无法粉碎它，除非使用天然磁石。"在下文，我们将探讨有关钻石的最有趣的问题：古代使用"金刚钻"的问题。

注释

1 见 L.Leclerc, *Traité des simples*, Vol.III, p.272。

2 见 J.Ruska, *Steinbuch des Aristoteles*, p.149，亦见 p.76。

3 见 M.Berthelot, *La chimie au moyen âge*, Vol.II, pp.124, 136。

4 见 J.von Hammer, *Fundgruben des Orients*, Vol.VI, p.132, Wien, 1818；M.Clément-Mullot, *Essai sur la minéralogie arabe*, p.131（Journal asiatique, 6th series, Vol.XI, 1868）。Al-Akfānī 的看法与此类似（Wiedemann, *Zur Mineralogie im Islam*, p.128）。

5 见 K.P.Patkanov 的俄文译本，第 1 页。

6 见 A.Raineri Biscia, *Fior di pensieri*, p.53（第二版，Bologna, 1906）。

7 见《本草纲目》卷 10 所引。作者在同书卷 8 解释"紫背铅"道："即熟铅，铅之精华也，有变化，能碎金刚钻。"（参见 Geerts, *Les produits de la nature japonaise et chinoise*, p.605）Geerts 并作注道："汉文典籍中，除了精确和有用的资料外，也常见这类荒谬的说法。"

8 颇有意思的是，中国人用金刚钻加工玉、瓷，还有下文所说的珍珠，却不知道金刚钻可以切割玻璃，恐怕是因为他们从来不知道制作平板玻璃。西方的古人也不知道用钻石切割玻璃，因此，这一做法在 16 世纪以前似乎尚未出现（参看 Beckmann, *Beiträge zur Geschichte der Erfindungen*, Vol.III, p.543）。然而，中国人在近代也将钻石用于切割玻璃了。Archdeacon Gray 在其引人入胜

的 *Walks in the City of Canton* 一书（Hongkong, 1875）中说道，广州的玻璃匠用钻石沿着一个玻璃球上的墨线图案切割，轻而易举地将这个图案割下来了（p.238）。

第四章

金刚钻

在以中国哲学家列子署名的不会早于汉代的一本书中，我们见到如下的故事：[1]"周穆王大征西戎，西戎献锟铻之剑、火浣之布。其剑长尺有咫，练钢赤刃；用之切玉如切泥焉。"我们在此的目标是探讨"锟铻"这一物质的性质。中国是从东罗马帝国获得不可燃材料，即石棉（"火浣布"）的，因此有关它的奇妙故事也是从罗马东方传来。如果火浣布来自那里，那么我们的第一个印象即是："锟铻"似乎也源自那个地区。当我们对汉文古籍进行一番研究后，这一推想便得到了很好的证实。

《列子》所言的"锟铻剑"反复考验着汉学家们的妙思奇想。夏德（Hirth）认可了此文的表面含义，将此剑视作汉籍中有关钢铁武器的最古老例证，但是这并不能证明中国刀剑制造业的古老性，而似乎只反映了当时的传奇性观念，并暗示中国西北地区冶铁业中的锻剑业最初控制在匈奴人手中。[2] 因此，夏德最后得到的结论是："锟铻（kun-wu）剑"可能确实意为"匈奴（Huns）剑"。

《列子》的第一位译者费伯（Faber）认为锟铻剑即是一种"大马士革剑"（Damascus blade/knife）[1]；福克（Forke）赞成这个观点。[3] 史密斯

---

[1]　译注："大马士革剑"乃是古代叙利亚首府大马士革制作或者经销的一种名剑；它使用从印度和斯里兰卡进口的具有带状花纹的特殊钢锭锻制而成。这类剑的特点是具有带状和流水状的斑纹，剑身坚韧，不易碎裂，锋刀锐利而有弹性。

（F.Porter Smith）是谈及"锟铻石"的第一人，他说道："那奇妙的故事讲述了一种称为锟铻的石头，其尺寸足以制成一把小刀，明亮闪耀，可轻易地切割宝石。"[4] 他很正确地把这一石料与钻石列在一起，但是并未解释其中涉及的问题。

　　描写域外怪诞故事的《十洲记》[5]的作者被认为是生于公元前168年的道家大师东方朔。书中谈及如下的故事："流洲在西海中，上多积石，名为昆吾石。冶其石成铁，作剑，光明四照，洞如水精，割玉如泥。"[6]

　　李时珍在《本草纲目》中谈及钻石（金刚石）时也引述了这个故事，并在最后解释道，昆吾石是金刚石中的最大者。[7] 而他所引的《十洲记》文字却有一个重要的不同之处：昆吾石见于"西海流砂"。[8] 而如前文业已指出的，汉文古籍中的"西海"之名通常是指希腊化的东方世界，亦即地中海东岸地区；"流砂/沙"虽是定义有些模糊的地理名称，但是最初见于《后汉书》中时却被说成位于"大秦"之西，而汉籍中的"大秦"是指罗马帝国的东方。[9]

　　依我之见，这里的"流沙"乃是"流洲"的原型；源自"流沙"的"流洲"后来被那荒诞奇书中呆板架构的"十洲"所取代。于是，我们就有了将昆吾石与前东方关联起来的一个传说；而李时珍将昆吾石比同于钻石则似乎相当合理。这个观点得到他所引用的另一条资料的强烈支持，即5世纪郭璞所撰《玄中记》里的一段文字："大秦国出金刚，一名削玉刀，大者长尺许，小者如稻黍[10]，著环中，可以刻玉。观此则金刚有甚大者，番僧以充佛牙是也。"[11]

　　前文曾引周密有关钻石谷传说的文字，他还说道："玉人攻玉，必以邢河之沙，其镌镂之具，必用所谓金刚钻者。形如鼠粪[12]，色青黑如铁如石。"周密所说的显然是并不纯净的黑色钻石，至今仍使用在工业

上，如用于钻头和类似的打孔工具上。¹³

这些资料清楚地表明，《十洲记》所言见于希腊化东方的"昆吾/锟铻石"即是钻石/金刚石¹⁴，而用它制作的切割工具即是"金刚钻"。普林尼在其著述中对有关钻石转化为铁的并不可靠的说法做了进一步的阐释："有时候出于偶然，钻石会碎裂，以至粉碎成连肉眼都难以看到的微粒。宝石雕刻师们十分需要它们，于是将它们包在铁中。世上没有其他硬物是这种器具不能轻易切割的。"¹⁵

公元 1 世纪的迪奥斯科里德斯（Dioscorides）划分出四类钻石，其中的第三类被称为"含铁钻石"，因为它与铁相像，不过铁更重。这种钻石据说产于也门。按他所说，坚硬无比的钻石碎片可以嵌入铁制的手柄中，从而用以在石料、红宝石和珍珠上打孔。¹⁶直到中世纪，西方还流传着有关钻石与铁的神秘关系的观念。梅根伯格（Konrad von Megenberg）在其成于 1349 — 1350 年的《博物志》（*Book of Nature*）中评论道¹⁷，按照有关宝石的著述所言，若将钻石镶嵌在指环中，则嵌在金质座中要比嵌在铁质座中拥有更大的优点；金指环保留了钻石的高贵品性。

如果现在再看一遍我们开始时引用的《列子》的那段文字，则可以轻易地发现，它所说的"锟铻剑"实际上只是"金刚钻"的伪装称号而已。因为《列子》在谈到锟铻剑时使用的措辞与《十洲记》的表达方式完全一致："用之切玉如切泥。"而《玄中记》里的"削玉刀"则更清楚地表明它即是钻石。

所以，《列子》所载的"锟铻剑"即是广义的切割器具，用以雕刻、砍削、修裁、刮擦等。它肯定是意为具有单刃的短刀之流，而《列子》——或者借用"列子"之名的其他任何书——则把它夸张成了具有双刃的"剑"。[18] 于是，作者不得不进一步把剑名改得像传统的用钢制作的剑一样，遂将"昆吾"都加了具有金属性质的"钅"旁，成为"锟铻"。[19] 这种伪装竟然避开了最有洞察力的汉学家的注意。[20]

《列子》的"锟铻剑"是从源自希腊化东方的听闻和输入的实物逐步演化来的虚构之物，它与夏德（Hirth）猜想的匈奴或中国的铸剑业毫无关系，也不是费伯（Faber）和福克（Forke）推测的"大马士革剑"。诸如《列子》及其他类似质量的许多书都不能作为考古讨论中的史料使用。对于它们所述的故事，必须首先加以分析，批判性地解剖、审察，并与其他文献——诸如汉文和西方文献——联系在一起研判，以获取真正符合它们的价值标志。

如今，我们也很明白为何《列子》将锟铻剑与火烷布相提并论了：因为它们都是希腊化东方的物产。至于二者都归在周穆王的时代背景中，则纯属毫无意义的寓言罢了。周穆王是道家传奇编造者特别喜爱的人物和英雄，人们将远方贸易中的一切神奇事物都挂在他的名下，恰跟西方世界中的所罗门王和亚历山大大帝的情况一样。《列子》在这种场合使用了"西戎"之称，这可能只是象征了游牧诸部在古代东方和波斯的物产输入中国的传布过程中所扮演的中介角色。[21]

我们知道，就中国的钻石历史而言，人们在从宝石角度了解钻石之前，对它的最早印象是来自希腊化东方的用于机械加工的金刚钻，时在汉代，最初的名称为"昆吾 / 锟铻"；在晋代（公元 3 世纪），其名称为"金刚"；嗣后，则称"金刚钻"。中国人似乎很少或者根本不把钻石用作首饰，所以也不知道如何加工它。[22]

中国人不仅有关于金刚钻的故事，还有证据表明，他们在现实生活中也实际使用这种工具。李珣所撰《海药本草》成于 8 世纪下半叶[23]，谈到了产于南海的珍珠，并说"欲穿须得金刚钻"。[24] 他的同时代人诗人元稹（779 — 831）[1] 有诗云："金刚锥透玉，镔铁[25] 剑吹毛。"

上面的这些记载给人以这样的印象：中国人所使用的"金刚钻"呈锥子形，其顶尖镶有一粒钻石。5 世纪的著述《玄中记》（前文已从《本草纲目》转引过它）描述了另一种形式的金刚钻。大型类书《太平御览》录引了这段文字："金钢出天竺、大秦国，一名削玉刀，削玉如铁刀削木。大者长尺许，小者如稻米。欲刻玉时，当作大金镮，着手指间，开其背如月，以割玉刀内环中，以刻玉。"[26] 这段描述不是十分清晰，但是我将它理解成大致类似于我们所用锥形滚刀的一种器具。

我们认为，这条资料清楚地解决了长期以来广泛争论的一个古代考古问题。[27] 尽管中国人是从西方世界了解和获得金刚钻的，但是他们却比西方古典学者更多地保存了有关该主题的解释，留下了更为清晰和充分的文献资料。假如至今仍有人质疑普林尼有关钻石碎粒的描述（有些学者认为是钻石粉末），那么在汉文资料的启示下，这种怀疑已显得并不合理了。普林尼描述的确实是金刚钻，汉文资料的精准描述完全证实了这一事实。

---

[1]　译注：劳费尔在此称元稹为李珣的"同时代人"，显然是因为仍沿袭布莱资奈德将《海药本草》成书时间置于 8 世纪下半叶之误。

注释

1 见《列子》卷 5《汤问》。参见 E.Faber, *Naturalismus bei den alten Chinesen*, p.132; L.Wieger, *Péres du systéme taoiste*, p.149; A.Wylie, *Chinese Researches*, pt.III, p.142。《汉书》卷 30 最早谈及《列子》一书共有八卷。

2 见 *Chinesischen Ansichten über Bronzetrommeln*, pp.20, 21。

3 见 *Mitteilungen des Seminars*, Vol.VII, 1, p.162。这一观点遭到了已故 E.Huber 的正确批驳，见 *Bull.de l'Ecole française*, Vol.IV, p.1129。

4 见 *Contributions toward the Materia Medica of China*, p.75。

5 此书收载于《道藏》中（见 L.Wieger, *Taoisme*, Vol.I, No.593）。至于东方朔的作者身份则纯粹属传说性质，因为此书无疑成于数百年后。《龙鱼河图》刊载了这段文字（转录在《渊鉴类函》卷 323；亦见《史记》卷 117 的注释）；该书似乎撰于公元 4 世纪或 5 世纪（见 Bretschneider, *Bot.Sin.*, pt.I, No.500）。

6 见《佩文韵府》卷 100 之一；或见《渊鉴类函》卷 26。

7 见《本草纲目》卷 10。

8《物理小识》卷 8 也作此名。

9 见 Hirth, *China and the Roman Orient*, pp.42, 29。F. de Mély 将此词译作"流沙河"（River Liu sha），却删略了"西海"（Western Ocean）（*Lapidaires chinois*, p.124）。"流沙"一名在上古时代就已存在，见于《书经》的《禹贡》篇

内（见 Legge, *Chinese Classics*, Vol.III, pp.132, 133, 150），用以指称当时所知的最西之地，即今甘肃敦煌地区向西延伸的荒漠。屈原的辞赋《离骚》中也使用了此名（Legge, *Journal R.As.Soc*, 1895, pp.595, 863）；此外，引用此名的还有佛教朝圣者的记载（Chavannes, *Religieux éminents*, p.12），以及中世纪旅行家的游记（Bretchneider, *Mediaeval Researches*, Vol.I, p.27；Vol.II, p.144）。也可参看 Pelliot, *Journal asiatique*, 1914（Mai-Juin），p.505。

10 普林尼谈到一种钻石，大如稷粒，称之为 cenchros，即"稷"的希腊词（XXXVII, 15, §57）。

11 F.de Mély 错误地认为印度僧人用钻石装饰佛牙。实际上，人们是用钻石来替代佛牙。有关这种情况的一个例证见于记载："贞观中有婆罗僧，言得佛齿，所击前无坚物。时傅奕闻之，谓其子曰：'是非佛齿。吾闻金刚石至坚，物不能敌，唯羚羊角破之。汝可往试之焉。'"傅奕是坚定的反佛者，唐高祖时曾官至太史令（卒于639年，见 *Mémoires concernant les chinois*, Vol.V, pp.122, 159；Legge, *Journal.Roy.As.Soc.*1893, p.800）。他的这个看法肯定是正确的。可再参看 H.Doré, *Recherches sur les Superstitions en Chine*, Vol.VIII, p.310。Palladius 说，中国用钻石冒充佛牙（见 *Chinese-Russian Dictionary*, Vol.II, p.203a），这也是不准确的，因为那里并不知道钻石。

有关佛牙，除了玄奘的各种记载外，还见于《法显传》的卷38（Legge, *Record of Buddhistic Kingdoms*, pp.105-107）；Chavannes, *Mémoire sur les religieux éminents*, p.55；de Groot, *Album Kern*, p.134；Yule and Cordier, *Book of Ser Marco Polo*, Vol.II, pp.319, 329-330 等。斯里兰卡的巴利文《大史》描绘了一尊佛像，说他的身体和四肢用各色珠宝缀成；而在注释中则补充道，他的牙齿用钻石制成（W.Geiger, *Mahāvaṁsa*, p.204）。因此，"钻石可取代佛牙"乃是印度的观念，而非在中国形成的弄虚作假于法。颇为夸炒的

是，伪亚里士多德警告道，不要将钻石置于口中，因为它会毁坏牙齿（见 Ruska, *Steinbuch des Aristoteles*, p.150）。诗人苏轼（1036—1101）在其《物类相感志》里说道，羚羊角能击碎佛齿。在此情况下，则佛齿就相当于钻石了。我们在上引葛洪的著述中可见到这类说法。

12 "鼠粪"亦作"鼠矢"。但 F.de Mély 却将"鼠矢"误释为"箭镞"（*Lapidaires chinois*, p.124）。盖因在此的"矢"字并非作"箭"解，而是"粪便"之意。《物类相感志》写作"屎"，则是其本字。《格致镜原》卷 33 所引周密的这段文字作"鼠粪"，也是同样的意思。

13 行话称为"工业钻"（bort），即无法用作宝石的有瑕疵的钻石或碎屑状态的钻石。

14 钻石的反射和折射性能在《十洲记》中展示得十分生动："光明四照，洞如水精。"它与普林尼对印度钻石（adamas）的描述非常吻合："出产的并非金子，而是与水晶同源的一种物质，其透明度与水晶并无不同。"（XXXVII, 15, §56）按其成分而将钻石视作类似玻璃的天然岩晶这样的观点一直流行于欧洲，直到 18 世纪末。当时（1777 年），Bergmann 驳斥了这个观点，并且用实验展示了钻石乃是可燃物。见 F.von Kobell, *Geschichte der Mineralogie*, p.388。

15 见 XXXVII, 15, §60。F.de Mély 认为，没有必要清楚地区分"金刚石"和"金刚砂"（*Lapidaires chinois*, p.257）。按汉文资料看，"金刚砂"显然即是"金刚钻"。

16 参看 Leclerc, *Traité des simples*, Vol.III, p.272。

17 见 F.Pfeiffer 所编之书，p.433。

18 将钻石视作剑的观念可能是从域外传入中国的。例如，在吉尔吉思语中，*almas* 一词被用来指称钻石（源自阿拉伯词 *almās*），但兼有"钢"的含义（这与希腊词 *adamas* 一样；阿拉伯词便是从此衍生而来），而 *ak almas*（白钻石）作为诗歌用词却意为"剑"（见 W.Rodloff, *Wörterbuch der Türk Dialecte*, Vol.I, col. 438）。

19 这个变形可能在某种程度上也与希腊词 *adamas* 原含"钢铁"之义有关。

20 其中，有助于理解该问题的一个中间环节见于《十洲记》的另一个段落中，所述与《列子》相同："周穆王时，西胡献昆吾割玉刀及夜光常满杯。刀长一尺，杯受三升。刀切玉如切泥，杯是白玉之精，光明夜照。"在这段文字中，使用了"刀"而非"剑"字，并且"昆吾"不再添"钅"傍。于是我们知道，《列子》之文的原型来自哪里了。《十洲记》中的"昆吾刀"一名也出现在《宋史》卷 444《李公麟传》中（他是位画家，卒于 1106 年）。经过是这样的："绍圣末，朝廷得玉玺，下礼官诸儒议，言人人殊。公麟曰：'秦玺用蓝田玉，今玉色正青，以龙蚓鸟鱼为文，著帝王受命之符，玉质坚甚，非昆吾刀、蟾肪不可治，雕法中绝，此真秦李斯所为不疑。'议由是定。"（参看 Chavannes, *T'oung Pao*, 1904, p. 496）在此，李公麟声称，蓝田玉虽硬，却硬不过"昆吾刀"。

21 颇有意思的是，钻石也见于有关"西王母"的故事中。依我之见，这个传奇母题在很大程度上也可以追溯至希腊化东方。在《汉武帝内传》（收载于《守山阁丛书》）中，偕同西王母降临汉宫的五十天仙都佩饰"金刚灵玺"。此书所载的没有根据的传说虽然将时代背景设在汉代，但其真正的成书年代要晚得多，似乎是在 6 世纪下半叶。见 Pelliot, *Bulletin de l'Ecole française*, Vol.IX, p. 243; *Jaournal asatique*, 1912, Juillet-Août, p. 149。

22 公元 3 世纪万震所撰的《南州异物志》载云："金钢，石也。其状如珠，坚利无匹。外国人好以饰玦环，服之能辟恶毒。"（《太平御览》卷 813 引录）成于乾隆年间的《四体清文鉴》卷 22 对"金刚钻"和"金刚石"作了区分。它说道，前者相当于满语的 *paltali*，藏语的 *p'a-lam*，蒙语的 *ocir alama*；后者则相当于满语 *palta woho*（*woho* 义为石），藏语 *rdop'a-lam*（*rdo* 义为石），蒙语 *alama* cilagu（cilagu 也义为石）。这些满语都是基于藏语而创的新词。蒙语 alama 显然可以溯源至阿拉伯语 almās（俄文 almaz）、回纥语及其他突厥语方言 almas（奥斯曼语 elmas），最后追溯至希腊—拉丁语 adamas。Al-Akfānī 将此词写作 al-mās，乃是误用自己母语（阿拉伯语）中的冠词 al 取代了该词词干上的前一音节。见 Wiedemann, *Zur Mineralogie im Islam*, p.218。

23 见 Bretschneider, *Bot.Sin.*, pt.I, p.45。

译注： 李珣乃五代时期前蜀人，在世时间约为 9 世纪下半叶至 10 世纪上半叶，故劳费尔所言《海药本草》之成书时间（8 世纪下半叶）当有舛讹。在此提请读者注意。

24 见《本草纲目》卷 46；《证类本草》卷 20。Al-Akfānī 以同样的方式说，珍珠只有用钻石才能打孔（E.Wiedemann, Zur Mineralogie im Islam, p.221）。

25 对于"镔铁"一名，Julien 认为，把它理解为钻石是错误的，但是这个观点遭到 Mayers 的驳斥（*China Review*, Vol.IV, 1875, p.175）。有关这种铁由波斯人和阿拉伯人传入中国的说法，见 Bretschneider, *Mediaeval Researches*, Vol.I, p.146；Watters, *Essays on the Chinese Language*, p.434；Hirth and Rockhill, *Chau Ju-kua*, p.19。

26 见《太平御览》卷 813。

27 有关该问题的主要探讨，见下文第九章《西方古人对钻石的了解》。

第五章

钻石与黄金

最早清楚指明钻石具有重大历史价值的记载见于《晋起居注》[1]。该书有两个版本流传至今，其一云："咸宁三年，敦煌上送金钢。生金中，百淘不消，可以切玉。出天竺。"[2]归之于《晋起居注》的另一个版本则说道："武帝十三年，敦煌有人献金刚宝。生于金中，色如紫石英，状如荞麦。百炼不消，可以切玉如泥。"[3]

显而易见，这两段文字的年代相吻合，是有关晋代（266—420）同一事件的不同文字记载。同样明显的是，李昉编撰的大型类书《太平御览》收录的那条资料带有真正起源的印记；而《骈字类编》所录者则是由葛洪《抱朴子》之记载和《列子》的"锟铻剑"故事拼凑而成。[4]我们可以从这些资料中导出几点有意思的事实：公元3世纪下半叶，钻石从印度经突厥斯坦销至敦煌，以进一步转往中国内地；中国人此时已经完全掌握这种宝石的主要特点，尤其是其切割其他硬石的性能。而就我们的目标而言，最重要的得益是发现有一些普林尼的民间传说混杂在汉文的记载中。

我们马上想到普林尼曾说过，一种黄金结节名叫 *adamas*，有时候——尽管很难得——与黄金一起见于矿内，并且似乎只产于黄金中。[5]伪亚里士多德在其著述的导言中对相互吸引或避开的自然力量进行了哲学探讨。其中包括源自矿内金质粉尘的黄金。钻石无论位于哪里，当它遇到金质微粒时，便会全力趋近之，直到结合完成。[6]卡兹维尼（Qazwīnī）曾谈及黄金和钻石之间的友善关系，因为若钻石一旦靠近黄金，就会黏附于其上；此外，据说钻石只见于金矿中。[7]

《山海经》的一个注释这样说道："微外出金刚石，石属而似金，有光彩，可以刻玉。外国人带之，云避恶气。"[8] 因此，非常可能的情况是，汉名"金刚"中的"金"乃是确实旨在表达"黄金"之意，而并非泛指"金属"的"金"。所以，汉语中的"金刚"一名当是在西方古典传说传播至敦煌的过程中形成的。

这一新创之词还表明，中国人在晋代已经完全了解钻石及其性能了。《晋书》中数次对此有所暗示，例如："梁[9]者，言西方金刚之气强梁，故因名焉。"[10] 将这条资料与上文《晋起居注》所引的资料结合起来看，我们便可得出这样的结论："金刚"一名反映了两个传说——"金"指的是钻石起源于黄金；"刚"则是指其极端的硬度，而这点也被普林尼所强调。所以，"金刚"可以理解为"源于黄金的坚硬之石"。[11]

我们见到中世纪曾经流行"坚硬黄金"的观念，它被赋予和钻石相同的性能。据传说，约翰长老在 1165 年写给拜占庭皇帝曼努埃尔一世（Manuel I Komnenos）的信中说，印度长老府邸的面包房的地板是用坚硬的黄金制成的，它是如此坚硬，以至无论是铁器还是烈火，抑或其他任何事物都无法摧毁它，唯有公鹿血可以做到这点。[12]

注释

1 "起居注"乃是一种特殊类别的历史记载，主要记录一些杰出人物和君主的言论及行为。现存最早的是汉武帝的起居注。众所周知的《穆天子传》在风格和编排格式方面也符合起居注的类型，它在隋朝时期依然存在（见《隋书》卷33）。晋代撰写的这类书很多，多列于《隋书·经籍志》中。从标题上判断，便知道该《起居注》所涉的年代，因此，在此所引文字的时间肯定在《晋咸宁起居注》所包括的范围内；晋武帝的咸宁年间为275—280年。此书共有十卷，由李轨撰写。《隋书》还保存了被指为晋代的另外十九种"起居注"的书名，有的唐朝时依然存在，所以《隋书·宇文恺传》中引录了《晋咸宁起居注》。

2 见《太平御览》卷813。

3 见《骈字类编》卷71。

4 还有第三个版本见于《渊鉴类函》卷361，十分奇怪的是，它未写"金刚"一词，而只作"金"；其文云："王隐《晋书》曰：咸宁三年《起居注》载敦煌郡上金，洞中生。金百淘不消，可以切玉。"

5 见XXXVII, 15, §55。此外，柏拉图被认为也持有类似的观点（Krause, *Pyrgoteles*, p.10；H.O.Lenz, *Mineralogie der alten Griwchen und Römer*, p.16；Blümner, *Technologie*, Vol.III, p.230，以及Pauly, *Realenzyklopädie*, Vol.IX, col.322），虽然其他人并不确信柏拉图的*adamas*意为钻石，诸如E.O.von Lippmann（*Abhandlungen und Vorträge*, Vol.II, p.39）。

Bostock 和 Riley 在其翻译的普林尼著作中注道："这一说法并不适用于我们所知的钻石，虽然在钻石附近偶然会发现金粒。"（Vol.VI, p.406）此语并不确切，相反，钻石产于黄金矿中已是不争的事实；这个现象甚至导致人们在乌拉尔山地区发现了一个钻石矿。由于巴西与乌拉尔之黄金、白金矿的相似性，Alexander von Humboldt 在 1823 年表达其观点道，在巴西与黄金、白金相伴的钻石也应该见于乌拉尔山区。在这一迹象的导引下，1829 年真的在乌拉尔山区发现了第一座钻石矿（见 Bauer, *Edelsteinkunde*, 第二版，292 页）。加利福尼亚的钻石是与用以淘洗黄金的含金沙砾一起被发现的（Farrington, *Gems and Gem Minerals*, p.87）。普林尼的这段叙述证明了他所谈者确实是钻石。

6 见 J.Ruska, *Steinbuch aus der Aristoteles*, p.129。

7 见 Ruska, *Steinbuch aus der Kosmographie des al-Qazwīnī*, p.6。

8 见《渊鉴类函》卷 26 所引。

9 "梁"乃"九州"之一，而九州则是古代文化英雄和准历史帝王禹所划分的中国行政区，梁州包括今四川和陕西的一部分，以及甘肃与湖北（关于梁州的地域范围，尤可参看 Legge, *Chinese Classics*, Vol.III, pp.119-120）。梁州是晋代的十九州之一，以甘肃的武威为首府（见 *China Review*, Vol.XI, p.299）。

译注： 按正文内容，本注所言禹的九州之一和晋朝十九州之一均当是"梁州"。但是在本注内，"以武威为首府"者似非"梁州"，而是"凉州"。故疑劳费尔因"梁""凉"同音（Liang）而误将有关凉州的记载置于梁州名下了。

10 见《晋书》卷 14。

11 在研究汉语文献时，必须谨慎地理解"金刚"二字，因为它未必始终指称钻石，有时候，它在一个完整的句子里可以意为"金子（是）坚硬（的）"。对于这种情况，我知道三个实例。一个见于《南史·张充传》："金刚水柔，性之别也。"（《骈字类编》卷 71 所引）《晋书》卷 95《王嘉传》则有"金刚火强"之语。当然，这可以理解为钻石被烈火克制之意；从科学经验的角度看，这样理解完全没错。然而，从中国古人的观点看，这完全是一派胡言，因为古代的中国人和西方人都认为火是不能损毁钻石的。所以，此语的真正意思应该是"金子固然坚硬，却仍被火所克 / 熔"。如此解释的正确性因《翼氏风角》的一段话（《骈字类编》卷 71 引）而得到确认："木落归本，水流归末。……金刚火强，各归其乡。"

　　12 见 F.Zarncke, *Der Priester Johannes I*, p.93。还可参看同文献中另一段类似的叙述：在住宅的下方有两艘大船，用坚硬之石制成，无论是铁还是火都不能将其击碎和摧毁。这两个段落本来都不见于信件的原稿中，此处根据的是 13 世纪的一些手卷中引录的内容。

第六章

释『昆吾』

　　"昆吾"一词的源头究竟在哪里，很难确定。若是将它视作意为"金刚钻"的一个希腊语或西亚语词汇的音译名，倒也十分诱人。然而，很遗憾的是，我们并不知道指称这一器具的希腊词汇是什么。而更可能的是，这个汉文名源自中亚人所操的一种方言。不管怎样，在金刚钻从西方传入中国之前，此名就在中国使用了。

　　卒于公元前117年的司马相如在其《子虚赋》中曾提及产于四川的一种宝石"琨珸"[1]；但是注释者们对其特性的看法却颇有分歧。[1]《汉书音义》称："昆吾，山名也，出善金。《尸子》曰'昆吾之金'。"那么，这一"昆吾之金"可能意味着该物按其产地而命名。司马彪（240？—306）将其解释为一种仅次于玉的石料（"石之次玉者"）。此后，又引《龙鱼河图》之说，谓"流州多积石，名昆吾石"云云，如上文业已征引的那样。我不知道这是另外一条注释呢，还是包括在司马彪注释中的文字。不管怎样，这证实了如下的事实："昆吾/琨珸"之名见于《史记》中；中国人都认为此物涉及西方；至于其名的书写方式，即是否加上"王"旁，则无关紧要了。[2]

----

[1] 译注：劳费尔在此引《子虚赋》之"琨珸"，却谓其产于四川，似有误解。盖《赋》中内容为楚国的子虚先生以云梦为例，向齐国夸耀楚国之丰饶物产，谓"云梦者，方九百里，其中有山焉。……其石则赤玉玫瑰，琳珉琨珸……"。而"云梦"自古以来为湖北之境，与四川无涉，则"琨珸"并非产自四川，应该是很明显的

我们知道，古代的许多汉字都不写偏旁，有些只是后世添加的。《列子》中的"锟铻"为"钅"旁，清楚地表明了这是二次更改的词汇，[3]故没有任何偏旁的简朴的"昆吾"无疑代表了此词的原始阶段。这一现象也因"打"字而得到证实，它为"昆"字添了"石"旁。[4]假如《史记》中的"琨珸"确实与"玉"相关；或者更进一步，它与其他被列为"石"类的多种宝玉属于同一系列，那么《汉书音义》唯独将它解释为"金"，就显得荒诞不经了。

有鉴于此，"昆吾"可能最初乃是四川出产[1]的某种坚硬石料的名称，后来才用以指称从域外输入的金刚钻。该石料可能是受昆吾山之名的启示而以此命名，因为中国的许多石料都以它们的产地为名。另一方面，有一段资料想当然地把"昆吾"与一个家族联系起来，写作"昆吾氏"——《周书》曰："西域献火烷布，昆吾氏献切玉刀。"[5]似乎可以肯定，这个版本并无事实根据，而只是提供了另一种说法来解释这个麻烦的名称"昆吾"。这个"昆吾氏"被追溯至上古时代的夏朝：帝君桀荒淫而施暴政，遂有诸侯昆吾氏造反作乱。此事见于《诗经》和《史记》。[6]但是，这个氏族名显然与产石之山名和来自西方的金刚钻并无关联。[7]

葛洪告诉我们道："魏文帝穷览洽闻，自呼于物无所不经。谓天下无切玉之刀、火浣之布。及著《典论》，尝据言此事。其闲未期，二物毕至。帝乃叹息，遽毁斯论。"[8]据说，东汉桓帝时的将军梁冀曾拥有火烷布和切玉刀。[9]《孔丛子》[10]记载的一个传说道，秦王获得了"西戎利刀，以之割玉如割木"。南朝诗人江淹（444—505）曾作《铜剑赞》诗，在序文中提到"练铜赤刀，割玉如泥"，显然与《列子》之说相呼应，只是用"铜"替换了"铁"而已。其文中未用"昆吾"二字，但保留了"割玉刀"之名。

---

[1]　译注："四川出产"乃作者之语；显然，劳费尔再次将"云梦"误置于四川境内。

注释

1 见《史记》卷 117。

2 《汉书》也载有同样的文字，却写作"昆吾"，而无"王"旁。

3 这十之八九是出于后世的《列子》编写者的改动。《佩文韵府》卷 91 所载有关"昆吾"的多种《列子》版本中，即有不加任何偏旁的简朴写法"昆吾"。

4 见《佩文韵府》卷 100 之一。

5 引自《博物志》卷 2。有关此处所言的《周书》，参看 Chavannes, *Mémoires historiques de Se-ma Ts'ien*, Vol.V, p.457。

6 参见 Legge, *Chinese Classics*, VolIII, p.642；Chavannes，同前引书，Vol.I, p.180。

7 尽管夏德努力使自己相信"昆吾"之名与他所谓的"昆吾剑"无关（*Chinesische Ansichten über Bronzetrommeln*, p.20），可是也很难相信他在同一注释内提出的"昆吾为匈奴译音"的观点。这不仅出于语音上的障碍，还因为汉文的有关注释从未将"昆吾"指向匈奴，而是指向大秦（罗马东方）的"流沙"。

8 见 A.Wylie, *Chinese Researches*, pt.III, p.151。

9 参见《渊鉴类函》卷 225 和 Wylie 同上引书第 143 页。

10 通常将其作者归于孔鲋，孔子的九世孙，卒于公元前 210 年（见 Giles, *Biographical Dictionary*, p.401）。此书是否即是我们今天见到的《孔丛子》（收载于《汉魏丛书》），是有疑问的（参看 Chavannes, *Mémoires historiques de Se-ma Ts'ien*, Vol.V, p.432 ）。

第七章

钻石的毒性辨析

相比于对药物实用情况的重视，李时珍对钻石（"金刚"）之是否有毒却不曾谈及。在谈到钻石的治疗功能时，他声称其"作钗、镮、服佩，辟邪恶毒气"。[1] 在这一点上，中国人与普林尼看法相同；按普林尼的说法，adamas 克制和中和了毒药，驱走了疯狂，摒除了莫名其妙的内心忧虑。[2] 若不是中世纪时期伊斯兰教发展了"钻石有毒"的观念，中国与希腊化东方的这一文化契合还不至于显得如此引人注目。

这个观念最初隐约地见于伪亚里士多德的著述中，他也是最早将群蛇置于钻石谷的人，并警告其读者不要把钻石放入口中，因为上面沾染着蛇的唾液，从而致人死亡。[3] 按照比鲁尼（al-Bērūnī）之说，呼罗珊和伊拉克的居民只将钻石作打孔和投毒之用。[4] 这个迷信被伊斯兰教徒带到印度，并在那里流传开来，演化成这样的信仰：钻石能令其佩戴者避免毒物之害。[5] 印度人如今仍持有这样的迷信观念：钻石粉末乃是最少痛感和最为有效、可靠的疗毒药。而在当代，巴洛达的穆尔哈·劳（Mulhar Ráo of Baroda）企图毒杀费雷（Phayre）上校时，便使用了钻石粉和砒霜的混合物。[6] 德布特（A.Boetius de Boot, 1550—1632）是驳斥古代错误观念的第一位近代矿物学家，他展示了钻石无论如何都不具有毒性的事实。[7]

注释

1 他此语无疑源自万震《南州异物志》，前文曾有转引。万震将钻石"辟邪"的观念归之于"外国人"。

2 见 XXXVII, 15, §61。

3 见 J.Ruska, *Steinbuch des Aristoteles*, p.150；*Diamant in der Medizin*（Festschrift Baas, pp.121-125）；*al-Akfānī*（E.Wiedemann, *Zur Mineralogie im Islam*, p.219）。卡兹维尼转引 Ibn Sīnā 之语道，伪亚里士多德将钻石的毒性归之于蛇毒的说法是错误的，因为他不知道蛇的毒液在喷出之后便会很快丧失毒性，尤其是在过一段时间后（见 J.Ruska, *Steinbuch aus der Kosmographie des al-Kazwīnī*, p.35）。然而，这个合情合理的评论却未能阻止卡兹维尼引征有关钻石的另一条匿名资料，并声称"它是一种极为致命的毒物"。

4 E.Wiedemann, *Der Islam*, Vol.II, p.352。

5 见 L.Finot, *Lapidaires indiens*, p.10。Varāhamihira（505—587）说道，优质的钻石能却敌、使人避免雷击或毒物的危害，并能带来许多欢乐。见 H.Kern, *Verspreide Geschriften*, Vol.II, p.98。

6 见 W.Crooke, *Things Indian*, p.379。

7 见 *Gemmarum et lapidum historia*, p.124（A.Toll 所编 *Lugduni Batavorum*, 1636）。亦见 J.Ruska, *Festschrift Baas*, pp.125-127。

第八章

赝品钻石

当中国钻石传说中的所有重要母题似乎都源自西方古典世界时，我却发现有一个观念可以溯源至印度。普林尼曾写过一个简短的章节，谈论宝石的检测问题，但是他并未告诉我们如何辨别真品和赝品。[1] 据印度矿物学家说，铁、黄宝石、红锆石、水晶、猫眼石以及玻璃等，均可用作制造赝品钻石的材料；而使用酸、刮擦、试金石等方法便能识别出伪造的钻石。《阿迦斯提马塔》（*Agastimata*）[1] 具体提供了鉴别赝品钻石的方法："制造假钻石的卑劣之人必将堕入可怕的地狱，被控犯有等同谋杀之罪。行家认为，当他鉴别钻石的真伪时，他将使用酸或醋，抑或加热法进行测试。若是赝品，它会褪色；若是真品，则会更具光彩。也可将它冲洗后投入稻米中，若是赝品，则会立即变成齑粉。"[2]

周密在其《齐东野语》中提供了鉴别钻石真伪的方法：[2]"欲辨真伪，但烧赤淬醋中，如故不酥碎者为真。若觉钝，则煅赤，冷定即锐也。"[3] 第一种测试法与梵文文献所言者吻合，至于第二种方法，我们再次在普林尼的著述中见到与之惊人地一致的记载："各种石料有着巨大的差异，有的用铁就能镌刻，有的则要使用钻石制成的并不锋利的雕刻器镌刻。若将这种雕刻器加热，则会强化其效果。"[4]

---

[1]　译注：*Agastimata* 是成于 10 世纪前的一部谈论宝石的印度古书，该书分章谈及各种宝石的源流、品性、检测法和首饰制作用途等，并附有大量晚近的资料。其作者被归于受人尊崇的吠陀圣人阿迦斯提（Agasti/Agastya）。

[2]　译注：今本《齐东野语》中似乎未见类似内容的文字，而李时珍《本草纲目》卷 10 "金刚石"条下则有与英译文完全对应的汉文。鉴于此，疑劳费尔并未直接征引《齐东野语》，而只是转引了《本草纲目》的文字，并且将出处误置于《齐东野语》项下。

注释

1 见 XXXVII, 76.

2 见 F.Finot, *Lapidaires indiens*, p.XXX。

3 F. de Mély 误以为这段文字是针对钻石而非钻石锥（金刚钻）的，他说道："钻石有许多棱面，将其加热至发红，冷却后则会锋利如故。"这个说法显然是站不住脚的。首先，钻石的棱面既不钝也不锋利。其次，如下文将要详述的那样，中国人始终不知道具有棱面的钻石，他们最早是从澳门的葡萄牙人那里获得钻石切割知识的。再次，这段文字与普林尼著述的类似性证明了我对汉语文献的看法是正确的。

4 见 XXXVII, 36, § 200。参见 Krause, *Pyrgoteles*, p.231。

第九章

西方古人对钻石的了解

前文所做的解释和评论是基于这样的假设：西方古人所说的 *adamas* 以及中国古人所称的昆吾（或嗣后的"金刚"）即是我们今天所理解的"钻石"（diamond）。然而，这个假设引起了古典时代研究者和汉学研究者的质疑。因此，我们在此有必要对他们的辩说进行仔细的审察。

我们的研究已经清楚地指出了两点：首先，中国人对于金刚钻（昆吾）的观念与普林尼对该物的描述相同；其次，中国有关"金刚石"的传说与西方古人和阿拉伯人关于 *adamas* 和 *almās* 的传说完全契合；而 *almās* 是从 *adamas* 衍生而来。所以，假如希腊人和罗马人所言的 *adamas* 是指钻石（diamond），那么东西方相关传说的延续性则清楚地表明，中国的"金刚石"确切地指称钻石。然而，如果 *adamas* 是指另外一种宝石，那么"金刚即钻石"之说便不太具有说服力了。

优秀的考古学家，如莱辛（Lessing）、克劳斯（Krause）、布留姆纳（Blümner）和巴贝隆（Babelon）等人都坚定地支持普林尼"*adamas* 即钻石"的观点。[1]主要的反对意见则来自矿物学者阵营。达纳（E.S.Dana）谈论 *adamas* 一词道："古人将此名用于物理性质迥异的几种矿石上。其中有一些是石英、高光铁矿石、金刚砂以及硬度较高的其他物质，它们并不相同。因此，普林尼是否懂得真正的钻石，是颇可怀疑的。"[2]这一笼统的批评并未对普林尼的说法做出合理的解释。最近，有位学者说道："更令人怀疑的是，古人是否懂得真正的钻石。最佳的看法是，*adamas* 乃是刚玉的一个品种，可能相当于我们今天所说的白色蓝宝石。"[3]那么，让我们来检视一下这些"最佳看法"的根据。

普林尼开始探讨 *adamas* 问题时的第一句话便可驳斥这些专横的断语："人类拥有的财物中最具价值的是 *adamas*，这不仅因为它位列宝石之中，还因为长期以来只有国王——甚至只是国王中的极少数人——知道它。"[4]这种最高的褒奖，属于所有古代宝石中最有价值的豪华财宝，这财宝完全不同于石英、高光铁矿石、金刚砂和其他材料。古人不会目光短浅到将自然界中几乎到处可以捡到的任何石子都视作最具价值的宝石吧？！假如印度人也将钻石视作一流宝石，假如其矿物学文献把它置于宝石的第一位，[5]假如普林尼熟知印度的 *adamas*，那么这种 *adamas* 肯定也是指钻石。不管怎样，最初只有国王才拥有和了解的这种宝石，是钻石的可能性远远大于是石英、高光铁矿石、金刚砂及其他不明材料的可能性。

之所以说普林尼的 *adamas* 并非指称金刚砂，是因为在古典时代金刚砂自有其众所周知的名称：*naxium*，即研磨料。[6]普林尼非常完美地描绘了印度钻石，称它是具有六角的水晶体，仿佛两座金字塔底对底地合在一起，亦即钻石通常结晶成的八面体形状。[7]普林尼谈及的另外五种宝石是否为真正的钻石，我们不得而知，但是其中的两种则被他自己判定为劣质石料。在此情况下，其名称极可能即是其属性。当时，钻石十分罕见，故必定出现使用劣质石料滥竽充数的情况。这种产品以"钻石"的名义销售，并不能证明古人不懂真钻石。

西方世界的古人知道印度的钻石，[8]《厄立特里亚海航行记》（*Periplus Maris Erythraei*）清楚地谈到了从印度进口钻石和红锆石的事情。[9]此外，《新唐书》也说，印度产钻石："（中天竺）有金刚、旃檀、郁金，与大秦、扶南、交趾相贸易。"[10]因此，汉文史料证明了古代印度将钻石运往西方世界的事实。[11]

又，普林尼的著述提供了"*adamas* 即钻石"一说的正面证据。他知道这种宝石的硬度高到难以言表的地步；由于它不可摧毁的特性，希腊人遂名之为 *adamas*（不可征服）。[12] 他还了解钻石切割师用来切割这世上最硬石料的技术。普林尼还记载道，有一种被称为 *siderites*（源自希腊词 sideros，"铁"）的假钻石是像铁一般闪光的石料，它与真钻石的主要特性不一样，因为若用锤子击打，它就会碎裂；并且，它可以被其他的 *adamas* 打出孔来。这种评说清楚地表明，普林尼及其同时代人非常了解真钻石的特性，同时还知道可以用钻石来加工钻石。简而言之，考虑到普林尼著述中的传说的某种不准确性，以及当时矿物学知识的不完善性，任何公正的批评都不会否认普林尼的 "*adamas* 即钻石"的结论。当时用表面相似于钻石的石料假冒钻石的事实也无法稍稍改变这个结论。

这类赝品流行于每个地方和每个时代，即使在现代，这种现象也并不鲜见。[13] 普林尼指责这些赝品是"劣货"，是只以其好听的名称为人们所乐于接受；这揭示了他的高超判断力，足以分辨出真品和徒有虚名者。普林尼有关 *adamas* 的考察也流行于阿拉伯人、波斯人、亚美尼亚人、印度人和中国人中，他们都曾关注普林尼所继承的有关钻石的古典时代传说，从而为"西方古人完全了解真钻石"之说添加了重要的证据。

阿拉伯人根据西方古典时代的 *adamas* 一词而新创了 *almās* 之名，用以指称钻石，这确实并不是缺心眼的傻瓜行为，因为它经受住了语言的考验而持续使用到了今天。阿拉伯的商人和珠宝匠肯定完全知道钻石究竟为何物，而他们的印度和中国同行们也远在欧洲的任何矿物学确立之前就清楚地了解了钻石。有关这种宝石的同一观念、同一传说以及同一评价在全世界流传这个现象，便是表明东西方均视这种宝石为钻石的铁证。该传说的单一性、一致性、永久性和普遍性形成了比普林尼之文献更为强大的证据。有了这双重证据，便可毫无疑问地认为，汉文传说中的"金刚"即是钻石。

注释

1 杰出的博物学史家 E.O.von Lippmann 也向普林尼传授了有关钻石的知识（见 *Abhandlungen und Vorträge*, Vol.I, p.9）。

2 见 *System of Mineralogy*, p.3, 1850。在其 1893 年的新版中，这段文字则被删除了；并将最初清楚谈及钻石的人归之为 Manilius！而普林尼所说的 *adamas* 则被部分地归于钻石。

3 见 D.Osborne, *Engraved Gems*, p.271, New York, 1912。

4 见 XXXVII, 15, § 55, 亦见 § 78、§ 204。

5 见 L.Finot, *Lapidaires indiens*, p.XXIV。Buddhabaṭṭa 说道："由于圣贤们将伟大的品性赋予钻石，故我们必须首先研究它。"（同前引书 p.6）P.S.Iyengar 说道："无论是在古代还是现代，钻石始终被印度人视作九种宝石（navaratna）中的最优者。"（*The Diamonds of Southern India*, Quarterly Journal of the Mythic Society, Vol.III, 1914, p.118）

6 见 Blümner, *Technologie*, Vol.III, pp.198, 286。它在希腊文中作 σμυριζ："金刚砂是雕刻师在切割宝石时所使用的石料。"（Dioscorides, CLXVI）

7 这段文字令普林尼著述的某些诠释者颇为尴尬（如 H.O.Lenz, *Mineralogie der alten Griechen und Römer*, p.163；A.Nies, *Zur Mineralogie des Plinius*, p.5），因为他们并未抓住钻石是具有六角（六尖）的八面体这个要点，从而不恰当地将它翻译成"其高度光亮的六角和六面体"（见 Bostock and Riley, *Natural*

History of Pliny, Vol.VI, p.406）。当然，任何物体都不可能同时既具六角也为六面的：例如，立方形的六面体有六个面和八个角。普林尼的措辞清楚而简单，他的描述与梵文文献谓钻石有"六角"的描述十分吻合（*shaṭkona*, *shaṭkoṭi* 或 *shadāra*，见 R.Garbe, *Die indischen Mineralien*, p.80。他的聪慧足以使人明白该词包含了"八面"的意思，从而确切地符合钻石的特性。亦见 L.Finot, *Lapidaires indiens*, p.XXVII）。普林尼对于钻石的定义不可能是直接模仿了源自印度的钻石传说。

8 托勒密（Ptolemy）也谈到过印度钻石。据他所言，最大量的钻石见于娑婆罗（Savara）部落（Pauly, *Realenzyklopädie*, Vol.I, co.344）。谈及印度钻石的还有 The *Periplus Maris Erythraei*（Fabricius 编，p.98），以及 Dionysius Periegetes（公元 2 世纪）的著述，他在其诗中描述了可居住之地（*Orbis description*, Verse 1119）。Curtius Rufus 谈到，海水将诸多宝石冲上印度的海岸，钻石无疑也是其中之一。在斯特拉波（Strabo）提到的宝石中，有些是印度人从河流的砾石中捡来的，有些则是从地里掘得的（见 McCrindle, *Invasion of India by Alexander*, pp.187–188）。

亚历山大的远征使希腊人熟悉了钻石，因此，Theophrastus 谈到了钻石，并用 *adamas* 比照红榴石（*De lapidibus*, p.19）。我不赞成有些人对 Theophrastus 之钻石知识的反对意见。H.Bretzl 提出的证据是，他对于印度的植物极为了解，因此他也会从其信息提供者那里听到有关钻石的详细情况（*Botanische Forschungen des Alexanderzuges*）。然而，他没有必要假装通过事后的分析就能熟知钻石，因为他只是在一段文字中顺便提及了钻石。H.O.Lenz 也持同样的观点（*Mineralogie der alten Griechen und Römer*, p.19）。我们很难想象，Theophrastus 会用并非钻石的其他宝石来与红榴石相比照。

9 见 Fabricius 所编《厄立特里亚海航行记》第 98 页。G.F.Kunz 说道："作

者不愿意相信古人是知道钻石的。"（*Curious Lore of Precious Stones*, p.72）然而，同一作者相信古代印度存在钻石，罗马人则觊觎印度的所有宝石，因此他认为印度的钻石与其他宝石一起，也运往了西方。

10《新唐书》卷 221 上。

11 印度的钻石显然也运往埃塞俄比亚，因为普林尼引述古人的观点道，*adamas* 只产于埃塞俄比亚的 Mercury 神庙与 Meroë 岛之间的矿区。Ajasson 解释道，此处所谓的"埃塞俄比亚"实际上指的是印度；而"Mercury 神庙"则意为"梵天神祠"（*Brahmaloka*）。此说当然是错误的。在此提到的 Meroë 乃是埃塞俄比亚的首都，仅此一点便证明 Ajasson 的观点不能成立。此外，在普林尼使用的地理词汇中，"印度"和"埃塞俄比亚"始终是区分清楚的。埃塞俄比亚出产钻石之说得到希腊文的《亚历山大传奇》的证实（III，23）：女王 Candace 在 Meroë 的王宫接见亚历山大时戴着一顶钻石（*adamas*）王冠（见 A.Ausfeld, *Der griechische Alexanderroman*, pp.101, 192）。

12 普林尼自己称之为 *invictum*，其意与希腊词汇 *adamas* 相同（procemium of lib.XX）。Physiologus 说，这种宝石之所以称为 adamas，是因为它能够摧毁万物，而它则不会被任何事物所摧毁。

13 例如，17 世纪产于北欧的无色水晶即以"钻石"之名流行于世。Johannes Scheffer 告诉我们道，宝石匠有时候抛光这些水晶或"拉普兰德（Lapland）钻石"，把它们当作优质钻石销售出去，甚至往往令专家们上当，因为它们的光泽绝不比真正的东方钻石差（*Lappland*, p.416, Frankfurt, 1675）。降及 18 世纪，水晶仍被称为"假钻石"（见 J.Kunckell, *Ars Vitraria*, p.451, Nünberg, 1743）。

第十章

钻石的切割

另一个问题是：西方世界的古人是否只是认识了毛料状态的钻石，或者他们也懂得如何切割和打磨钻石？这个问题导致了无休止的辩论。莱辛（Lessing）在其《古代书信目录》（*Briefe antiquarischen inhalts*, No.32）中以其机智的语言交代，古人对于钻石粉末毫不知晓，因此也不知道如何打磨钻石。然而，此说并非没有遭到驳斥。布留姆纳（Blümner）即持不同看法，[1]他争辩道："尽管缺乏证据，但是我们仍然忍不住假设古人是懂得如何打磨钻石的，虽然其知识可能并不是很完善。既然这种宝石能够展示其绝妙的光泽、悦人的色彩及半透明度，那么，古人如果只见过未经切割和加工的毛料钻石，他们对钻石的非凡评价就无法理解了。"这是个颇为感情用事和出于直觉的辩说，并未很好地进行论证。单就事实而言，莱辛是正确的；而更为引人注目的是，自他撰文的 1768 年至今，这一说法仍然是正确的。

我们从未见过古典时代的切割过的钻石。而若要我们相信普林尼并未谈及的那些事，这类可触摸的实物证据是必不可少的。事实上，无论是普林尼还是其他古代作家，都不曾有片言只语涉及钻石粉末；他们也都没有谈及钻石可以被切割和磨光，或是做类似的加工；也未描述过"坚硬宝石之光"的属性。[2]我认为，古文献中这样的沉默足以使我们拒绝接受"西方古典时代业已懂得钻石切割"的轻率假设。古人对钻石的高度评价，不一定非要通过对它的切割和打磨才会形成，即使未经切割的钻石的光彩也足以勾人心魂的。所以，剩下的可能性即是：古典时代的西方人直接从印度获得业已加工好的钻石！[3]

　　然而，十分遗憾的是，资料掌握情况令我们很失望：古印度的文献与普林尼的著述一样，也缺乏这些方面的信息。艾扬伽尔（S.K.Aiyangar）在描述钻石时正确地指出，根据考底利耶（Kauṭilya）的《政事论》（Arthaçāstra）所言，"不能保证'钻石是由人工切割'的推测必定正确。但是，钻石用于对其他材料打孔的事实却可能表明，当时业已掌握宝石加工的技术"。[4]

　　成书很晚的、谈论宝石的《阿迦斯提马塔》（Agastimata）在其为时更晚的附录中载有一段奇特的文字，谈到禁止切割钻石："这种石料若用刀片切割，亦即通过反复的摩擦而磨断之，则会变得无用，它的优良品性便会消失；所以，绝对天然的石料才会保持它所有的非凡品性。"菲诺特（L.Finot）在其编撰和翻译的《印度宝石》（Lapidaires indiens）中则正确地指出，古代印度肯定掌握了钻石的切割和打磨技术（p.xxx）；同书的另一个段落谈及钻石的切割和打磨时，视之为普通的工序，未见禁止镶嵌钻石用于装饰之语。令人十分遗憾的是，菲诺特所提供的这些资料均无法追溯其年代。

　　加西亚·德奥尔塔（Garcia de Orta，亦作 Garcia ab Horto）在其撰成于 1563 年的著述中告诉我们道，印度人更珍视天然钻石，而非切割过的钻石。这与葡萄牙人相反。[5]塔弗尼尔（Tavernier）描述了印度钻石矿用钻石粉末打磨钻石的情况。[6]《阿迦斯提马塔》和加西亚的说法令人感觉到，钻石切割器似乎是由葡萄牙人传入印度的，[7]而使用未经雕琢的钻石也确实是印度的民族风格。

　　如上文所言，《阿迦斯提马塔》附录中录引的段落无法确认年代，但似乎更可能是在印度的葡萄牙统治时期，而非理应早得多的那个时代。采纳这个观点较为稳妥，因为佛陀巴塔（Buddhabaṭṭa）的 Ratnaparīkshā——据推测撰成于 6 世纪稍前——并未谈及钻石的切割，[8]而 15 世纪纳拉哈里（Narahari）的矿物学著述也未谈及。[9]总而言之，我们至今尚未见到清楚展示钻石切割工艺的印度古文献。而更可取的是找到呈现切割过模样的古代钻石的考古证据，这可能会在日后纠正我们的相关知识。

至于当今，似乎最好还是持这样的观点：古印度人不懂得钻石打磨，这一技术只是晚近时代由欧洲人传授的。显然，我们如今绝不能根据所期望的未来发现而得出结论，也不能将适用于最近数百年的证据应用于久远的古代，也没有理由说服自己相信部分印度人的钻石知识同样源于无限遥远的古代。

中国人对于阐明这个问题并未做出贡献。他们肯定只是原封不动地接受了来自罗马东方（拂菻）、印度和阿拉伯世界的钻石，而并未试图改善钻石的外观。据欧洲的一个传闻，布吕赫的伯昆（Ludwig van Berquen of Brügge）在1476年"发明"了用钻石粉末打磨钻石的加工工艺，当然，这也只不过是个"传说"而已。据鲍尔（Bauer）说，早在中世纪时期就已出现初步或表面的钻石打磨技术，伯昆只是改善了这个工艺，更为匀称地排列了钻石的各个棱面，从而使其色彩效果有了根本性的提升。[10]至今，有关欧洲钻石的早期技术史依然无法确切地认知。[11]

另一方面，我们有两条证据证实了一个事实：某种粗糙的钻石加工方法始终残存在东方，这方面更为先进的欧洲技术成果作为令人惊讶的新奇事物被东方诸族所采纳。成书于17世纪的亚美尼亚文《宝石》说道："除了法兰克人（Franks，即指欧洲人），没有别人懂得如何对钻石进行打磨和打孔。4克拉的磨光钻石可卖到10000鄂特曼（otmani）。阿勒颇（Aleppo）的法兰克人说，钻石尽管是一切宝石之王，但是若不经过打磨则价值不大，因为在切割钻石时往往会忽略去除原石黏附的杂质。"[12]中国人最初是从澳门的葡萄牙人那里获得钻石打磨知识的，据说葡萄牙人按打磨质量的高下对钻石估价。[13]

注释

1 见 *Technologie*, Vol.III, p.233。

2 Beckmann 认为，古人用钻石粉末切割其他石料，而非钻石；并否认他们用钻石粉末打磨钻石。这显然是自相矛盾的：假若古人知道如何利用钻石粉末，那么他们就没有理由不把它用于钻石的加工；假如他们不曾在钻石上切面，那么他们显然就缺乏利用钻石粉末的知识（*Beiträge zur Geschichte der Erfindungen*, Vol.III, p.541）。Bauer 说道："有关古人对于钻石打磨的技术——或者至少是用打磨之法改善其现成结晶面的技术——到底掌握到何等程度的问题，迄今没有确切的认知。然而，从流传至今的传说来看，显然古人并非对此一无所知。"（*Edelsteinkunde*, 第 2 版，302 页）这个说法不无道理。

3 这个假设是由 H.O.Lenz 提出的，他根据西方古典作家对钻石光彩的描绘得出结论道，钻石是在销往欧洲的那个产地切割和打磨的（*Mineralogie der alten Griechen und Römer*, pp.39, 164, Gotha, 1861）。

4 见 *Quarterly Journal of the Mythic Society*, Vol.III, p.130。

5 见其著述的意大利文版，第 180 页。

6 "这个矿内有许多钻石切割器，每个切割器只是一个钢轮，宛如我们的盘子大小。他们将一块石料置于转动的轮上，并向轮上不断地浇水，直到现出石料的'颗粒'。发现'颗粒'后，他们便往钢轮上浇油，并且毫不吝惜地使用钻石粉，尽管它很昂贵。……印度人打磨的钻石不及欧洲人的光滑。我认为，这是因为他们的

磨轮运转得不如我们的流畅。"（见 V.Ball 编撰，Vol.II, pp.57, 58）

7 Bauer 也认为，发展于中世纪末的欧洲的钻石切割技术并非对印度毫无影响；这一技术有可能是从欧洲传入印度，或者，至少是在印度复兴的（*Edelsteinkunde*, p.302，第 2 版）。

8 诚然，L.Finot 确曾认为该书的某个段落显示了通常所言的钻石打磨（同前引书，p.xxx）。然而，这段文字是这样说的："圣贤们不可使用具有明显瑕疵的钻石作为装饰；这种钻石只能用以打磨宝石，并不珍贵。"所以，其意思是说，有瑕疵的钻石只能用来加工其他的宝石，而不是加工钻石。

9 见 R.Garbe, *Die indischen Mineralien*, pp.80-83。

10 见同前引书，p.303。有关伯昆的传奇故事，在他的一个后裔的推动下，于 17 世纪得以牢固地确立。Robert de Berquen 在其 *Les merveilles des Indes orientales et occidentales* 一书中（p.13, Paris, 1669）傲慢地藐视来自印度的未加工钻石，高调颂扬他的祖先，说道："上天创造了路易斯·德伯昆（Louis de Berquen），他是布鲁日（Bruges）人，他像另一位钻石切割师一样，以其独特的天赋，也发明了自己的钻石打磨术。"在此之后，便流传开了这个"发明故事"。

11 H.Sökeland 又提出了这个问题（见 *Zeitschrift für Ethnologie*, Vol.XXIII, 1891, Verhandlungen, p.621），认为至今并无确切的证据表明古人并未使用过钻石粉末。但是他对此说法也并未提供新的论据，而只是谈到了一个古老传说，声称 Marbodus 主教（1035—1123）应该了解钻石粉末之事。然而，Marbodus 在其著名的著述 *De lapidibus pretiosis* 中非常清楚地只提到了"钻石碎片"（huius fragmentis gemmae sculptuntur acutis）；最早的法译本也作如此翻译（L.Pannier, *Lapidaires français du moyen âge*, p.36）；King, *Antique Gems*, p.392 也翻译正确。Marbodus 之所以使用这样的措辞，并不是因为他可能了解当时的钻石加工，而是因为他的大部分资料抄录自普林尼。

同样地，Konrad von Megenberg 在其成于 1349—1350 年的《博物志》（Book of Nature）中也只说用锐利的钻石碎片雕刻坚硬的宝石（见 F.Pfeiffer 编辑版，第 433 页）。A.Hirth 和 Mariette 赞同 Sökeland 关于古人使用钻石粉末的说法，但是这并无意义，因为他们的观点不是基于这方面的任何文献（事实上并无这类文献），而只是凭借对某些宝石雕刻品的印象。由此得出的"唯有钻石粉才能加工这些雕刻品"的结论是没有根据的，并且明显地与普林尼有关宝石加工的资料相矛盾。

12 见 Patkanov 的俄译版，第 4 页。

13 见《物理小识》卷 8。

第十一章

中国人对钻石的了解

如今，我们将考察一下因汉学家们将"金刚"一名解释为钻石而导致的异议。史密斯（F.Porter Smith）对此问题做了颇不准确的表述，他在1871年争辩道，"金刚"是指真正的钻石，并武断地称其为corundum（汉名通常作"刚玉"），说其"乃是一种坚硬的晶石"。[1]他声称，corundum 结晶成六面棱柱，然而，据说中国的硅酸石是八角形的。如果中国人所言属实，那么就能证明这种石料即是钻石，而非刚玉（corundum）；并且，中国人对于刚玉的主要变种红宝石和蓝宝石等，则有着相当多的名称。史密斯还认为，《本草纲目》也是在这一标题下谈到含铁的黑色金刚砂。

然而，我们已经看到，本书所谈述的这种石料由于和西方古典时代的传说严格吻合，故除了指称钻石外不可能指称其他事物；并且，被选作陪葬品的即是黑色钻石。按史密斯所说，柬埔寨、印度、小亚细亚、回鹘居地以及亚洲的其他地区据称都出产这种石料。柬埔寨的古名为扶南；至于回鹘居地，如上文所言，仅仅在周密对"钻石谷传说"的戏剧化描绘中提及，而这个说法则完全缺乏地理价值。至于史密斯所说的当代云南省顺应府出产用以切割宝石的金刚砂（corundum）一事，则完全是另一个问题。

假若"金刚"一名用来称呼刚玉锥，那么它只不过是个商品名，不能证明古代传说中的金刚即钻石之说是错误的，也不能证明"金刚"

即是一种刚玉。此前，中国当然很少进口金刚钻。中国人一旦了解了金刚钻的高度实用性后，必定会急于在自己境内寻找类似的材料，以替代这种进口货。[2]

这是中国历代不断重复的一个过程：其动力来自境外，刺激了国内的探索和搜求。如若最终发现了这类石料，并名之为"金刚"，那不是因为将它与钻石混淆了，而是出于很自然的原因——它有着与金刚钻同样的功能。换言之，在此情况下，"金刚"一名与该石料的矿物学种类无关，而是与其作为一种工具的功能相关。有鉴于此，我们不可以从现代使用的"金刚"一名对早期汉文文献谈及的这类石料的特性做出科学的推衍。

吉尔茨（A.J.C.Geerts）在其非常实用的——偶尔也有批评失当之处的——著述中指责汉文古籍始终将钻石混淆于刚玉/金刚砂、硬晶石、镁铝榴石、铁铝榴石和锆石等。[3]这张清单稍微长了些；并且，任何人若认为它不够长，还可以随意地在最后加个"等"字。指责文献"混淆"云云乃是解决难题，避免认真探究的简单方法。在这个事例中，恐怕应该理解成是吉尔茨自己而非中国人造成了"混淆"，这是由他未能用批判的眼光阅读汉籍而造成的。

吉尔茨第一个显而易见的混淆是在其著述第202页上，他赋予李时珍识别真钻石的特权，[4]但是这个许可在第357页又被取消了："金刚位于黄铁矿和铝片岩之间的现象与作者试图称钻石为'金刚'的观念相悖。"无论是吉尔茨（Geerts），还是其前辈史密斯（Smith），抑或其后辈梅利（de Mély），都不理解这样一个明显的事实：李时珍绝未谈到钻石是一种石料，而只是说金刚钻是一种工具。正因为如此，金刚钻被列在《本草纲目》有关石料的章节中，并且符合逻辑地接着谈论了用于针灸的"针石"。对于李时珍来说，"金刚石"一名不是别的，只不过是打孔工具"金刚钻"而已。此外，真实情况是，中国人所知的钻石是宝石，《晋起居注》的记载证明了这一点：钻石被称为"宝"；《格致镜原》则称之为"金刚宝"，[5] 并将其与玉和宝石一起归入"珍宝类"。[6]

在此，没有必要进一步批评吉尔茨了，他在这个问题上还得出了其他的古怪结论。通过综合各种证据，我极为有力地论证了李时珍所引诸文以及中国古代传说中通常谈到的"金刚"即是钻石。通过对已知古代世界所有传说的分析，而不是求助于对想入非非的可能性的选择，我们获得了一致解释，这似乎是得到精确结论的最好保证。

中国传说的可靠性和精确性也由其他事实生动地揭示出来。中国人创造了"金刚"一词来指称钻石，这是借用了梵文 vajra，并如梵文一样，既指因陀罗神（Indra）的神秘武器，也指印度的钻石。我们注意到，谈及钻石的最古老的汉文史籍可上溯至公元 277 年，它声称这种宝石来自印度；但与此同时，它也杂入了西方古典时代的相关传说。而且，中国人充分地认识到，金刚钻上的石料是通过与希腊化东方的商贸活动获得的，他们完全清楚罗马帝国是使用钻石的。[7] 但凡与中国有着商贸、外交或政治交往的世界上的任何地区，其钻石都被汉文典籍正确地称为"金刚"。因此，按汉文史籍记载，钻石乃是萨珊波斯文化圈所产的诸多宝石之一。[8]

在早期谈及钻石的记载中，有一条提到公元 430 年（元嘉七年）爪哇岛上的呵罗单国遣使南朝刘宋，献"金刚指环"。[9] 由此可见，中国人自古至今都是了解钻石的。宋代的赵汝适认为印度是钻石的产地，尽管他对于钻石的知识是摘录自《抱朴子》的记载，如上文所示。[10]

按《马可·波罗游记》记述，印度最好的钻石曾被带往蒙古大汗的宫廷。[11]

　　《明史》记载道，鲁迷国在 1548 年（嘉靖二十七年）和 1554 年（嘉靖三十三年）向明廷进贡的宝物中便有钻石（"金刚钻"）。[12] 明代，波斯湾的商业中心忽鲁谟斯（Hormuz，今译霍尔木兹。——汉译者）有八种宝石为中国所闻，其中的第五种即钻石（金刚钻）。[13] 与此同时，钻石亦见于爪哇。[14]

注释

1 见 *Contributions toward the Materia Medica of China*, pp.74, 85。

2 阿拉伯人证明了这一点。9世纪的阿拉伯文版《宝石》（*Lapidarium*；传说其作者是亚里士多德）声称，阿拉伯人知道中国的金刚砂，其产地位于中国海的诸岛上，矿石呈粗砂状态，其中包括或大或小的硬石子（见 Ruska, *Steinbuch des Aristoteles*, p.151）。然而，阿拉伯人肯定不会将这种中国金刚砂与钻石相混淆，中国人同样不会混淆它们。伊本·胡尔达兹比赫也证实了这一点；他成于844—848 年间的《道里邦国志》谈及钻石和金刚砂，说金刚砂用以打磨金属，从锡兰出口（G.Ferrand, *Relations de voyages arabes, persans et turks rel.a l'Extreme-Orient*, Vol.I, p.31）。所以，在阿拉伯人、锡兰人和中国人眼里，钻石和金刚砂是有着明显区别的不同物体。

3 见 *Les produits de la nature japonaise et chinoise*, pp.201-202, 356-358, Yokohama, 1878, 1883。

4 相关的文献是《抱朴子》有关扶南的一段文字，但是吉尔茨却将它归为李时珍之言。Smith、Geerts 和 Mély 都采取了不加鉴别的方式，将一切事物都归于《本草纲目》或者李时珍，不愿意费点工夫去解析一下他所引用的各种资料，用历史批判的方法研究一下问题。这即是他们不能得出正确结论的主要原因。

5 见卷 33。

6 在《太平御览》卷 813 中，有关钻石的条目列在金属类中，位于铜、铁之前。《图书集成》采用李时珍的编排，将钻石置于"石"类中。这是李时珍简单重复的一段内容，从而成为《图书集成》最乏味的章节之一。

7 5世纪的《玄中记》明确地说，钻石来自——或产自——印度和大秦（见《太平御览》卷813）。

8 见《北史》卷97、《魏书》卷102、《隋书》卷83。生活在 Hadrian 皇帝（117—138）时代的 Dionysius Periegetes 在其诗歌 *Orbis descriptio* 第318节中说道，钻石产于居住在 Istros 河（多瑙河）北的阿加泰西人（Agathyrsi）地区附近。Ammianus Marcellinus 则说，阿加泰西人地区盛产钻石（XXII, 8, ed.Nisard, p.175）。Blümner 根据这些资料推断道，近年在乌拉尔山地区重新发现的钻石矿似乎早被古人所知了（见其 *Technologie*, Vol.III, p.232；以及 Pauly, Realenzyklopädie, Vol.IX, col.323）。然而，这个结论不太具有说服力。盖因乌拉尔山的钻石矿是1829年以降才开采的，不存在"重新发现"的问题；并无证据表明在更早的时期那里发现过钻石。除了这点外，乌拉尔山离阿加泰西人的居地十分遥远，他们的居地今称 Siebenbürgen（古称 Transylvania）。希罗多德已经知道这个部族崇尚奢侈，喜爱佩戴金饰（IV, 104）。有意思的一点是，Justi 根据阿加泰西人的语言残迹判断，他们属于塞西安族群，操伊兰语。因此，Dionythius 和 Ammianus 的说法确认了他们是汉籍所载伊兰本土族群向西延展的一个部族。很可能在公元1世纪时，伊兰族群的所有成员都已了解钻石。

9 见 Pelliot, *Bull.De l'Ecole française*, Vol.IV, p.271。他提到了这段文字，认为"金刚指环"一词有些难解。他承认"金刚"是指钻石，但是在此情况下如此翻译并不适宜，故建议将此名理解为"水晶指环"。然而，我却认为这并无难解之处：只要将它理解成金属的基架上镶嵌钻石的指环便可以了。这段文字并非汉籍中谈及钻戒的唯一记载。428年，印度（天竺）的迦毗黎国曾向刘宋献金刚指环等宝物（见《宋书》卷97）。

《南方异物志》（据 Bretschneider, *Bot.Sin.*, pt.I, No.544，其作者为 5 世纪或更早的房千里）说，外国人喜欢用钻石（"金钢"）装饰玦环（《太平御览》卷 813 所引）。李时珍也了解金刚指环。《林邑记》说，林邑国王范明达曾献金刚指环（《图书集成·边裔典》和《太平御览》卷 813 所引）。在爪哇，钻石镶嵌在匕首和马来短剑（kris）上，也镶嵌在矛头上（见 *Int.Archiv für Ethnographic*, Vol. III, 1890, pp.94-97, 101）。西方的古人早已将钻石用在戒指上（见 Blümner, *Technologie*, Vol.III, p.232）。

译注： 劳弗尔在本注中引贝勒之书，谓《南方异物志》的作者房千里为 5 世纪或更早时代之人，显然有误。盖房千里为唐代人，约生活在公元 9 世纪。他确曾撰有《南方异物志》，但与南朝或魏晋时期的佚名《南方异物志》为同名异书。故布莱资奈德之释难免"张冠李戴"之嫌。

10 参见 Hirth and Rockhill, *Chau Ju-kua*, p.111。

11 见 Yule 和 Cordier 所编《马可·波罗游记》，卷二，第 361 页。

12 见 Bretschneider, *China Review*, Vol.V, p.177。

13 见《西洋朝贡典录》卷下（载《别下斋丛书》），黄省曾撰于 1520 年。关于此书，可参看 Laufer, *Chinese Clay Figures*, p.165, note 3; Mayers, *China Review*, Vol.III, p.220; Rockhill, *T'oung Pao*, 1915, p.76。

14 见《西洋朝贡典录》卷上。令人稍感意外的是，中国人并不知道婆罗洲的钻石；至少，在有关该岛的文献中，未见任何记载提及那里有钻石。对婆罗洲之钻石矿的详细描述（包括其地址、开采方式、产量等）见于 M.E.Boutan, *Le Diamant*, pp.223-228（Paris, 1886, 附地图）和 M.Bauer, Edelsteinkunde, 2d ed., pp.274-281; 以及 *Encyclopaedie van Nederlandsch-Indiē* 中的一个条目（Vol.I, pp.445-446）。然而，所有的资料都未涉及这样的问题：诸如这些钻石矿的开采始于何时，或者最早发现钻石的时间，以及是由本地人还是欧洲人从事采矿工作等。

　　我几乎可以确认，婆罗洲的钻石是在 17 世纪下半叶闻名于欧洲市场的。在题为《宝石史，东西方的主要财富，据自当代众多最著名旅行家的叙述》的一本匿名小书（London, 1671）中，我见到如下的文字："因此，让我告诉你们，在整个世界上，出产钻石的只有五个地方，即两条河流与三个矿场。第一条河流在婆罗洲岛，位于赤道上，黄金半岛（Chersonesus of Gold）的东边，名为苏卡丹（Succadan）。那里所产的石料洁净异常，几乎全都光亮莹澈；没有其他原因，只是因为它们产于河底的沙层中，而这些沙粒十分纯净，不像其他地方的沙层那样含有杂质。有几个欧洲人旅行到这个岛上。当从山上冲下来的激流经过河道之后，他们发现了许多钻石。因此，当地的居民对上岸的陌生人很不客气，除非上岸者获得当地人的特别好感。此外，当地女王很少允许外人将钻石带离该岛；任何人一获得钻石，就被迫交给女王。尽管如此，仍不时有荷兰人在巴达维亚（Batavia，今印度尼西亚首都雅加达的旧称。——汉译者）买到钻石。不过其数量不多，并且最大的也不超过 5 克拉，虽然在 1648 年巴达维亚曾出售过一颗 22 克拉的钻石。"

第十二章

夜光石

　　我们注意到，钻石以及与之相关的传说主要是从希腊化东方传播至中国的。因此，我们也有充分的理由认为，汉文史籍所附有关大秦的记载中包含了涉及钻石的资料。然而，在夏德（Hirth）的经典著作《大秦国全录》（*China and the Roman Orient*）中，他虽然收集了有关罗马东方的所有文献，并进行了精细的研究，却居然未有一言谈及钻石。[1] 初看之下，这个现象颇为令人惊奇，但是我们不妨认为，这是因为当时的钻石是以另一个名称为人们所知。

　　有关大秦的最初的重要记载见于《后汉书》，[2] 其文载云："（大秦国）多金银奇宝，有夜光璧、月明珠[1]。"夏德和沙畹收集了不少古代资料，以证实希腊、罗马时代曾经广泛流行宝石（尤其是红榴石）夜间发光的观念。[3] 然而，对此说法得进行更多的批判性考察。

　　首先，我认为，似乎应该将"夜光璧"和"月明珠"二名区分开来。这两个不同的名称肯定用以指称两类不同的宝石，从而也会有相应的不同传说。如若检视一下普林尼的著述，则不难确定后一个名称所指，即"月明珠"可对应普林尼所说的 astrion——星灿宝石。对此，他说道："在放射出类似白光的宝石中，有一种称为 astrion，与水晶同

---

[1]　译注：据当今通行的《后汉书》版本，此处均作"明月珠"而非"月明珠"。但是劳费尔在这里及其他多处则均作"月明珠"，当是有所根据，兹从之。

类。产于印度以及帕塔勒尼（Patalene，今巴基斯坦之信德省）沿岸地区。其内部的中央有一颗星发出明亮的圆月之光。有关这种宝石的某些记载说道，它们的位置正对着群星，吸收了星辰的光辉，故而能够再放射出来。"[4]

普林尼所说的"明亮的圆月"显然即是指称见于早期东方的这种宝石的汉文名"月明珠"的基础。[5]夏德（同前引书）提请我们注意希罗多德的著述（II，44），该书载云：腓尼基的提尔（Tyre）有座赫拉克勒斯（Hercules）的神庙，它有两根柱子，一根为纯金打造，另一根由 smaragdos 制成，在夜晚能发出极亮之光。夏德认为 smaragdos 即是"绿宝石"。然而，在这段文字中，该词肯定不是指绿宝石，而是指一种微绿的建筑用石材，其色泽类似于绿宝石，[6]或者，也可能如布留姆纳（Blümner）所设想，是为绿色的斑岩。[7]所以，希罗多德的这段文字并不能证明中国的"夜光石"乃是绿宝石；同时也无助于解决这样的问题：为何中国人不谈神庙柱子，而只说是宝石？

夏德又征引了普林尼的一段叙述，置于他有关 smaragdos 的注释中。然而，我们很难看到这段引文与他所探讨的问题有什么关系，因为普林尼对这些石料在夜晚发光之事未置一词。其文载云："他们说，这个岛的渔场附近的一座小王墓上方有一座大理石的狮子雕像，其眼睛用 smaragdos 镶嵌，会向海上发出强光，以至把金枪鱼吓得逃离。渔民们长期目睹这种怪象，惊异万分，最终用其他石料更换了旧物，才归于正常。"[8]普林尼这个故事的情节肯定是以白天而非夜间为背景的，因为众所周知，夜间若有光照散布于水面上，鱼便会被吸引来，甚至火把的强光就能吸引住鱼。不管怎样，这段文字中并无珠宝在夜间发光的任何叙说。

　　较为幸运的是，沙畹指出，卢西安（Lucian）在其《叙利亚女神》（*De dea syria*）中描述了耶拉波利斯（Hierapolis）的一座叙利亚女神雕像，她的头上饰有一颗名为 *lychnis* 的宝石："夜间，这颗宝石发出强烈闪光，从而使得整个神庙光亮得犹如点了许多支蜡烛；但是在白天，亮度就微弱了，宝石犹如一堆旺火。"[9]

　　Lychnis 一名与希腊词 *lychnos*（意为"手提灯"）相关。据普林尼说，之所以用它命名这种宝石，是因为它被灯光照射后，其亮度便会大增，且其色泽特别悦目。[10] 普林尼不曾提及 *lychnis* 在夜间发光之事，[11] 但是他对它的描述和解释很好地说明了这种传说之所以产生的原因。伪卡利斯提尼（Pseudo-Callisthenes）的著述载云（II，42），亚历山大大帝用标枪捕到了一条鱼，在鱼腹内发现了一颗白色宝石，它所发之光是如此强烈，以至众人都认为它是一盏灯。于是，亚历山大把它镶嵌在一个金质基座上，作为夜间的照明灯。[12]

　　这个普通小故事的源流是很容易说清楚的。它由两个要素结合而成：一是发现于鱼腹中的波利克拉特斯（Polycrates）的指环；[13] 二是构成普林尼解释 *Lychnis* 宝石之基础的那个传说。于是，*Lychnis* 之名激发出的一个夸张的传说，创生了夜间发光宝石的虚构故事。[14]

　　埃利安（Aelian）的一则故事[15] 值得予以特别关注：赫拉克蕾丝（Herakleis）是塔伦特（Tarent）的一位善良寡妇，她收养了一只断了腿的小鹳。这只感恩的小鸟在康复一年之后，叼来一颗石子，丢在女士的膝上。到了晚上，她发现石子散发出明亮的光彩，照亮了整个房间，仿佛点了火炬一般。作者补充道，无需进一步确认，这肯定是颗非常珍贵的宝石。[16]

　　我们在汉文典籍《拾遗记》中也见到了类似的神奇故事："（燕）

昭王坐握日之台参云，上可扪日。时有黑鸟白头，集王之所，衔洞光之珠，圆径一尺。此珠色黑如漆，悬照于室内，百神不能隐其精灵。"[17]而《搜神记》中的一则故事[18]与埃利安的故事更是相像得令人惊叹："随侯出行，见大蛇被伤，中断，疑其灵异，使人以药封之，蛇乃能走。因号其处断蛇丘。岁余，蛇衔明珠以报之。珠径盈寸，纯白，而夜有光，明如月之照，可以烛室。故谓之随侯珠，亦曰灵蛇珠，又曰明月珠。"[19]

同一部汉籍记载的另一则故事更加接近埃利安所述者，因为它涉及的鸟是一只鹤，这很自然地取代了不见于中国的鹳。其文载云："哙参，养母至孝，曾有玄鹤，为弋人所射，穷而归参，参收养，疗治其疮，愈而放之。后鹤夜到门外，参执烛视之，见鹤雌雄双至，各衔明月珠以报参焉。"[20]

这三则中国故事与希腊作家描述的故事如此惊人地相似，甚至连不重要的细节也颇雷同；显而易见，古代中国与希腊化世界之间存在着相当的联系。明月珠的特色证明了中国的故事来源于希腊故事；中国古人认为希腊化东方存在着真正的"明月珠"。[21]

夏德曾经推测道，汉文名"夜光珠/璧"可能是红宝石（红榴石）的古称，相当于希腊名 anthrax（红宝石）。然而，普林尼在谈论红宝石的章节中却并未提及夜间发光之事。他十分自然地坚持其"火说"：红榴石（carbunculus）之名与火有关，carbunculus 意为"赤热之炭"。[22]能够聊以支持这个假设的唯一证据见于普林尼所引的亚基劳（Archelaus）的说法，他断言，这类宝石在室内呈紫色，但在露天环境则呈火红色。[23]

我在此所译的"室内"若按字面意思理解，当作"屋顶遮蔽之处"。这样的表述显然并没有指向暗室的意思，而只是意为"在室内的阴影中"，以相对于此后所说的在户外检测宝石的做法。我们所知的谈及红宝石在夜间发光（被称为"海洋紫色"）之事的唯一古文献，乃是伯塞洛特（M.Berthelot）翻译的有关炼金术的一本希腊文小册子，[24] 它的撰写时代不很古远。若一定要用现实的宝石解释夜光石，那么电气石（*lychnis*）或可当之，红宝石在某种程度上也可计入，[25] 但是绿宝石必须排除在外。[26]

　　依我之见，钻石应该列入这个系列。中国人——至少是现代的中国人——将"夜光"一名作为钻石的同义词。[27] 这个观念显然可以追溯至古代传说，因为《南越志》[28] 载云，波罗基国产钻石（钢珠），"朗照幽夜"。按赵汝适说，锡兰（细兰）国王有颗宝石，"径五寸，火烧不燬，夜有光如炬"。[29] 由于人们相信钻石具有不可燃性，故这枚在夜间发光的宝石非常可能是指钻石。[30] 至于钻石为何被归入"夜光石"类的另一条理由，则将在下章中讨论。

注释

1 上文已经指出，印度与大秦的钻石贸易见于《新唐书》卷 221 有关印度的列传中。

2 见《后汉书》卷 88《西域传·大秦》。它所提及的大秦国的物产"夜光璧""明月珠"亦见于西安"景教碑"和摩尼教汉语文书中（见 Chavannes and Pelliot, *Traité manichéen*, p.68）。在《摩尼教残经》中，怜悯被喻为"明月宝珠，于众宝中而为第一"。《太平御览》卷 796 引杜佑《通典》（撰于 766—801 年）之说，谓康居西北之短人国产珍珠、夜光明月珠。而玄幻的《洞冥记》（似撰于 6 世纪中叶；见 Chavannes and Pelliot，同上引书，p.145）则称，汉武帝在公元前 102 年曾获得一颗"白珠"（此"珠"不仅指珍珠，通常也有"宝石"之意），用锦缎覆盖之。它看来像在反射月光一样，故被称为"照月珠"（见《佩文韵府》卷 7 之一）。

《图书集成》引《三秦记》之语云，在秦始皇的陵墓中，夜光珠构成了日月宫，悬挂在墓中的明月珠日夜放光。对于"夜光璧"一名中的"璧"字，乍看之下有些令人不解，盖因它通常是指中心有孔的圆形玉器，常见于古代中国，却不见于希腊文化世界。所以，很可能这是个早已存在的现成名称，只是被借来指称中国人所知的罗马东方的某种夜间发光宝石。此说也适用于"明月珠"一名。

我在《通报》（1913, p.341）和《中国陶像》（*Chinese Clay Figures*, p.151）中曾经指出，这两个名称早在司马迁的《史记》中就已使用了，见于卷 87《李斯传》；李斯卒于公元前 208 年，因在秦始皇治下参与焚书坑儒而获恶名（见 Giles,

Biographical Dictionary, p.464）。在《史记》的另一段落中，则明月珠和夜光璧被同时用作譬喻之辞（Pétillon, *Allusions littéraires*, p.242; Lockhart, *Manual of Chinese Quotations*, p.397）。《史记》第三段相关文字无疑反映了古人对"明月珠"的理解：该书卷128《龟策列传》对明月珠的定义是："明月之珠出于江海，藏于蚌中，蛟龙伏之。王者得之，长有天下，四夷宾服。"因此，在司马迁及其同时代人看来，明月珠诚然是优质的河海珍珠，配得上帝王拥有，但是他们并无将其源归于域外的意思。

哲学家墨翟（墨子，生活在孔子之后，孟子之前）在列数诸多杰出宝物时提到"夜光之珠"，不过我并不相信以他署名的那书的可靠性，这无疑是其弟子们伪托的（参看 Grube, *Geschichte der chinesischen Litteratur*, p.129），还包括后世编者的篡改。《墨子》以及其他号称"早期道教著述"的书有关夜光珠的描述（也包括 De Groot, *Religious System of China*, Vol.I, p.278 所引《拾遗记》的相关文字），可能都是后世的插补。司马迁肯定是能够提供可信的夜光珠资料的唯一早期作者。T.de Lacouperie 在其 *Babylonian and Oriental Record*, Vol.VI, 1893, p.271 的注释中不加批判地采纳了诸般荒诞的描述，实在毫无价值。

依我之见，似乎中国人只是从文学典故的角度采用了《史记》中的同一名号来指称他们所见到的希腊化世界的那一真正宝物，而不是因字面意思相同而如此命名，即如沙畹在《通报》1907 年期第 181 页所译的那样："l'anneau qui brille pendant la nuit，夜间发光之璧。"须知在此的"夜光璧"一名是不可分割的一个整体，用以指称一种宝石。此外，有两个事实证明了这一点。第一，古人所言的宝石并非夜间发光的指环或玉质圆片；第二，鱼豢在其《魏略》中将涉及大秦的"夜光璧"改成了"夜光珠"，显然是认为这样的改动可使之与实物更相吻合。此外，无论是在希腊语中还是拉丁语中，都未发现可确切对应这两个汉文名称的器物；所以，中国在与希腊—罗马世界接触之前就已拥有了这两个名称。"夜光"是用以指称月亮的一个古名，它见于《淮南子》（ Schlegel, *Uranographie chinoise*, p.610 ）。然而，这个术语必须与实际问题区分开来。不管中国名称的起源如何，自从中国与大秦交往之后，它们都严格地指称在古代世界占有显著地位，并在中国人心中留有深刻印象的一组宝石。嗣后，中国对这类宝石的所有名称——甚至与国内地点相关的名称——都令人追想到希腊化东方带给它们的不可磨灭的经历。

3 分别见 Hirth, *China and the Roman Orient*, pp.242-244，以及 Chavannes, *T'oung Pao*, 1907, p.181。

4 见 Pliny, XXXVII, 48, § 132。

5 如何理解普林尼所说的宝石 *astrion* ？这个热门问题不拟在此探讨。认为它即是如今所称的 asteria （星形宝石）的观点可能是最正确的（参见 Blümner, *Technologie*, Vol.III, p.234 ）。有关这一主题的最详细研究并非出自 Krause 或 Blümner，而是 J.M.Güthe, *über den Astrios-Edelstein des Cajus Plinius Secundus* (München, 1810)。从 D.B.Sterrett 最近的报告（ *Gems and Precious Stones in 1913*, p.704, Washington, 1914 ）判断，这种宝石似乎又流行于珠宝行业了。还有一种可能是，普林尼谈及的 *selenilis* 宝石（ 67, § 181 ），其内部有个月亮形宝石，并会每天改变其位置。这可能是汉名"月明珠"的来源。此说已由 D'Herbelot 提出，见 *Bibliothèque orientale*, Vol.IV, p.398。

6 见 Krause, *Pyrgoteles*, p.37。

7 见 Blümner, *Technologie*, Vol.III, p.240。

8 见 Pliny, XXXVII, 17, § 66。

9 见 H.A.Strong, *The Syrian Goddess*, p.72, London, 1913。

10 见 Pliny, XXXVII, 29, § 103。Dionysius Periegetes 将 *lychnis* 比作火焰（见 Krause，同前引书，第 22 页）。在确定该宝石的诸多说法中，最有可能的是"电气石说"，因为普林尼曾经指出它的磁性：只要将其加热或者用手指摩擦之，它便能吸引小碎布片和纸屑等。

11 事实上，普林尼并未谈及任何宝石的夜间发光现象。

12 然而，必须注意的是，在 A.Ausfeld 严格复原的最古老的亚历山大传奇故事中，却未见这则故事（*Der griechische Alexanderroman*, p.84）；它只是见于 C.Müller 撰于 1846 年的未作严格审核的版本中。假如 Ausfeld 将伪卡利斯提尼之最初文本置于公元前 2 世纪（第 242 页）是正确的话，那么显然为后世插补的这段故事的撰成时间不会早于公元 2 或 3 世纪。

13 见 Hirodotus, III, 41–42。按希罗多德之说，镶嵌在这枚印章指环上的宝石乃是 *smaragdos*；而按普林尼之说（XXXVII, 1）则为红玛瑙（参见 Krause, *Pyrgoteles*, p.135）

14 在误认为作者是 Plutarch 的一部不可靠的著述 *De fluviis* 中有谈到 *lychnis*，说它是产于希达斯皮斯河（Hydaspes，即今 Jhelum）中的一种绝妙宝石。

15 见 *Hist.animalium*, VIII, 22。

16 A.Marx 在其颇有意思的研究著述 *Griechische Märchen von dankbaren Tieren*（p.52, Stuttgart, 1889）中正确地指出，这则故事谈到的宝石即是 lychnites 或 lychnis，因为据 Philostratus 所言（*Apollonius from Tyana*, II, 14），这即是鹳鸟置于自己窝巢，旨在驱蛇自卫的宝石，盖因 lychnis 能在黑暗中发出奇异之光，还具有许多神奇的功能（*Orphica*, 271）。

17 见 [晋] 王嘉《拾遗记》卷 4《燕昭王》。

译注： 劳弗尔原著转引自《佩文韵府》卷 7 之一。

18 见 [晋] 干宝《搜神记》卷 20。

译注： 劳弗尔原著转引自《图书集成》。

19 参看 A.Forke, *Lun-hēng*（《论衡》）, pt.I, p.378，以及 Pétillon, *Allusions littéraires*, p.243，他据《淮南子》转述了这个故事。

20 见干宝《搜神记》卷 20。

译注： 这段文字劳费尔也转引自《图书集成》。有关所涉之飞禽，多种文献均作"鹤"，但亦有作"雀"者。

21 就更广的含义而言，这类故事属于感恩动物范畴；而感恩动物乃是亚历山大时期希腊人所喜爱的主题。参看 A.Marx, *Griechische Märchen von dankbaren Tieren* 以及 F.Susemihl, *Geschichte der griechischen Litteratur in der Alexandrinerzeit*, Vol.I, p.856。

22 参看 Theophrastus, *De lapidibus*, 18（opera ed.Wimmer, p.343）。

23 见 Pliny, XXXVII, 25, § 95。

24 见 M.Berthelot, *Introduction à l'étude de la chimie*, p.272, Paris, 1889。不仅仅是夏德，还有迈耶斯、拉库佩里、沙畹，他们都没有任何异议，全都相信红榴石/红宝石是古代世界主要的夜光宝石（分别见 Mayers, *Chinese Reader's Manual*, p.25；T.de Lacouperie, *Babylonian Oriental Record*, Vol. VI, 1893, p.274；Chavannes, *T'oung Pao*, 1907, p.181）。了解一下后世学者对古文献中不足为信的一段叙述的看法，也是颇为有趣的。

据我所知，只是在中世纪的矿物学著述中，红榴石才被说成夜光石，可能最初见于著名的法国雷恩（Rennes）主教 Marbodus（1035—1123）撰写的 *De lapidibus pretiosis* 中。此书的最早法译本曾称（L.Pannier, *Lapidaires français du moyen âge*, p.52）："（宝玉）给予我最强烈刺激的是其深红色的光彩。"又，在据称是由约翰长老（Prester John）于 1165 年左右写给拜占庭皇帝曼努埃尔（Manuel）的信中，有三段文字谈到红榴石（57，90，93；见 F. Zamcke, *Der Priester Johannes I*, pp.91,95,96），见于其对印度皇家长老宫殿的富于幻想和过于夸张的描述中。

Konrad von Megenberg 在其 *Book of Nature* 一书（F.Pfeiffer 编，第 437 页）中高度赞美了红榴石，说它是所有宝石中的最尊贵者，拥有它们的一切优点。并说它的色彩似火，在夜晚的亮度甚至超过白天；白天，其光度暗淡，但在夜晚则大放光明，乃至令夜晚变得如同白昼。这种观念到 17 世纪时仍在流行，这可从 A.Boetius de Boot 著述的一段有趣文字中看出来（*Gemmarum et lapidum historia*, p.140；A.Toll 编，1636）。

25 玄奘在其《大唐西域记》卷 11 中谈到红宝石（钵昙摩罗伽，*padmarāga*）："王宫侧有佛牙精舍，高数百尺。莹以珍珠，饰之奇宝。精舍上建表柱，置钵昙摩罗加大宝，宝光赫奕联晖，照曜昼夜，远望烂若明星。"可参看 Watters, *On Yuang Chwang's Travels*, Vol.II, p.235; Beal, *Buddhist Records*, Vol.II, p.248。Julien 在其 *Mémoires sur les contrées occidentales*（Vol.II, p.32）中译作"recouvert d'un enduit brillant comme le diamant"（覆以犹如钻石般的发光层），显然是不正确的；其整段翻译也不恰当。

鉴于下文将详细讨论磷光现象，故在此不再涉及有关宝石的任何自然现象。月光、星光或者建筑物上人工照明物发出的光都会对红宝石之夜间发光起到作用，因此，导致"宝石会在黑暗中发光"观念产生的原因显然是多种多样的。卢西安（Lucian）所说耶拉波利斯（Hierrapolis）神庙的 *lychnis* 宝石的情况亦然。我不太相信这是自然现象，而更可能是祭师玩弄的诡计，人为地制造了"奇迹"；他们在隐蔽的角落里安装了光源，使得民众误以为是宝石发出了光亮。

对于上文提到的玄奘的记载，在此还要做点补充。Cosmos Indicopleustes 在其 *Christian Topography*（p.365；由 McCrindle 翻译）中谈到锡兰国王拥有一颗宝石："大如松果，呈火红色。远处望去，闪闪发光，尤其是当阳光照射它时，更是光亮无比。"可是他并未提及宝石在夜间的情况。14 世纪的修士鄂多立克（Odoric of Pordenone）则称印度尼科巴群岛（Nicobars）的国王拥有一颗类似的宝石："他手中还握有一颗宝石，名为红宝石，长宽都达一拃。当他手中握着此石时，就仿佛一团火焰。据说，这是当今世上最为珍贵的宝石。中国的鞑靼大汗无论是通过武力，还是使用金钱，抑或其他任何办法，都不曾获得这样的宝石。"（见 Yule, *Cathay*, 新版, Vol.II, p.169）

26 Backmann 在 其 *Beiträge zur Geschichte der Erfindungen*（Vol.III, p.553）中将萤石也归入古人的发光宝石范畴。然而，如他自己也承认的那样，在 17 世纪以前，人们并未认识到这种矿石的磷光性。此外，不管怎样，仍有相反的看法（见 Blümner, *Technologie*, Vol.III, p.276，以及 Lenz，同前引书，p.23）。我对古典时代的人是否知道萤石的存在，怀有极大的疑问。这个推测并无可靠的实际证据作为基础，只是根据已为当代人所知的某些矿物特性做出的推衍，以此读懂古人的某些记载。被说成具有夜光性的其他的宝石是完全不可思议的，例如，Philostratus 描述的"吸引其他宝石的宝石"在夜间会像火一样闪光云云。见 F.de Mély, *Lapidaires grecs*, pp.27-28。

27 见 J.Doolittle, *Vocabulary and Handbook of Chinese Language*, Vol.I, p.132。

28 沈怀远撰于 5 世纪（见 Bretschneider, *Bot.Sin.*, pt.I, No.559）。此处的文字转引自《太平御览》卷 813。

29 见柔克义（Rockhill）编《诸番志》（*Chu fan chi*）卷上；Hirth and Rockhill 译，第 73 页。

30 有关西方世界将钻石列入"夜光石"的一条间接证据可从 Physiologus 的一段文字中推断出来：在白天不可能见到钻石，只有在夜间才能发现钻石。这显然暗示了，之所以在夜间能发现钻石，是因为它会发光。参见 F.Lauchert, *Geschichte des Physiologus*, p.28; E.Peters, *Der griechische Physiologus*, p.96; F.Hommel, *Aethiopische übersetzung des Physiologus*, p.77; K.Ahrens, *Buch der Naturgegenstände*, p.82。D'Herbelot 已经知道，钻石在黑暗中发光是它的一种天然特性（见 *Bibliothèque orientale*, Vol.IV, p.398）。

第十三章

宝石的磷光现象

由于在此之前汉学家和其他人对"夜光石"的问题未能正确理解，故难免出现一些错误的解释。[1]当然，石料实际上是不可能在夜间发光的，任何宝石的光泽只是一种光学性能，它依赖于外界光源——太阳光或人工光——在人眼中的反射而产生效果。[2]古代的西方人和中国人都有关于宝石在黑暗中发光的记载，因此，它们与光学现象无关，尤其是与所谓的"坚硬宝石之光"无关。假如这些故事部分地涉及一种光学现象，那么，唯有一点是可以探讨的，即磷光现象。

这是某些宝石的属性，它们在摩擦、加热、曝光或者通电之后，会放射出被称为"磷光"的光线，因为所发之光虽然往往呈现不同色泽，却都类似磷光。这种特性在钻石上体现得尤为明显：若用布擦拭它，或者将其穿过木质纤维，便可在暗室内清晰地见到光亮。然而，这却并不是所有钻石的普遍特性，而只限于某些钻石。[3]磷光现象尽管也见于其他宝石，但是钻石的磷光非常明亮和强烈。有鉴于此，钻石在"夜光石"中位列第一似乎是不无道理的。

不过，对于这样的解释，尚有一个重要的现象绝对不能忽略，即记载宝石的古代作家们对于宝石的磷光特性问题全都未置一词。据称，直到1663年才由物理学家博伊尔（Robert Boyle）第一次观察到磷光现象。[4]当然，这并不意味着在此之前人类对宝石的磷光现象一无所知，宝石未必不可能因偶然的机会而向普通人暴露其磷光特性。

伯塞洛特（M.Berthelot）在希腊炼金术士的文集中发现了一篇短文，提议人们"根据神庙圣所的一本书，对人造宝石、绿宝石、红宝石、红锆石等进行着色加工"。[5] 他相信，这篇文章中所说的对宝石的人工着色方法透露了有关宝石磷光特性的知识，因此毫无疑问，古人是使用了表面着色剂而使得宝石在黑暗中发出磷光的；这种着色剂萃取自诸如海洋生物胆汁之类的物质，其类似的特性已为现代人所知。

然而，我不得不承认，尽管这个结论源自我十分钦佩的高贵而体面的权威，却不能使我十分信服。首先，它似乎令人怀疑，书中所言的希腊古方是否产生了预期的效果？只要未经实验证明，这种怀疑便始终存在。其次，即使此法有效，也不能证明古人如我们一样，已经了解了宝石的磷光现象；这种现象是宝石固有的物理特性，但希腊文献却声称磷光是因宝石和动物制品接触后产生的，而非出自宝石本身。

伯塞洛特发现的希腊文书固然倾向于证明，若干古代的炼金术士知道某些动物器官具有磷光特性，可是这完全不能表明他们同样知道宝石也具备磷光特性。恰恰相反，假如他们真的曾经对宝石进行人工着色，那么更有可能对宝石本身的磷光特性毫无了解。

我们从印度也获得相关信息，声称当地人在博伊尔之前就已发现了磷光现象。加尔各答大学总统学院博学的印度化学教授普拉富拉·钱德拉·雷（Praphulla Chandra Ray）曾就此问题说道："有时候，人们声称，钻石的磷光现象是由著名的罗伯特·博伊尔在 1663 年最早观察到的。然而，博加（Bhoja，11 世纪）已经谈到过这个特性。"[6]

幸运的是，雷附上了博加的梵文词句 "andhakāre ca dīpyate"，并译成英文 "it phosphoresces in the dark"（它在黑暗中发出磷光）。然而，这句梵文只是简单地意为"它在黑暗中发光"。所以，实际的情况并不是博加早已熟悉钻石的磷光特性，而是雷教授的主观意向导致了这一说法：他知道博伊尔的发现，故把这一知识归之于博加。这只不过反映了其善意的印度爱国主义，而不是他的逻辑能力。

如果认可他的解释，那么我们也完全可以根据古代东西方谈及宝石夜间发光的大量记载推断，希腊人、罗马人和中国人早已充分了解了我们所说的磷光现象。[7]然而，严肃的科学是不能如此快速地推出其结论的。如果我们不能见到足够的希腊、罗马、梵文和中文资料，从中合理地而非强行地推导出"古人已自觉意识到宝石之磷光现象"的结论，那么，还是暂缓做出判断，或者否认这一结论为妙。[8]

在缺乏直接证据的同时，我们却可以根据普林尼的叙述做一番颇有意思的考察，依我看来，这番探讨在相当程度上是令人信服的。这即是普林尼熟知的某些宝石之磁、电特性的奇妙状况；而这些宝石正是汉文资料所言的夜光石，亦即电气石和钻石。对于电气石（lychnis），他说道，若用阳光加热或者手指摩擦这些石料，便能吸引小碎布片和纸屑。[9]至于钻石，他说道，它对磁石的排斥力非常强烈，以至于钻石一旦靠近磁石，便会使之失去吸铁能力；或者，假如磁石已经吸住了铁，钻石会把铁吸得脱离磁石而附着于钻石。[10]确实，钻石在摩擦之后会大量携带电荷，从而能吸起纸屑和其他轻质碎片，尽管它本身并无导电物质，在这方面的性能异于石墨。[11]

钻石是否能够抑制磁石的磁力，似乎是个颇有争议的问题。霍托（Garcia ab Horto）根据自己的多次实验，最早对普林尼的说法提出异议。[12]金（C.W.King）对此作了如下评说[13]："这种宝石具有高度的带电性，通过摩擦加热之后能够吸引轻微的物体；此外，如我们已经注意到的那样[14]，它还有被阳光长时间照射后在黑暗中放射磷光的特性。古人还认为钻石的磁力比磁石更强，乃至相信在钻石面前磁石会完全丧失磁力。但是，这个观念是毫无根据的。他们对于磁力的唯一概念即是其磁力，因此，钻石吸引轻微物体的特性也被抬升得极高——就像它的其他特性一样——超过了磁石；他们活跃的想象力很容易达到这种程度。"

然而，阿加森（Ajasson）则认为，假如钻石放在磁石的磁力线中，它吸铁的能力将与磁石相同，并因此在相当程度上抵消磁石的磁力。[15]尽管如此，普林尼对于钻石的电磁特性还是有着很多了解的。如果是对钻石和电气石进行摩擦，则未必不可能也偶尔产生磷光现象，并被人们观察到。几例这类现象便很容易引发有关"夜间放光之宝石"的奇妙的夸张故事。

那么，中国古人知道磷光现象吗？首先，这当是以潜意识形式和基本形式为人们所知的，就如我们在西方人的民间传说中发现的这类概念一样。公元前 2 世纪的《淮南子》说道："老槐生火，久血为燐（磷）。"[16]"燐"字意为闪烁之光；旧传为人血所化，称"鬼火"，常见于战场。汉文古字典《说文》谓"兵死及牛马之血为粦（粦/燐/磷）"，通常称"鬼火"。[17]公元 1 世纪的哲学家王充批判其同时代人的信仰道："血者，生时之精气也。人夜行见燐，不象人形，浑沌积聚，若火光之状。燐，死人之血也，其形不类生人之形也。其形不类生人之形，精气去人，何故象人之体？"[18]当今，中国人以非常值得称赞的态度，创造了一套命名法来翻译我们的科学术语，"磷"便被用来指称我们所说的 phosphorescence。[19]这表明他们已经感觉到，是这一磷光现象引发了由"磷/燐"字传播和表达的民间观念。

张华（232—300）的《博物志》载有一段有趣的文字，它也表明，中国人对于电磁现象有着一定的经验。其文称："斗战死亡之处，其人马血积年化为燐。燐着地及草木如露，略不可见。行人或有触者，着人体便有光，拂拭便分散无数，愈甚有细咤声如炒豆，唯静住良久乃灭。后其人忽忽如失魂，经日乃差。今人梳头脱着衣时，有随梳解结有光者，亦有咤声。"[20]

我们在上文已经提到，海洋生物某些器官的磷光现象已为古希腊的炼金术士所知。与之相似的观察则见于有关鲸眼——尤其是雌鲸眼珠——的汉文记载中，它被称为"明月珠"；[21] 4世纪中叶的崔豹对此有所描述。[22] 此说并非仅仅出于幻想，因为鲸鱼眼珠确实可以制成实用的产品：居住在松花江流域的东胡部落靺鞨的拂涅部在唐玄宗开元、天宝年间多次来唐朝贡，"献鲸睛、貂鼠、白兔皮"。[23] 任昉《述异记》载云，南海有明珠，即是鲸鱼的目瞳。它在夜间能够照人，故被称作"夜光"。[24] 维拉哈米拉（Virāhamihira，505—587）在其 *Bṛihat-Saṃhitā*（Ch.81, § 23）中谈到出自海豚的一颗珠很像鱼眼，极为纯净，价值连城。[25]

在古代日本，鱼眼似乎也有这样的功能。《隋书》卷81《东夷传·倭国》载云："（倭国）有如意宝珠，其色青，大如鸡卵，夜则有光，云鱼眼精也。"[26]

在中国人认为具有夜光特性的其他源自动物的物质中，犀牛角是其中之一；关于它，我此前曾在其他著述中讨论过。[27] 当时我指出，中国谈及这种观念的最早文献是公4世纪葛洪的著述和唐代的一部著述，如今，我则认为该主题可以追溯到公元3世纪万震的《南州异物志》。[28] 其文载云："犀有特神者，角有光耀。白日视之如角，夜暗之中，理皆灿然，光由中出，望如火炬。"[29]

　　有关出自动物的真正珠子在夜间发光的例子，上文已经谈及，在此再补充数例。东汉章帝元和三年（86 年），"明月珠出豫章海昏，大如鸡子，围四寸八分"。[30] 6 世纪郭义恭的《广志》[31] 区分了三类近似宝石的珠子：黄色的木难珠[32]、明珠、夜光大珠，颗颗都达直径一寸，圆周二寸以上；最好的珠子则来自黄支国[33]，若将其最圆者置于平地上滚动，可终日不停。[34]

　　珊瑚也被赋予同样的性能。《西京杂记》载云："积翠池中有珊瑚树，高一丈二尺，一本三柯，上有四百六十二条。是南越王赵佗所献，号为烽火树，夜有光影，常似欲然。"[35]

　　我们很难确定这些例子中的描述是否基于真实的观察。有些记载可能是出于虚构和想象，其发光性可能是随意地从其他物体转借而来。然而，总体看来，我们不能否认中国古人以这样或那样的方式，在某种程度上了解了磷光现象，尽管他们对此的了解不很理智和彻底。

　　近世的学者宋应星于 1628 年撰成工程技术专著《天工开物》，对于采珠之事有一段颇有意思的评说，他表示不信"夜光珠"之说。其文载云："凡珠在蚌，如玉在璞……古来'明月''夜光'，即此便是。白昼晴明，檐下看，有光一线，闪烁不定；'夜光'乃其美号，非真有昏夜放光之珠也。"（《天工开物·珠玉第十八》）然而，并无文献记载表明中国古人懂得宝石的磷光是如何产生的。因为这样的实验非常困难，我们几乎无理由认为他们曾经试图进行这类实验。总而言之，我们对夜光宝石传说加以关注，并不是出于科学研究目的，而是从联系东方和西方、中国社会和希腊化世界之民间传说的角度进行探讨。

注释

1 G.F.Kunz 对这个专题进行了综合性的探讨，见 *Curious Lore of Precious Stones*, pp.161-175。

2 中国学者宋濂（1310—1381）对此有一定的看法。他在其《日月五星论》一文中说道："月满如珠，其体本无光，借日为光。背日之半常暗，向日之半常明。"（转引自《佩文韵府》卷七之三）

3 参看 Farrington, *Gems and Gem Minerals*, pp.37, 70。在一切矿石中，萤石展示了最佳的磷光现象，它只要稍被加热，便会发出明显的光亮。其光的色彩随着矿石的不同而改变，通常异于矿石的天然颜色。它们所展示的色彩一般为淡绿、淡蓝或淡紫色。

4 见 Bauer, *Precious Stones*, p.138。

5 参看 Berthelot, *Sur un procédé antique pour render les pierres précieuses et les vitrifications phosphorescentes*，载 Annales de chimie et physique, 6th series, Vol.XIV, 1888, pp.429-432。重印于他的 *Introduction à l'étude de la chimie*, pp.271-274, Paris, 1889。

6 见其 *A History of Hindu Chemistry*, Vol.II, p.40, 2d ed., Calcutta, 1909。

7 值得注意的是，无论是阿拉伯作家还是印度作家，都未曾有过关于夜光宝石的记载。阿拉伯人在这方面的贡献是迥然不同的另一回事。伪亚里士多德的《宝石》（*lapidarium*）谈到一颗名为"怪石"的奇妙宝石，它见于黑暗的海洋里，内部发出光亮，在夜间清晰可见。其纹理明亮闪耀，仿佛笑脸一般（此语系误读原文，本意当为"仿佛镜子一般"）。见 J.Ruska, *Steinbuch des Aristoteles*, pp.20, 167。"催眠石"则是红色的，在夜间发射出大片火光，白天喷出烟来（见同上引书，p.166）。

8 在 *Orphica* 中有这样一段文字："状如钻石的水晶放在祭坛上时，会散发出火焰般的光亮，却毋需点火。"Kunz 认为，这表明在公元 2 世纪或 3 世纪之前，古人已经注意到了钻石的磷光现象（*Curious Lore of Precious Stones*, p.163）。然而，这段简单明了的文字却未能证实其牵强的解释。希腊作家很了解水晶阳燧，我曾经撰文（*T'oung Pao*, 1915, pp.169-228）说，普林尼对此也有描述，并将它们的反射能力与钻石作了比较。不过，他除了比较钻石与水晶透镜的光泽外，并未再说什么。他没有暗示它们在黑暗中的情况，从而根本没有涉及磷光现象。

9 见 Pliny, XXXVII, 29, § 103。

10 见 Pliny, XXXVII, 15, § 61。

11 Farrington, *Gems and Gem Minerals*, pp.34, 70 载云："所有宝石用布摩擦后，都会像玻璃一样，明显地带电。"然而，不同的宝石维持带电状态的时间各不相同。例如，电气石和黄宝石在良好状态下能在数小时内保持带电状态，但是钻石在半小时后便会失去电荷。阿拉伯人说，石榴石（*bijādī*）具有吸引木头和稻草的性能（见 J.Ruska, *Steinbuch des Aristoteles*, p.144）。Ruska 说，形成这个说法是因为将石榴石混淆于琥珀；我并不如此认为。尽管 Vullers 和 Steigass 在其《波斯语词典》中把 *bijādī* 或 *bejād* 一词的意思解释为"石榴石"与"琥珀"，但是后一解释显然是因其吸引力而言的。

12 "它能抵消磁石吸铁性能的说法也是不真实的，因为我做过多次实验，发现它无碍于磁性。"（1582 年的意大利文版，第 182 页）

13 见 *Antique Gems*, p.71。

14 金在第 27 页的一段中说道："除了钻石，其他宝石都不具备磷光性；钻石在炽热的阳光下曝晒后，立即拿入暗室，则其磷光可保持数分钟。当东方人将暴露在耀眼阳光下的钻石带入其昏暗的房间时，钻石发出磷光这一独特性能肯定经常引起他们的注意，从而为他们凭借丰富的想象力，靠此简单的事实编造奇妙的故事提供了足够的基础。"我大体上也倾向于这个观点。但是我们不要忽视了这样的事实：迄今为止，未见任何古代文献谈及宝石的磷光现象本身；我们只能寄希望于未来的某天在希腊的莎草纸上发现这类记载。就目前的情况而言，我们至多拥有从古人之宝石磁性知识推衍出的，建立在间接证据上的一个结论。

15 见 Bostock and Riley, *Natural History of Pliny*, Vol.VI, p.408。

16 引自《康熙字典》"燐"字条。

译注：语见《淮南子》卷 13《氾论训》。

17 引自 Couvreur 的 *Dictionnaire chinois-français*, p.496。

18 引自 A.Forke, *Lung-hēng*, pt.I, p.193。

19 在 4 世纪崔豹的《古今注》（卷中《鱼虫第五》）中，萤火虫的磷光也被称为"燐"和"夜光"。

20 在日本，人们也相信磷火代表了人的灵魂，因此称作"人魂"（ひとだま）；它飘浮于屋檐和屋顶上方，呈透明的球形，人类触摸不到（见 Aston,《神道》, p.50; M.Revon, *Le Shintoisme*, pp.III, 302）。与日本相关的该主题的有趣资料可参看 Geerts 的 *Les produits de la nature japonaise et chinoise*, pp.186-187。亦见 M.W.de Visser 的若干注释（*The Dragon in China and Japan*, pp.213-214）；还有同一作者的详细研究 *Fire and Ignes Fatui in China and Japan*（Mitteilungen des Seminars für oriental.Sprachen, Vol.XVII, pt.I, 1914, pp.97-193）。

21 此名也被用来指称希腊化东方世界的宝石，上文将其比定于普林尼所说的

astrion。

22 我在 *T'oung Pao*, 1913, p.341 转引和翻译了整段文字。

译注： 崔豹《古今注》卷中《鱼虫第五》的相关文字为："（鲸鱼）其雌曰'鲵'，大亦长千里，眼为明月珠。"

23 见《新唐书》卷 219《北狄列传·黑水靺鞨》。

24 见《佩文韵府》卷 7。这项属性又与人们赋予希腊化东方之宝石的特性相同。

25 见 H.Kern, *Verspreide Geschriften*, p.100, 1914。

26 这颗宝珠非常可能是从印度带到日本的佛教遗物。在上文提到的佛教传说中，"如意宝珠"（即梵文 *cintāmaṇi*）出自神奇的大鱼摩羯鱼（*makara*）。中国学者陆佃（1042—1102）在其《埤雅》中说："如意宝珠则鱼眼睛也。"（参见方以智《物理小识》卷 7）

27 见 *Chinese Clay Figures*, pp.138, 151。

28 参看 Bretschneider, *Bot.Sin.*, pt.I, Nos.452, 539，以及《隋书》卷 33。

29 见《太平御览》卷 890《兽部二·犀》。

30 豫章、海昏均在今江西省境内；汉代的豫章郡治所在今南昌市区，海昏县隶属豫章郡。

31 参见 Bretschneider, *Bot.Sin.*, pt.I, No.376，以及 Pelliot, *Bull.de l'Ecole française*, Vol.IV, p.172。

32 其在同书的另一段中（《佩文韵府》卷 7 和《太平御览》卷 809 所引）声称，这类黄色宝石源自东方诸国。它在这里被称为"莫难"，显然与"木难"为同名异译。崔豹《古今注》称："莫难珠，一名木难珠，色黄，出东夷国也。"除了这些记载将这种宝石的原产地含糊归于"东方"外，还有一些记载则把它们置于希腊化的东方世界。沈怀远的《南越志》说，莫难珠（"闹搜"）是"金翅鸟口结沫所成，碧色珠也。大秦土人珍之"。《玄中记》也说："闹搜出大秦。"《新唐书》说拂菻产木难珠（见 Hirth, *China and the Roman Orient*, p.59）；马端临则说："（大秦）又有木难，出翅鸟，口中结沫，所成碧色珠也。土人珍之。"（夏德前引书所引《文献通考》卷 339《四夷考十六》）毫无疑问，这些记载都是西方传说的反映。《拾遗记》谈到瀛洲"有鸟如凤，身绀翼丹，名曰藏珠，每鸣翔而吐珠累斛"（卷 10《瀛洲》）。不过，它并未确切地提及"木难珠"。《本草纲目》说，黄色的宝石名为木难珠（卷 8）。杨慎（1488—1559）将它比定为祖母绿。方以智在《物理小识》卷 7 中说，木难珠即是阿拉伯人所说的黄色"鸦琥"（*yakut*）。这些推测都是近世价值不大的事后思考。

33 有关黄支国的方位，参见我的 *Chinese Clay Figures*, p.80。

34 参见《图书集成·经济汇编·食货典》卷 322《珠部》。在此，浑圆珠子滚动不止的故事令人想起 Pigafetta 有关渤泥（Brunei，婆罗洲西岸）国王的两颗珠子的一段记述：珠子大如鸡卵，极其圆浑，乃至若置于平滑桌面上，会滚动不已（见 Hirth and Rockhill, *Chau Ju-kua*, p159 所引 Pigafetta, *First Voyage round the World by Magellan*）。李时珍曾谈到"雷珠"，说它是"神龙所含遗下者"，夜间可以照亮整个房间（《本草纲目·石部》卷 10）。这类东西显然与他在同书中提及的其他"史前"器物属于同一性质，并为 de Visser 所接受（见 *The Dragon*, p.88），但是这个问题是因错误的类比方式而悄悄地出现在此处。这种所谓的雷珠不过是印度民间传说中的蛇珠的变体。

35 参见《太平御览》卷 807；或见《图书集成·经济汇编·食货典》卷 333《珊瑚部》。

译注： 这段文字引自《太平御览》或《图书集成》，与今天的各《西京杂记》版本有所差异，如中华书局 1985 年版的最后一句作"至夜，光景常欲燃"。

中国的象牙

Ivory in China

目 录

象牙在远东的艺术中占有非常突出的地位，中国牙雕师的雕刻技术始终是一流的。然而，那些记述这个主题的人至今依旧只把它视作一个工业门类，赞美中国人的技艺精熟，擅长制作美妙的图案。如果这或多或少是基于现代制品的杰出技术创意而非艺术专长而言，这样的判断或许是正确的。但是，有关象牙的考古以及用此类材质制作的古老艺术品却几乎被完全忽略了。

本研究的目的便是填补这一空白，展示象牙在中国上古时期的重要性，追溯象牙的供应来源和象牙贸易的发展，以及解释象牙艺术与中国人之生活和文化的关系。本书分为数章，分别谈论中国的象与象牙贸易、猛犸（mammoth）的传说与猛犸牙的贸易、海象牙与角鲸牙的贸易、象牙的替代品，以及象牙制品。本书撰写的起因，是我于1923年在中国收藏了一些牙雕，并于最近进行了展览；本书可以作为这些藏品的导言。

第一章

中国的象与象牙贸易

古代中国对象已有较多的了解，这一事实会令许多西方读者大为惊奇。然而，语言学、象形文字、历史学及考古学的证据却证明，中土早就存在这种动物。对于这类厚皮动物，汉人不仅有一个古老和土生土长的名称，而且东部地区语言十分接近的各汉人分支还对"象"有发音相似的共同名号。例如，古代汉人将"象"读为 *dziang* 或者 *ziang*；现代的北部方言读 *siang*，上海话读 *ziang*，广东话读 *tsöng*，客家话读 *siong*，福建话则读 *chi'ong*。在缅甸语中，"象"的读音为 *ch'ang*，暹罗语称 *chang*，掸语称 *tsan* 或 *sang*，阿霍姆语（Ahom）称 *tyang*，么些（纳西）语称 *tso* 或 *tson*，昂尕米—那伽语（Angami Naga）称 *tsu*。这些语言证据表明，以下的结论是正确的，即：所有这些部落肯定都在很古的时代，甚至是他们尚属同一种族的某个史前时期，就获得了有关象的知识。然而，其语言和汉语同属一个语系的西藏人却游离于这一发展之外，他们称象为"大牛"或"尼泊尔牛"。这种命名方式颇似古代的罗马人：他们在与希腊的伊庇鲁斯王皮拉斯（Pyrrhus，318—272 BC）作战时见到了象，便称之为"卢卡尼亚牛"（Lucanian oxen）。藏人这样称呼象，表明他们只是在较晚的历史时期（约公元 7、8 世纪）接触到印度和尼泊尔后，才对象有了一定的了解。

在古代中国，汉字"象"的书写符号是按照实物构想出来的。当

时，汉字的书写处于纯粹的象形字阶段。指称"象"的最初的象形字显
而易见地是用象的主要身体特征来表达的：长长的鼻子、巨大的头颅，
配着一对突出的獠牙，以及具有四足和一条尾巴的躯体（见图1的第
3—6字符）。在图1中，展示了"象"字的七种不同的古字形。它们
演变到第七个字符时，已在公元前100年左右，当时，它已相当接近现
代的字形了（见图13）。

　　在商（1783—1123 BC）、周（1122—249BC）古青铜器的铭文中，
"象"的字符并不鲜见。图3所示，是见于《博古图录》的周朝青铜鼎
上的象的图形。[1]《博古图录》是1107年编写的王黼的作品，它是宋代
诸帝拥有的青铜器的图录。图4所示的图形与图3所示者属于同一类
型，它见于日本收藏的同时期的一件器物上。图5是北京故宫博物院所
藏青铜爵上的图形。图6描绘的是用于印玺上的象形，据说可上溯至商
代。至于图7所示，则是云南省一个原始部落纳西人的象形字符，用以
指称动物"象"。

图1　汉文中"象"的各种象形字

---

[1]　译注：作者并未标明所引的《博古图录》出自何种版本，但是读者可以参看《重修宣和博
古图》卷二《周象鼎》，广陵书社，2010年。

图2　见于商代铜钟上的象的形状

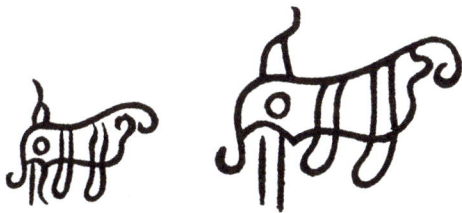

图3—4　周代青铜器铭文中象的符号

图5　周代青铜爵上象的图形

图6　商代青铜器上的象形；也使用于后世的印玺上

图 7　么些（纳西）人象形文字中的象头

　　商代最为引人注目的象形的表达，见于在山东发现的一口铜钟上，上面镌刻着于公元前 1506 —前 1491 年在位的一位帝王的名字。[1]钟的轮缘上饰有呈天然形态的象的图形 [见图 2；亦见 L.C.Hopkins《中国书写体系的发展》（*Development of Chinese Writing*）第 15 页，1909]。在周代的青铜器上，我们经常见到抽象的、具有强烈传统风格的象形，不过，也有十分艺术化的象形图案装饰。（见图 8 和图 9）

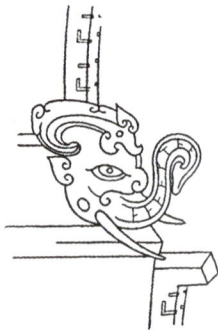

图 8　凸出于青铜爵边缘的象头

---

[1]　译注：按作者所标的在位年份，这位商代君主当是"祖辛"；按宋代邵雍《皇极经世》所列，他是商朝的第 12 位国君。

图9　作为青铜器装饰的象头

　　古代的礼仪书（如《礼记》和《仪礼》等）谈及两种有关象的礼器，称之为"象爵"。中国的诠释者充分发挥了奇思妙想来解释这些器皿。有人说，"象爵"是因为用象牙装饰而得名；有人则认为，是因为整个器皿制成象的形状而得名；还有一种解释是：由于用象的图形装饰了该器物，它遂被称为"象爵"；又有人根据"象"字的含义——状貌、形象、图形等——得出结论道，这种高脚酒杯是因为饰有神鸟的图形，故被称为"象爵"。从商、周时代（1783－249BC）到今天的考古发现物中，我们见到大批这样的青铜炊具，它们由三至四足支撑，诸足的上部为象头之形，各自向下延伸出象鼻，形成器皿的各个支脚。这种母题在三足釜上尤其引人注目；这类三足釜被称为"鬲"，它是集炉、锅于一体的炊具，用在祭祖时蒸煮粮食或药物。炭火置于三足基座的空心处，有一可活动的炉栅将它与上部承物的锅子隔开。这类器皿的一个不错的例子见于黑石中国藏品部（Blackstone Chinese Collection）的1号展柜中央。直到清朝的乾隆年间（1736－1796），青铜器上的"象足"艺术母题依然存在着；它同样也见于汉代（202 BC－AD 220）的丧葬陶器上。

　　在汉代的遗迹中，可以见到非常自然的象的形态出现在陵墓雕刻的图案中，图10所示者便是这类图案之一，它见于山东省西部肥城西北方孝堂山的墓室遗址中，雕刻在构成墓室的 8 块石板中的一块上。象身上坐着三位驭象者，他们手中都执着驯象的铁钩，是为一长列"蛮王"随员中的一部分。可以肯定的是，当时的山东并不出产象；同时也可确认的是，汉代的工匠是从实际生活中临摹了这种动物的形貌。

图 10　汉代浮雕上的象，公元 1 世纪

在历史时期之初，中国人的居住地域有限，大体上在今天所称的"华北"，即黄河流域；那时的自然环境与现今的颇不相同，崇山峻岭中布满了浓密的森林，大量野兽出没其间，其中也包括巨型动物象。由于中国是个农业国，故随着农民的拓殖，大片丛林被清除，象也逐步退向更远的南方，或者干脆被灭种。这种情况的出现当发生于公元前一千纪初，但是象残留在人们记忆中的印象则可能又持续了好几百年。降及公元前一千纪中叶，象的栖息地已经只限于长江流域，从极西的四川延伸到东部的沿海地区，还有更往南方和西部的那些地区。这在下文将要详细论说。

有位古人曾说（可能出自一句古谚），象因它的牙齿而身毁命丧，这是因为人们贪图它值钱的牙齿。[1]

目前所见最早的汉文诗集《诗经》曾提及，象牙是淮河流域的蛮夷部落（"淮夷"）向鲁国进贡的诸物之一。[2]淮河流经今天的安徽省与河南省，最终注入洪泽湖。[3]

象牙和犀牛皮曾经是扬州和荆州缴纳给朝廷的税赋中的两种。当时的扬州辖境包括长江三角洲的南、北两岸；荆州则为现今的湖南、湖北之地。

在上古时期，象牙广为人知，并被制成各种日用物件，如钗、簪、梳子，以及弓端的小饰物等。象牙之珍贵仅次于玉和黄金。周朝的国君将公务马车分成五类，其中的三类覆有皮革。第一种马车的主体顶端饰以玉；第二种饰以黄金；第三种饰以象牙；第四种饰以素皮；第五种则饰以木头。君主佩戴的礼仪性皮弁用各色玉装饰，并在后颈部位有一个象牙制成的托座。据说，孔子有一枚直径5寸的象牙环。

笏，也称"手板"，是朝臣觐见帝王时所执的礼仪饰物。诸侯国的国君和高级朝臣所用的笏用象牙制成，而当朝的帝王则有使用由美玉制成的笏的特权。这个事例再次表明，象牙的珍贵程度仅次于玉。诸侯国君主的象牙笏顶端呈圆形，底部则平直，以象征他们臣服于天子。高级朝臣的

[1]　译注：原文出自《左传·鲁襄公二十四年》："象有齿以焚其身，贿也。"劳费尔原注谓出自《左传》"公元前548年"条，则当"鲁襄公二十五年"，与出处纪年有所出入，故更正为"二十四年（549 BC）"。

[2]　译注：劳费尔所说的情况，当是指《诗经·鲁颂·泮水》第七章所载内容："角弓其觩，束矢其搜。戎车孔博，徒御无斁。既克淮夷，孔淑不逆。式固尔犹，淮夷卒获。翩彼飞鸮，集于泮林。食我桑黮，怀我好音。憬彼淮夷，来献其琛。元龟象齿，大赂南金。"这是对鲁僖公（又称釐公，659－627 BC在位）征服淮夷之后，淮夷前来鲁国朝贡之盛况的描述和歌颂；其进贡的宝物则有大龟（元龟）、象牙（象齿）、大玉（大赂）、黄金（南金）等。

[3]　译注：现代的淮河并无天然的直接入海口，而是通过洪泽湖的数条分水道间接入海。

象牙笏则上下都呈圆形，以表达他们"只服从于上司"的观念。这类笏悬挂在腰带上，有时用以当场记事，即，当一位官员朝见国君时，他在笏上写下他的奏报内容，并记下国君的答复或诏令。降及后世，它们被保留在了政府的礼仪制度中，并变成了象征身份地位之尊崇的一个标记。

最初，筷子是用竹子或木头制作的，但是到了周代，则也用象牙制作了。按照古代的一个传说，第一个产生这一新奇想法的，是周朝之前的商朝的末代国君纣王，他因荒淫放荡而臭名昭著。他由于过度的奢侈挥霍，遭到一位亲戚的劝诫："一旦用象牙做了筷子，随后无疑会产生使用玉碗的欲望，之后，则会贪图远国的珍宝异物，企图全部为自己所得。从此以后，便会贪求越来越多的车子、马匹、豪宅、宫殿，再也无法令自己放弃贪念。"[1]

很幸运的是，我们现在也有几件上古时期的象牙雕刻。资深的中国考古学家罗振玉曾经在其附有插图的一部汉文著述中公布了几幅图片，它们与本书图版 I 中的 4 件物品具有相同的特点。图版 I 中图 1 的原物是纽约大都会艺术博物馆的藏品，其照片蒙该馆东方部的部长博希－瑞策（Bosch-Reitz）先生赐予。它显然是一件用以解结的小工具；与之类似的饰物则是用玉雕成，读者可以参看我的《玉》一书，第

---

[1]　译注：劳费尔并未注明所引的这段文字的出处，不过，很可能是出于《史记》卷三八《宋微子世家第八》："箕子者，纣亲戚也。纣始为象箸，箕子叹曰：'彼为象箸，必为玉栖；为栖，则必思远方珍怪之物而御之矣。與马宫室之渐自此始，不可振也。'"此外，与之类似的文字尚有许多，例如，亦可看《韩非子》卷七《喻老第二十一》："昔者纣为象箸而箕子怖。以象为箸必不加于土铏，必将犀玉之杯；象箸玉杯必不羹菽藿，则必旄象豹胎；旄象豹胎必不衣短褐而食于茅屋之下，则锦衣九重，广室高台。吾畏其卒，故怖其始。居五年，纣为肉圃，设炮烙，登糟邱，临酒池，纣遂以亡。故箕子见象箸以知天下之祸。故曰：'见小曰明。'"

238—242页。[1]这件小工具上面强劲有力和优美地雕刻着一只奔跑的动物，动物有风格化的头颅和眼睛，它们都以方形和三角形的螺旋线为背景。此物佩挂在腰带上，被视为佩戴者已成人的标志。它属于业已成年的男子的佩饰，显示他已有能力处理复杂的事务；饰物的"解结"功能便象征了这位成年男子解决"纠结"问题的能力。

图2—图4所示的物件，是我于1923年在北京获得的。图2所示的饰板，虽然外观颇似骨质，但实际上是象牙，只是已分解和石灰化了而已；其两端刻着很深的一组几何图案。图3所示牙雕的特色是显而易见的，它的两端所刻的图案和见于同时代青铜器上的图案是一样的。这一现象也适用于图1。图4所示者是一把小刀或短剑的柄或顶部，两端都刻着双排的角形螺旋图案。这些古代象牙雕刻的实例，在风格和技术方面都迥异于后世所见的任何象牙制品。它们肯定不能证明上古时代在华北生存着象，因为人们可以辩解说，制作这些物品的象牙是从域外进口的。古希腊人之加工象牙制品，远在他们了解象之前。因此，考虑到所有可资应用的证据，我们若谓在此谈及的象牙饰品是用本地象牙制成的，则难免带来诘难。不管怎样，它们很好地证明了古代记载的确凿无疑。

必须指出的是，一方面，中国古人了解和熟悉象，并以各种方式利用象牙；而另一方面，他们似乎并未对这种动物本身产生多大的兴趣。无论如何，象并未在中国人的神话中发挥作用，也并未激发人们的宗教观念。甚至，中原汉人是否亲自狩猎过象，也还是个疑问。我们见到古人描绘狩猎场景的好几段文字，却没有一段文字提及象的猎捕。

---

[1]　译注：劳费尔所言的《玉》，即是 *Jade: a Study in Chinese Archaeology and Religion*, Chicago, 1912。是为菲尔德自然史博物馆（Field Museum of Natural History）的出版物《人类学系列》第 10 卷（*Anthropological Series, Vol.X*）。

《孟子》中有段文字称，周公（约卒于 1105 BC）"驱虎、豹、犀、象而远之，天下大悦"。[1] 这是可能涉及上古汉人参与猎象的唯一记载。

更可能的情况是，通常是由土著的"蛮夷"部落猎象，然后将象牙卖给中原汉人，或者作为他们应交纳的贡赋而献给朝廷。而汉人获得的大部分象牙当是"死象牙"，即采自自然死亡于丛林中的大象。生活于公元前 4 世纪的哲学家韩非子观察到一个现象：通常，人们极少见到活的象，却能见到死象的骨骼。最重要的是，韩非子的这个观察证实了问题的关键：古代的汉人从不努力从事象的驯养，就像印度支那、爪哇、锡兰以及印度的民族所做的那样。

只是到了公元前 121 年，第一头驯象才被南越人送到汉武帝的宫廷；南越位于汉人政权的南方，当时居住着源自安南（Annam）族的部落。应劭在注释《汉书》的这段记载时称，驯象"能拜起周章，从人意"。[2] 显然，这对于汉人来说完全是一种新鲜事物。此后，从南方送来驯象礼物的记载史不绝书。这些象会敬礼，甚至跳舞，或者拉车。普鲁塔克（Plutarch, 46 — 120 AD）写道："有什么动物比象更为庞大？但是它也成了人类的玩物，成了公共场合的景观；它学会了跳跃、舞蹈和下跪。"

中国有个古老的传说称，舜帝葬在苍梧，诸象踩踏其陵墓周围的泥土，从而使这片土地看起来犹如犁过的农田一般。当时的苍梧栖居着

---

[1]　译注：原语见《孟子》卷六《滕文公下》。不过，作者的引语过于简单，似乎未能充分表达原意，故列整段文字如次："尧、舜既没，圣人之道衰。暴君代作，坏宫室以为污池，民无所安息；弃田以为园囿，使民不得衣食。邪说暴行又作，园囿、污池、沛泽多而禽兽至。及纣之身，天下又大乱。周公相武王，诛纣伐奄，三年讨其君，驱飞廉于海隅而戮之。灭国者五十，驱虎、豹、犀、象而远之。天下大悦。"

[2]　译注：语出《汉书》卷六《武帝纪》，正文记云："（元狩二年）夏，马生余吾水中。南越献驯象、能言鸟。"应劭注云："驯者，教能拜起周章，从人意也。"

大量的象；此地位于现今湖南省永州府的宁远县。在上古时代，此地是楚国的一部分，那里居住着非汉族的人群，他们可能是广泛分布的泰族（Tai）中的一支。这是一个好战和颇具侵略性的民族，当时，他们的居地相当于今天长江中游两岸的湖北、湖南之境。[1]与中原汉人相反，楚国的居民似乎在一定程度上是从事象的驯养的；在其王宫中畜养着不少象。有一段记载表明，楚人甚至把象用于战争中。

公元前 506 年，楚国遭到长江下游的吴国的入侵，受到吴王亲率的大军的蹂躏。溃逃中的楚王为了阻滞敌军的追击，便放出一群大象，尾巴上扎着火把，冲向敌军。然而，这个孤立的事件并不能证明当时的中国已经真正地训练大象，用于常规的战争中了。因为遭受惨败的楚王的这个举动更可能是绝望之中的无奈之举。假使他真的拥有战象，那么他在战争一开始就会加以使用，从而使之发挥出更大的威力。然而，实际情况却是，在上古时期，长江流域虽然云集着象群，它们却只是因为其象牙和象皮而遭到捕猎，并在被捕获之后，一部分被驯服和畜养。

至少，直到公元 10 世纪末，长江流域肯定还残存着象。象出现在古楚国境内的孤立案例仍然见于中世纪的记载中。《宋史》告诉我们道，公元 962 年，有象见于今湖北省汉阳府的黄陂县，以当地人的农作物为食。翌年末，它们在南阳地区（在今河南省境内）被捕获，其象牙和象皮被献给皇帝。公元 964 年，象群又出现在南阳，被护林人杀死，其象牙和象皮也被献给了皇帝。同年，象群进入澧阳和安乡（在今湖南省境内）。其他一些象则被发现越过了长江，进入华容地区（在今湖南省永州府）；还有

---

[1]　译注：本段称古代泰族曾居湖南、湖北之境云云，皆系作者劳费尔个人学术观点。译文不擅作删改，读者宜自行辨别。

一些象甚至抵达澧阳城北部。公元966年，还有象出现在北宋都城汴梁。[1]

早期的文献对于中国西部的四川省（古称"蜀"）的象记载颇多，它们在那里至少生存到两汉时期（202 BC — AD 220）；在此期间，它们被当地的部落首领赠送给长安的帝王，随后被安置在皇家的兽苑中。汉朝的帝王们特别喜爱域外的珍异动植物，从而在其皇宫中建造了某种自然史博物馆。

现今云南省的一些地方最初居住着一个称为"泰"或"掸"的种族，他们是暹罗人（Siamese）的祖先。他们曾建立过强大的王国，后来在公元1252年被蒙古人摧毁。[2]泰人是个尚武而侠义的民族，曾经拥有具有高度组织性的军队，国民必须从事强制性的军事服役，每个男子都是战士。大理是其首都，也是军事工业的中心；在那里，马具和头盔都是用象皮制作的。

早在公元前2世纪，中原朝廷派遣的旨在开拓西南交通线的一个并未成功的使团，获得了有关远在南方和西方的"乘象国"的模糊信息。[3]这

---

[1] 译注：有关《宋史》所载诸象出现在湖南、湖北、河南等地的情况，大体上出自《宋史》卷66《五行志四》的记载，可以参看："建隆三年，有象至黄陂县匿林中，食民苗稼，又至安、复、襄、唐州践民田，遣使捕之；明年十二月，于南阳县获之，献其齿革。乾德二年五月，有象至澧阳、安乡等县；又有象涉江入华容县，直过阛阓门；又有象至澧州澧阳县城北。"

[2] 译注：本段所言古代泰族的居地和历史，均系英文作者个人的学术观点；汉译者不欲就此展开讨论，只是提请读者自行辨别。

[3] 译注：作者在此所说的情况，当是指张骞说动汉武帝，使之同意开通西南交通线一事。有关这一举动，可看《汉书》卷六十一《张骞传》："天子欣欣以骞言为然。乃令因蜀犍为发间使，四道并出：出駹，出莋，出徙、邛，出僰，皆各行一二千里。其北方闭氐、莋，南方闭嶲、昆明。昆明之属无君长，善寇盗，辄杀略汉使，终莫得通。然闻其西可千余里，有乘象国，名滇越，而蜀贾间出物者或至焉，于是汉以求大夏道始通滇国。初，汉欲通西南夷，费多，罢之。及骞言可以通大夏，乃复事西南夷。"

便是古代的泰族王国，象在其官、民的生活中都发挥着重要的作用。它参与宫廷庆典，供人骑乘，拖犁耕地，以及运载货物。象是当地的土产，数量众多。樊绰在公元 860 年撰成一部有关云南土著部落的有趣书籍，名为《蛮书》。书中说道，那里的象为数极多，人们捕获它们之后，用许多象来拖犁，用以耕田。[1] 后世也有类似的记载，例如，见于檀萃撰成于1799 年的书[2] 中。生活在 9 世纪末的刘恂撰写了一本很有趣的书，名为《岭表录异》，谈及华南的物产。它载道，云南的每个家庭都驯养象，用以进行长距离的货物运载；这种现象恰似中原汉人使用牛和马一样。[3]

　　中原汉人对印度的知识获自张骞著名的出使西域之举。他在巴克特里亚（Bactria，当时的汉人称之为"大夏"）逗留了一年（128 BC），得知印度人有骑象作战之俗。嗣后，中国人还得知，波斯、柬埔寨等地也都使用战象；据载，柬埔寨的象多达 20 万头。然而，火器的引进则终结了战象的使用。中国本土发生的事情展示了这一变化。1388 年，当时主镇云南的沐英对缅甸人反击作战取得了一场大胜，他的火炮和强弩的威力被证明远胜于披着盔甲的大象；翌年，缅甸被迫承认明王朝的

---

[1]　译注：原文见樊绰《蛮书》卷七《云南管内物产第七》："象，开南已南多有之。或捉得人家多养之，以代耕田也。"载《蛮书校注》第 204 页，中华书局，2018 年。

[2]　译注：此"书"即是《滇海虞衡志》；所言之事见于卷七《志兽》。兹略引数语如次："象，出云南诸土司。《明一统志》云'缅甸八百皆有象'，然不独二土司也。夫教象以战，为象阵；驱象以耕，为象耕。南中用象，殆兼马牛之力。明万历中，邓子龙御缅，靴尖起处，踢死一象。蛮大惊，以为神将军。盖象胆随时运于四支，踢其胆而杀之。知将略在于学问也。"（第 45 页）载《丛书集成新编》第 91 册《史地类·物产》，[台湾] 新文丰出版公司，1984 年。

[3]　译注：刘恂《岭表录异》叙述此事的原文称："恂有亲表，曾奉使云南。彼中豪族，各家养象。负重至远，如中夏之畜牛马也。"则知当地是"豪族"层次的家庭才每家都养象；亦即是说，不属于"豪族"的普通平民，恐怕是没有足够的财力、物力、人力饲养这种庞然大物的。劳费尔的理解似乎有所出入，故作一辩。

宗主地位。云南地区象的存留时间比中国其他地区久长得多，到很晚近的时代，它们仍不时出现在这里或那里的丛林中。当地土著部落的人始终佩戴着象牙做的手镯和耳环。

在中国东南方的两个省广东和广西，历来生存着许多象，并且持续了千百年。曹昭成于 1388 年的《格古要论》称，广西和云南二省当时仍产象牙。该书还指出，"南蕃""西蕃"及"交趾"等地（今泰国、缅甸、印度及越南北部等地）亦产象牙。南蕃所产者长大，西蕃、交趾所产者则较短小，而锯开后呈粉红色的则属上品。[1]

到公元 17 世纪，在交趾以及广东省的潮州府、惠州府和雷州府等地，也还存留着大量的象，并遭到土著部落的猎杀；人们把象的肉，尤其是它的鼻子视为鲜美的食品。广东象的牙较小，呈红色，十分适宜制作象牙牌饰。中国的学者更强调了这样的事实：中国象的皮色呈深色或黑色，而白象则来自远方的阿拉伯、拂菻（东罗马叙利亚）和印度。509 年，犍陀罗送给中国一头白象，它被安置在首都洛阳（位于河南省）附近一处专门的建筑物中。又，公元 1105 年，缅甸送给宋徽宗（1100—1125）一头白象。

晚至 10 世纪的广州，仍旧使用象来处死刑犯。11 世纪上半叶的彭乘在其《墨客挥犀》中记云："漳州漳浦县，地连潮阳，素多象。往往十数为群，然不为害。惟独象遇之，逐人蹂践，至骨肉糜碎乃去。盖独象乃众象中最犷悍者，不为群象所容，故遇之则蹂而害人。"[2]

---

[1] 译注：这段文字见曹昭《格古要论》卷中《珍奇论·象牙》："（象牙）出南番，西番及广西、交趾皆有。南番者长大，广西、交趾者短小。新锯开粉红色者为佳。"

[2] 译注：语见孔凡礼点校，彭乘辑《墨客挥犀》卷三"潮州象"条，载该书第 306 页，中华书局，2002 年。劳费尔未引文末"不为群象所容，故遇之则蹂而害人"之语，遂令"独象"为何伤人的原因变得有些模糊了。

　　周达观在 1295 — 1297 年间曾经游览过柬埔寨，他在其有关柬埔寨风俗的笔记中写道，象牙"以标而杀之者上也，自死而随时为人所取者次之，死于山中多年者，斯为下矣"。[1]中国人从柬埔寨得知的这一说法十分正确；直到今天，中国人还遵循着该规定。即使在药材中，被杀死的象的象牙也优于死于疾病或其他原因的象的牙。人们注意到，"死象牙"（即自然死亡一段时间后的象的獠牙）始终色泽晦暗，表面覆盖大小不一的棕色斑点，并且毫无光泽，极不透明。

　　中国人也一直保留着关于象的非常奇特的民间传说。人们相信，象牙上的图案是象受到雷鸣声的惊吓而形成的；犀牛角上的纹样则是犀牛凝视月亮而生成的。这个观念提到的是所谓的"引擎旋转"图案，类似于龟壳背面的花纹，展示在象牙的横截面上。或许，正是由于内部结构的这一特色，使象牙具有了高度的弹性，从而构成了象牙极为珍贵的一种品性。

　　普林尼曾经写道，当象由于意外事故或者衰老而掉落其獠牙后，它都会把它们埋入地下。中国的古人也有类似的说法：象会定时地蜕换其獠牙，并将它们藏在它自己挖掘的一个洞内，其目的是不让象牙被偷走。所以，人们若要取走坑中的象牙，就必须在其中留下一对木制的假象牙，以使象难以发觉象牙已遭盗窃。至于犀牛，则也有类似的传说：犀角每年蜕换一次，因此人们也得在取走真犀角后换上一枚木制犀角。这些观念十分自然地产生于这样的现象：有时在荒野中会发现象牙和犀角，于是人们便想当然地认为，象、犀牛和鹿一样，是会定

---

[1]　译注：语见夏鼐校注，周达观著《真腊风土记校注》第十九节"出产"，载该书第 141 页，中华书局，2000 年。

时蜕牙、蜕角的。

在中世纪，中国的象牙主要由阿拉伯人输入；它们产自马来半岛诸国、爪哇、婆罗洲、苏门答腊东岸、南印度以及东非的索马里沿岸。那时候，象牙是政府的专利品。商人们若要进口 30 磅以上的象牙，就必须获得官方颁发的许可证。阿拉伯人输入的象牙被同时代人形容为主体平直，纹路清晰，色泽洁白，具有线条纤细的图案。它们的重量自 50 至 100 磅不等。而来自交趾和柬埔寨的象牙则体量较小，仅重 10 至 20 或 30 磅，并且还杂有淡红的色泽。

周去非在其《岭外代答》（撰成于 1178 年）中把非洲象牙称为“大象牙”。[1]非洲象无论雌雄都长有大獠牙；而亚洲象则通常只有雄象才长有大獠牙，即使如此，亚洲象的獠牙也发育得并不充分。阿拉伯地理学家马苏迪（Masudi）告诉我们道（983 年），阿拉伯人的船舶将层期（Zenj，阿拉伯人对非洲黑人的称呼）的象牙运送至阿拉伯半岛东岸的阿曼国（Oman）；商人们在此再把象牙转运至印度和中国。他还遗憾地补充说，若不是将象牙转运至外国港口，那么伊斯兰国家的象牙将极为丰富。马苏迪还声称，那些完全平直或者稍有弯曲的象牙被中国人视作珍品，用以制作上等人所乘轿子的饰件；任何高官都不敢乘坐并非象牙装饰的轿子进宫面谒帝王。马苏迪还写道，非洲的黑人自己并不使用象牙，并且也不似印度人那样懂得驯象。值得注意的是，即使在现代，巨大而平直的象牙在中国依旧可卖出最高价格。

---

[1]　译注：语见杨武泉校注，周去非著《岭外代答》卷三《外国门下·崑峗层期国》：“西南海上，有崑峗层期国，连接大海岛。……土产大象牙、犀角。”载该书第 113 页，中华书局，1999 年。通常认为，“崑峗层期”的故地在今马达加斯加及其附近的东非海岸，据此可知“大象牙”为非洲土产。

中国元代的伟大蒙古族皇帝忽必烈（1215—1294）以拥有大量的象而著称。其象群的核心由 200 头象构成，它们是 1277 年蒙古人在与缅甸人的激战中夺得的。马可·波罗告诉我们道，缅甸国王用两千象军抵御入侵者，"每头象的背上都设有一座圆木搭建的瞭望塔，其架构坚固，可驮载 12—16 名全副武装的战士"。然而，众象抵挡不住蒙古弩箭的攻击，只能转身溃逃。[1] 在另一章内，马可·波罗记载道，忽必烈大汗的象群有多达五千头象，它们在元旦展示风采，穿着饰有各种飞禽走兽图形的华丽象衣；每头象都驮载着两只装饰豪华的箱柜，装满了御用盘碟以及新年期间皇宫使用的奢华器物。[2] 狩猎时，大汗居于由四头大象驮载的一间精美小室中，它用粗壮圆木制成，内镶金片，外覆虎皮。[3]

清朝诸帝还保留着饲象的习惯，如乾隆皇帝（1736—1796 年）便拥有 60 头象。在冬至日的前夕，乾隆帝前赴天坛，于深夜时分献祭，他所坐的车便由一头象拖曳。

在 1692—1695 年奉俄国沙皇之遣，往谒中国皇帝的伊斯布兰策·伊德斯（E.Ysbrantz Ides）报道说："皇帝的亲随们穿着红色的印花布衣服，上面印有红色数字，他们戴着配有黄色羽毛的小帽，佩有弯刀和长矛。同时列队的还有 8 匹配有鞍座的白马。皇宫的第三殿有 4 头大

---

[1]　译注：参看 Henry Yule, *The Book of Ser Marco Polo, the Venetian*, Vol. II, Book II, Chapter 51, p. 63, London, 1871。

[2]　译注：参看同上引书，Vol. I, Book II, Chapter 15, pp. 346-347。

[3]　译注：参看同上引书，Vol. I, Book II, Chapter 20, p. 359。劳费尔在此使用了 tiger skins（虎皮）一名，但上引 Yule 的 *Ser Marco Polo*, p. 359 则作 lion's skins（狮皮）。此为劳费尔笔误，抑或另有所本，尚待考证。

得出奇的象，其中有一头是白象。它们都覆盖着华丽的绣花外套，其罩服上有镀银的饰物。象的背上安置着一座精雕细刻的木堡，十分宽敞，足供 8 个人入座。

"出宫时，我乘坐一辆二轮的御辇，由一头象拖曳着送我到达下榻之所。象的每边有 10 个人，其中一人手中拿着一根粗索，拴在象的嘴上，以引导它行进；象脖上则坐着一人，手执铁钩，驾驭着象。象以正常的速度行进着，但是那些导象者却不得不奔跑着才能跟上象的步伐。皇帝的象舍中畜养着 14 头象，它们嘶鸣、吼叫，宛如乐队在吹喇叭一样。所有象的体躯都极为庞大，其獠牙的长度将近 2 米。一位中国官员告诉我道，泰国国王每年都要向皇帝进贡数头大象。"

安特摩尼的约翰·贝尔（John Bell of Antermony）[1] 在北京时（1721年）的见闻是："午餐过后，我们见到了许多巨象，均用金、银衣料华丽地装饰。每头象都有一位驭者。我们大约站了一个小时，观赏这些睿智的动物。它们以同样的步幅走过我们面前，然后回到象舍的后面，接着再走出来；如此一圈又一圈地循环往复，仿佛一支永无穷尽的队伍。然而，驭者衣服的特色暴露了象群循环转圈的把戏；司象首领告诉我们道，这些象总共也就 60 头。皇帝驯养它们，只是供观赏之用，而不作其他用途，至少在中国北方是这样。其中有些象向我们下跪致礼；另一些象则用其巨鼻从容器中吸水，然后喷向众人，或者喷向驭者所指的任

---

[1] 译注：约翰·贝尔（1691 — 1780）是苏格兰人，医生，旅行家；出生于安特摩尼。他于 1714 年前赴俄罗斯的圣彼得堡（Saint Petersburg），随同俄罗斯遣往波斯的使团旅行了数年（1714 — 1718）。接着，则随同另一个使团前赴中国，进行了 4 年的旅行。他的唯一著述是《发自俄罗斯圣彼得堡的亚洲各地旅行记》（*Travels from St.Petersburg in Russia to Various Parts of Asia*），两卷本，1763 年出版；不久后便译成法文，在欧洲流传很广。

何方向。"

　　麦卡特尼伯爵（Earl of Macartney）[1]于1792年作为大英帝国的使臣被遣往中国时，还见到了皇宫中的象，并注意到，它们是从赤道附近运来中国的；很少的象生长于北回归线以北的地区。他说道，中国象的体形比交趾支那的象小，皮色较淡。它们是真正的"食谷类"动物，因为通常都以大米或小米喂饲，尽管这些象在野生状态下的食物经常包括树的嫩叶和灌木，而非谷物或草的种子或叶子。

　　1834年的《中国丛报》（Chinese Repository）[2]有关北京的一段简介中曾谈及，当时清宫的"象房"中只饲养着8—10头大象，用以在皇家的某些游行队伍或仪式中壮大声势。[3]但是，当我在1901年往访这座建筑物时，那里已不再有象。

　　本书之目的并非旨在探讨中国艺术中的象母题的整个发展过程——这需要以对印度佛教专题的深入研究为基础，所以我在此只作少量评论，以帮助读者更好地了解博物馆中有关象的藏品。宋代王黼的《博古图录》卷七以及清代诸臣奉敕编纂的《西清古鉴》（为乾隆的青铜器图录，出版于1749年）卷九均描绘了象背驮器物的青铜器图形，并都认为是周代之物。然而，之所以这样断代，仅仅是因为它们的名称

[1]　译注：乔治·麦卡特尼（George Macartney，1737—1806），英国的政治家和外交家。他在1792年获得爱尔兰系贵族的第一个伯爵头衔后，立即被任命为英国遣往中国的第一任使臣。当时的主要目的是与中国通商，但是最终未能成功。然而，此行仍然具有深远的历史意义。
[2]　译注：《中国丛报》（旧时亦称《澳门月报》《中国文库》等）是由美国公理会传教士裨治文（Elijah Coleman Bridgman，1801—1861）创办于1832年的英文期刊，详细记述当时中国的政治、经济、文化、宗教状况，是极具资料价值的清代文献。该报停办于1851年，共计20卷。
[3]　译注：此语见《中国丛报》第2卷第11期（1834年3月），《北京城介绍（续）》（Description of the City of Peking）第491页。

"象尊"与古代礼器之名相同。事实上，在周代的艺术中，人们是以强烈的风格化手法描绘象之形貌的，十分抽象，完全不似这两部图录所描绘的那样写实。后者则明显地展示了印度佛教象的风格——象有着微笑的双眼和灵巧装饰的鞍具。

所以，《博古图录》和《西清古鉴》所列的象形青铜器，其年代不可能早于唐代（AD 618 — 907）；这种类型的象始终为青铜器和陶器制作者所青睐。我们的博物馆中有一座这种类型的青铜象，是宋朝的器物（见图 14）。作为比较，我们可以再看两种唐代的象的图案（见图 11 和图 12），它们出现在象棋的黄铜棋子上。这些扁平棋子大如钱币，其正面则写着汉字"象"，与现代的象棋子一样（见图 13）；但是，现代棋子只为人们提供了汉字，却并无唐朝普通象棋形制中的象的图形。

图 11 — 12　唐代饰有象形的中国象棋的铜质棋子

图 13　现代的象棋子，上饰汉字"象"

乾隆年间（1736—1796），象是十分受人喜爱的艺术母题。其许多精美样品见于黑石中国藏品部（Blackstone Chinese Collection）的24号展柜的青铜器上。其中展示的一只香炉，其三足和两柄上都饰有栩栩如生的象形；其炉盖则为斜躺着的象，它分开的双腿中则是一名包着头巾的穆斯林。另一只香炉盖的象背上则驮着一只篮筐，其中装满了珊瑚、珠宝、犀角等物，意为献给中国皇帝的礼品。还有一个五层的圣瓶，象是其主要的艺术母题，象的饰具上镶嵌着珊瑚与绿松石。图15所示，便是该时期的一座青铜象。

图14　见于宋代的青铜象　　图15　清代乾隆年间的青铜象

在印度，很早就把象当作艺术的模仿品。在菲尔德自然史博物馆的犍陀罗（Gandhara）雕塑藏品（第32厅，第37展柜）中，可以见到一座小石像，它描绘的是一头自然风格的象，约成于公元1或2世纪。

活象从印度运至撒马尔罕（Samarkand），再运至和阗，从而经陆路运入中国内地。象的形象则沿着同样的商道传播，扩散到中亚、西伯利亚、俄罗斯。于是，此前从未见过真象的人，通过来自印度的象形制品而熟识了象的模样。在俄罗斯境内曾发现若干小型的金属象，如叶卡捷琳诺斯拉夫（Yekaterinoslav）辖区内的青铜象，以及乌拉尔山以外地区的银质象，是奥斯蒂亚克人（Ostyaks）崇拜的偶像。那青铜象用纯粹的印度纹样装饰，即所谓的"室利靺蹉（śrivatsa）"，此即湿婆（Śiva）的标记[1]；如今在中国已经众所周知。因此可以推断，见于俄罗斯境内的这座青铜象应是印度的工艺品，只是传入了俄罗斯而已。

象具有很强的抗寒能力。有关一头象曾被运至瑞典最北部（北纬64°）的传说刊载于《史密森尼综合藏品》（*Smithsonian Miscellaneous Collections*）卷47，1905年，第517页。

---

[1]　译注：劳费尔在此所谓的"室利靺蹉"在汉译佛经中通常释之为"卍"形的音译，意谓吉祥臆、吉祥犊。至于劳费尔声称卍是湿婆（Śiva）的标记，则应该只是泛泛而言。盖因象征符号卍形遍及全世界，关于其含义有多种说法，在印度更是出现在各种宗教信仰中，并非由印度的上古神灵湿婆专用

第二章

猛犸的传说与猛犸牙的贸易

中国古人对于猛犸（mammoth，学名 *Elephasprimigenius*，原始象）有一定的了解，尽管这类知识中掺入了神乎其神的细节描写，且植根于民间传说的土壤中，而非基于正确的观察。中国传说的有趣之处在于，将猛犸说得酷肖西伯利亚部落的某种动物。《神异经》——其作者通常归之于汉武帝（前 141 —前 87 年在位）的大臣东方朔——中的一段文字云："北方层冰万里，厚百丈，有碛鼠，在冰下土中焉。形如鼠，食草木。肉重千斤，可以作脯，食之已热。其毛八尺，可以为褥，卧之却寒。其皮可以蒙鼓，闻千里。其毛可以来鼠，此尾所在，鼠辄聚焉。今江南鼠食草木为灾，此类也。"[1]

猛犸的另一名称为"鼢"，本来是指鼹鼠（*Scaptochirusmoschatus*）中的一种；它也称为"隐鼠"。因此，医术卓著并精于道术的陶弘景（456 — 536 年），以及在 8 世纪初写过一本医药书（《本草拾遗》）的陈藏器都曾谈及名为"鼢"的两种动物，一者体小，形如普通鼹鼠，一者

---

[1]　译注：语见 [汉] 东方朔撰《神异经》，王根林校注，上海古籍出版社，1999 年。

则身形巨大，状如水牛；而后者则可比同于猛犸。[1]汉文古字典《尔雅》对动物"鼢"作了最早的定义："鼢鼠，地中行。"

中国古人的这类描述和猜测同样适用于猛犸，我们很容易理解，同一个名号如何从惯于挖洞的鼹鼠转移到同样具有地下生活习性的猛犸身上。然而令人惊奇的是，没有任何中国传说对猛犸的象牙有过任何暗示。

然而，中国人对于象牙化石也有某种程度的了解。他们的药材中有两味著名的药，称为"龙骨"和"龙齿"，药店中都有出售。汉布里（D.Hanbury）曾经仔细地研究过"龙骨"，从而证实至少在某些情况下，此即成为化石的象牙[见《科学论丛》（*Science Papers*），第 273 页]。斯温霍伊（Swinhoe）[2]从四川获得的东方剑齿象的骨骼化石呈大量的碎

---

[1]　译注：劳费尔所引两位古人的说法，可参看明朝李时珍所撰《本草纲目》卷五十一《兽部三·鼠类》"鼹鼠"条，其"集解"之引语云："[弘景]曰：此即鼢鼠也，一名隐鼠，形如鼠而大，无尾，黑色。尖鼻，甚强，常穿地中行。讨掘即得。今山林中别有大如水牛者，一名隐鼠。[藏器]曰：隐处阴，穿地中而行，见日月光则死。于深山林木下土中有之。其大如牛者，名同物异�耳。"（《重订〈本草纲目〉》，第 1587 页，1992 年，[台北]文化图书公司印行）又，同书"隐鼠"条的"集解"引诸语道："[弘景]注鼹鼠曰：诸山林中有兽，大如水牛，形似猪，灰赤色。下脚似象，胸前、尾上皆白。有力而钝，亦名隐鼠。人取食之，肉亦似牛，多以作脯。乃云是鼠王。其精、溺一滴落地，辄成一鼠；灾年则多出也。[藏器]曰：此是兽类，非鼠之俦。大如牛而前脚短，皮入鞍鞯用。庄子所谓'鼹鼠饮河，不过满腹'者。陶言是鼠王，精滴成鼠。遍访山人，无其说。亦不能土中行，此乃妄说。陶误信耳。"（《重订〈本草纲目〉》，第 1588 页）

[2]　译注：劳费尔在此提的斯温霍伊，当是指 Robert Swinhoe（1836 — 1877），英国生物学家，曾就读于伦敦大学，18 岁时便参加了驻中国领事团。在中国的许多城市工作和考察过，如厦门、宁波、烟台、重庆及台湾诸地；他并参与第二次鸦片战争，担任随军翻译，抵达华北地区。他热衷于博物史，曾收集了许多禽、兽的样本，包括鱼类、哺乳类、昆虫等，尤其是发现了鸟类的许多新品种。

片状，展示了长鼻类动物巨大骨骼化石的疏松质地结构。那些留有这些骨骼形状的石灰石模胚也被混杂在真正的骨头中一起出售。它们被磨成粉末，用以治疗疟疾、发烧、出血和腹泻等病。

至于"龙齿"，则通常见于四川的沼泽地，亦见于陕西、山西等地。它的品种包括多毛犀牛、中华剑齿象和东方剑齿象的牙齿化石，以及中华砂犷兽的角、中华雨蛙的牙齿，还有马、乳齿象、普通象以及河马的臼齿。人们认为它们对于肝脏极有裨益，并是很好的补药或镇静剂。在我于 1902 年从纽约的美国自然史博物馆获得的众多"龙齿"中，有 1 枚乳齿象的牙齿、5 枚犀牛齿、2 枚三趾马的臼齿，以及 1 枚难以形容的三趾马属动物的牙齿。我获自山西太原和直隶晋州的"龙骨"被认为可以上溯至唐代（618 — 907 年）。

此外，中国人还有一些记载暗示了动物骨骼化石的被发现，尤其是在云南和四川地区；它们被古人解释为圣贤或仙人的遗骸，就如我们欧洲的民间传说中所谓的巨人骨骸一样。当然，那些记载十分模糊，以至无法判定这些骨殖的性质。另有一些汉文古籍描述了发现于中土的奇妙动物，致使后世的某些欧洲作者推断道，古代的中国人直接了解了猛犸的情况。然而，这个说法是极其可疑的，至少，它并无考古学的意义，因为我们并不知道古代的中国人对猛犸或其他骨骼化石有过任何产业方面的利用。所谓的"龙骨"和"龙齿"只使用于医药上，而未见其他用途。

在 1712 — 1715 年间，一个中国使团穿越西伯利亚，前赴伏尔加河流域，旨在招诱土尔扈特人（Torghut）返回其中国境内的故地，他们是曾经徙居伏尔加河流域而处于俄国政权庇护下的一个卡尔梅克（Kalmuk）部落。作为使团首领的清朝官员图理琛在其游记中谈到叶尼塞斯克（Yenisseisk）时写道："北地最寒。有一种兽，行地内，遇阳气即死。身大，重万斤；骨色甚白润，类象牙，质柔，不甚伤损。每于河滨土内得之。俄罗斯获其骨，制碗碟、梳篦用之。肉性最寒，人食之可除烦热。梵名麻门囊洼，华名磎鼠。"[1]此处所谓的"麻门囊洼"，乃是俄文名 mamontowa（猛犸）的音译，原意为"骨"。[2]

颇有意思的是，我们发现，这位清朝官员显然熟读过汉文古籍，从而十分机智地将古代传说中的地内行走之兽与闻自西伯利亚的猛犸视为同一种动物。现代出版的上海商务印书馆的《辞源》便摘录了《异域录》的一段文字，以证明鼢即是指猛犸。

1716 年，酷爱博物史的康熙皇帝曾说："书中云，北方苦寒之处，冰结十丈，春夏不消。今果有其地。又《渊鉴类函》有云，磎鼠有重至万斤者，今亦有之。其身如象，牙亦似象牙，但稍黄耳。此皆与古书相符者也。"[3]又，在其在位的第六十年，即 1721 年，这位尊贵的君主在对朝臣的敕谕中又谈及了这个话题："……此书之不可尽信者也。然亦有似乎荒邈、而竟实有其事者。东方朔记北方有层冰千尺，冬夏不消。今年鄂罗斯来朝，以彼国地图呈览。问其人，云其地去北极二十度以上，名为冰海。坚冰凝结，人不能至。始知东方朔所云不谬。"他随后又说道，"《神异经》云，北方层冰之下有大鼠，肉重千斤，名为鼢鼠。

---

[1] 译注：语见图理琛《满汉异域录校注》卷上，文史哲出版社，1986 年。

[2] 译注：劳费尔在此谓 mamontowa 的原意为"骨"；但亦有作"地下居住者"之意者。庄吉发《满汉异域录校注》的注 51 便作此说："磎鼠，满文读如 mamuntowa，案西伯利亚语，mamuntu 意即'地下居住者'。此 mamuntowa 即由 mamuntu 而得名。"见庄吉发《满汉异域录校注》，第 209 页，[台]文史哲出版社，1983 年。

[3] 译注：此语见《清实录·圣祖仁皇帝实录（三）》卷二六七《康熙五十五年·三月乙巳》，第 624 页，中华书局，1987 年。

穿地而行，见日月之光即死。今鄂罗斯近海北地有鼠如象，穴地以行，见风日即毙。其骨类象牙，土人以其骨制椀碟、梳篦。朕亲见其器，方信为实。"[1]

1666年，博学的荷兰人尼古拉斯·威成（Nicolaus Witsen）——他随后出任了阿姆斯特丹市的市长——访问了莫斯科，在那里为其著述《北方与东方的蛮人》搜集资料。该书于1694年面世，它第一次向西方的欧洲人引入了mammoth（猛犸）之名。威成在书中描述了如何在西伯利亚诸河流域发现了大量的象牙；他还说道："这些象牙被内陆人（指居于西伯利亚的俄罗斯人）称为mammouttekoos（俄文kost，'骨头'之意），而该动物本身则被称作mammout。"卢多尔夫（Ludolf）在其《俄语语法》（Grammaticarussica）中（第92页，牛津，1696年出版）写道，俄罗斯人相信，猛犸（mammoth）的獠牙属于生活在地下的一种动物，其躯体大于所有的地面动物。他们将其獠牙作为替代独角兽（角鲸）之角的一种药物，其疗效亦同。然而，更为通情达理的俄罗斯人则确信，这乃是象的獠牙，是大洪水时代被带到当地的。

Mammoth一词的语源模糊不清。其俄文形式作mammont或mamut。斯特拉伦堡（Strahlenberg）推测该词源自behemoth（下文将进一步谈及此名），由阿拉伯词mehemoth作为中介。豪沃思（Howorth）接受了此说，但是绝非坚信。拜伦[2]在其剧本《畸形者的演变》（*The Deformed*

---

[1] 译注：引语见《清实录·圣祖仁皇帝实录（三）》卷二九一《康熙六十年·三月乙丑》，第832页，中华书局，1987年。

[2] 译注：拜伦（George Gordon Byron, 1788—1824），英国的贵族，第六任拜伦勋爵，也是著名的诗人、政治家、浪漫主义运动的领袖人物。劳费尔在此所引的《畸形者的演变》发表于1824年，描述了畸形人（驼背）阿诺德（Arnold）演变成古典传奇英雄的故事。

Tranformed）中安排主人公与这两种野兽进行交锋：

> 当时，狮子正处于年轻力壮之际，
> 对于强者而言，与它相拥搏杀是种乐趣。
> 冲上前去，把松树当作长矛，对付这猛犸，
> 穿过深谷，打击这唾沫四溅的巨兽[1]。
> 人的身躯就像现代的高塔，
> 大自然的头生子，就像她一样雄伟崇高。

按照萨莫耶德人（Samoyeds）的观念，猛犸（mammoth）是生活在地下深处的最大生物，它在那里挖有幽暗的通道，并且以土为食。他们称之为"土中之马"或者"土中霸主"。他们发现猛犸的尸体保存得非常完好，从而推测它依旧活着。然而，他们声称，任何人若在行路途中很不幸地见到了"土中霸主"的骨殖，那么他便将招致死亡的厄运。如果他想逃避这一惩罚，就必须向恶魔献祭一头驯鹿。在此仪式过后，他便有权拥有这些骨头，随意地使用或卖给他人。

在鄂尔齐斯河流域的奥斯蒂亚克人（Ostyaks）居住地区，有时候能在河岸崩塌之后的陡坡上发现猛犸的骨骼。有些奥斯蒂亚克人把这些动物看作水怪，另一些人则视之为生活在地下的神兽，并称作"地牛"，认为它们不能被日光照射，一旦来到地面，肯定就会死亡（有关

---

[1] 译注：英文使用了 behemoth 一词，该词源自希伯来文 *b'hemoth*；有人认为希伯来词又源自埃及词 *p-che-mau*，意为水牛。Behemoth 最初是指某神话传奇生物，见于《圣经·旧约·约伯记》第 40 章；后亦泛指一切身躯硕大和力量巨大的任何野兽，诸如象、河马、犀牛、水牛等。

这点，可参看上文提及的中国人的类似观念）。在有些河岸上出现的若干煤块往往被人们认为是猛犸的肝脏。实际上，猛犸依靠食用树根维持生命，因此必须挖掘泥土，从而逐步削弱河岸，最终导致河岸的崩塌。

猛犸也喜欢生活在河流与湖泊的深处，因此，它们所居之处便会引起水波的搅动以及漩涡。人们认为，河流中被视作猛犸的居地之处是十分神圣的，所以禁止在此撒网，甚至不宜在此汲水饮用。冬季，猛犸有时候会浮出水面，冲碎冰块，引发巨大的响声。但是，它们对人类是无害的，不会对人类的事业或健康带来不幸。尽管如此，人们还是安置了一种活动防护装置，以防止出现河岸崩塌与冰块碎裂等情况。

当地人相信，另一些动物进入暮年之后，会经历变形的过程而成为猛犸。麋鹿、驯鹿，甚至熊，都可能由于生活在深水中而变形，长出猛犸的牙来。据说，老年的梭鱼有时会选择湖泊的最深处作窝，于是，其头上便长出苔藓，前额长出角来。由此，人们得出结论道，老梭鱼也会逐渐变形成猛犸。在此情况下，它们便被称为"梭猛犸"。

萨莫耶德人以"地牛"或"地鹿"之名称呼猛犸。操芬兰—乌戈尔语的沃古尔部落（Wogul）也使用"地牛"的名号。蒙古人和满族人则称之为"冰鼠"。

生活在贝加尔湖周围的布里亚人（the Buryats）是蒙古族的一支，他们称猛犸为 arslan，即"狮子"，或者称为 arsalynzan，意即"狮象"。他们相信，猛犸的骨头代表碎裂了的"龙"（dragon）[1]。当诸龙老后，

---

[1]　译注：劳费尔在此所谓的 dragon，虽然通常都译作汉文"龙"，但是其内涵显然迥异于中国传统文化中的"龙"。按西方的观念，dragon 的含义虽然五花八门，但是通常是指巨型的、蛇状的神话生物，并在中世纪中期以后往往被描绘成有翼、有角、四足、吐火的怪兽；且颇多贬义之说，与中国的吉祥物"龙"相去甚远。

便进入地下，以求庇护。这一生物还被与《圣经》故事中的大洪水联系起来：龙吹嘘道，它身躯巨大，是不可能被摧毁的，所以拒绝登上挪亚方舟。它在洪水中游了好几天，但是最终仍因力竭而被淹死了。因此之故，它的骨骼如今在地下被发现。外贝加尔地区的俄罗斯人也有类似的故事，故事说道：猛犸在水中游泳之时，一些鸟栖息在它的"角"上，因为它们找不到其他的干燥处所。许久之后，猛犸仍在与洪水搏斗，然而它身上的鸟却越聚越多，以至它难以负载，力气逐渐衰减，数日之后终于丧生。

1611 年，一位英国航海家乔纳斯·洛根（Jonas Logan）访问了萨莫耶德人的居地，带着一枚得自他们的象牙回到伦敦。这可能是进入英国的第一枚猛犸牙。又，苏格兰旅行家安特莫尼的贝尔（Bell of Antermony）曾在他经过的，从托博尔斯克（Tobolsk）到叶尼塞斯克（Yenisseisk）之间的大部分城镇中见到了许多"猛犸角"——当地居民是这样称呼猛犸牙的。其中有一些非常完整和新鲜，就如任何环境下的最好的象牙一样；除了其色泽稍次，略带黄色。其他一些则在顶端有所朽坏，若将它们锯开，则可见到漂亮的云状阴影。人们将猛犸牙制成鼻烟壶、梳子以及各式各样的物件。贝尔说道："我把一枚巨牙或猛犸角带回了英国，送给了我的好朋友汉斯·斯龙（Hans Sloane）。他则将其置于他著名的博物馆内，并也认为，这即是象的獠牙。这枚象牙发现于鄂毕河（Ob）畔的一个名叫苏尔古特（Surgut）的地方。"

从 18 世纪下半叶起，俄罗斯人开展了充满活力的猛犸牙贸易。当时，一位商人利亚科夫（Liakhoff）发现了哈坦加河（Khotanga）与阿纳德尔河（Anadyr）之间的地区埋藏着大量猛犸骨骼，随后，利亚科夫获得了猛犸骨骼的独家开采权。那一个时期，从西伯利亚运往欧洲市

场的遗存象牙的数量十分巨大。1821 年，一位象牙搜集者从雅库茨克
（Yakutsk）带回来 20000 磅象牙，平均每枚象牙重达 120 磅。在伦敦市
场上，一年内的猛犸牙销售量就多达 1635 枚，平均每枚重 150 磅。其
中，14% 为优质品，17% 为劣质品，半数以上则无商业价值。自从俄
罗斯将西伯利亚占领之后，该地输出的遗存象牙的数量表明，猛犸的全
部数量将近 40000 头。

中世纪阿拉伯人的著述中也隐约谈到猛犸。例如，比鲁尼（Al-
Beruni，973 — 1048 年）在谈论名为"胡凸"（Khutu）[1] 的材料（下章将
谈到，主要是指海象牙）时指出，这是生活在吉尔吉斯（Kirgiz）地区
的一种公牛的前额骨。在成于 1076 年的一部阿拉伯编年史中，谈及了
类似象牙的一种獠牙，它们获自保加尔人（the Bulgars）地区；而当时
的保加尔人则生活在伏尔加河流域。这些獠牙从那里输送到花拉子模
（Kharizm，即希瓦，Khiva）；在此再加工成梳子、盒子和其他物件。阿
布·哈密德（Abu Hamid）在 1136 年访问了保加尔人的居地，他在那里
看到的情况是："一枚獠牙有 4 拃长，2 拃宽，头盖骨就像圆屋顶一样。
其獠牙颇似象牙，洁白如雪，每枚重达 200 曼（mann）[2]。人们不知道它

---

[1] 译注：Khutu 乃中世纪伊斯兰文化中对于制作小刀柄的一种材料的称呼。有关这种材料到
底为何物的猜想和争论持续了一千多年。博学的比鲁尼首先对其加以考察，并推测"胡凸"的
材料来源。千百年来，有关其材质的说法包括角鲸、海象、猛犸的獠牙，牛、山羊、鸟的前额
骨，以及蛇、鱼、河马的牙齿，甚至树根。近说则谓出自麝牛角的前凸部分。以上归纳可参看
《维基百科》Khutu 条：https://en.wikipedia.org/wiki/Khutu。
[2] 译注：劳费尔将该重量单位写作 menn，当是 mann 的拼写之异，或其复数形式。"曼"
（mann）是伊斯兰世界各地的重要重量单位，尤其是在波斯的东部地区；相当于 800 ～ 6500
克左右。而在小亚细亚，则一"大曼"（big mann）相当于 3000 ～ 3250 克。参看 Ulrich
Rebstock, "Weights and Measures in Islam", in *Encyclopaedia of the History of Science,
Technology, and Medicine in Non Western Cultures*, pp. 2254-2207, Berlin, 2000。

源自何种动物，却如象牙一般地加工它；但是它比象牙更坚硬，不易碎裂。"

正如有些学者推测的那样，这有可能是猛犸牙；但是，也有可能是象的獠牙。帕拉斯（P.S.Pallas）在其《俄国诸地旅行记》（*Reise durch verschiedene Provinzen des russischen Reichs*）中写道，他在伏尔加河地区的数处发现了象的骨骼；甚至在一条小河边还见到了一个象的头盖骨。在辛比尔斯克（Simbirsk）则见到了用当地象牙制作的几个物件，这里的象牙与"健全的"象牙并无区别，只是牙的末梢略有轻度煅烧痕迹而已。另一枚象牙见于被他描述为"水色极黄"的一条小河畔。类似的其他发现便可能形成了保加尔象牙的供应源（见卷一，第140页）。

中国人早在唐代就熟知花拉子模了，他们强调道，那里是西亚用牛拉车的唯一地区；该地的商人们驾着这类车辆旅行和经商。公元751年，花拉子模国王派遣了一个使团前赴中国朝贡。1221年，该国古都玉龙杰赤（Urgenj）遭到蒙古人的劫夺和摧毁。希瓦（Khiva）则是花拉子模或希瓦汗国（Khanate of Khiva）的都城，它坐落在古代的玉龙杰赤（汉代称奥鞬）东南方约100英里处。假如中世纪时花拉子模是猛犸牙加工业的中心，那么我们便能由此获得线索，明白猛犸牙是如何取道中亚进入中国境内的。

从博学的菲利普·约翰·冯·斯特拉伦堡（Philipp Johann von Strahlenberg）的著述（1730年出版于斯德哥尔摩）中我们得知，曾经有大量的白色猛犸牙从西伯利亚运至中国销售。斯特拉伦堡是查理十二世（Charles XII）在位期间的瑞典官员，曾在波尔塔瓦战役中落入俄军之手而被监禁，从而在西伯利亚待了13年。令人惊奇的是，斯特拉伦堡特别指出，运往中国的猛犸牙是白色的，而与此同时，他却把猛犸牙描绘成黄色的，或略似椰子的棕色，甚至描绘成深蓝色。因此，兰金（J.Rankin）猜测道，斯特拉伦堡所言输往中国的"猛犸牙"实际上是海象牙。

"在西伯利亚北部，蕴藏着极为丰富的猛犸牙，以至在十分久长的时期中，西伯利亚能够有规律地输出猛犸牙，向东输往中国，向西输往欧洲。"[见 N.N.Hutchinson，《灭绝的怪兽》（*Extinct Monsters*），第 183 页]然而，对于这个观点，必须有所保留地接受。因为就最近三百年而言，这种说法无疑是正确的；但是若追溯至 17 世纪以前，则事情就变得模糊不清了，因为我们既无相关的考古资料，也无书面的历史资料证明这个观点。西伯利亚的考古发掘闻名遐迩，然而迄今为止，尚未在墓地或其他地方发现过猛犸象牙。上文所引阿拉伯人的记载提到了见于伏尔加河地区的獠牙，但是阿拉伯人从未记载过有关西伯利亚猛犸的知识。我们在下一章内将会看到，阿拉伯人所说的主要是海象牙的贸易。

至于就中国人而言，我们遇到了一件令人困惑不解的事：一方面，他们的古代传说中包含了有关猛犸的某些观念；而另一方面，他们却从未暗示过该动物的獠牙或象牙。只是迟至 1716 年，清帝康熙才从俄国人那里得知这种动物还能出产象牙；而在差不多同一时期，身处西伯利亚内地的中国使臣图理琛也方才接受了同一事实。显然，按照汉文资料，中国人在此以前对猛犸牙毫无了解。

豪沃思争辩道："从极早时期开始，西伯利亚的猛犸牙就运往中国了，中国人因此在很早的时候就了解了西伯利亚及其物产，这并非不可能的事情。"他又说道，加宾尼（Carpini）所描述的，由珠宝匠科斯马斯（Cosmas）为蒙古大汗帐中制作的象牙御座肯定是用西伯利亚的遗存象牙加工的；这表明 13 世纪时，遗存象牙已经闻名于蒙古高原了。

　　然而，加宾尼在其拉丁文著述中仅仅使用了 ebur（象牙）一词；我们若考虑到蒙古皇帝曾经驯养了许多头象（如上文所言），那么就没有理由认为贵由的御座不能用这些普通象的牙来制作。此外，确如豪沃思所言，中国人从很早的时候就了解了西伯利亚的居民和物产。事实是，我们关于俄国占领西伯利亚之前当地的所有知识，几乎全部来自中国的正史或其他记载。而它们告诉我们的大量事例却只涉及优质的西伯利亚皮毛，其中包括紫貂、貂鼠、狐狸、猞猁、河狸等，可是从未谈及西伯利亚的部落使用象牙，或者将象牙输入中国。这一沉默肯定不是偶然发生的，而是某个史实的征兆。

　　考虑到栖居在西伯利亚的土著居民的活动和迁徙，十分可能该地区的最北端在极早时期便有人居住了。这些不适宜居住的地区只可能成为弱小部落的避难所，他们被更为强大的邻居逐步逼向北方。大部分的猛犸遗迹只见于北极圈内的冻土带、北方沿海地区以及西伯利亚的东北部，而其年代可能在这些部落北向迁移之后。

　　为何无法撰写一部具有高度准确性的猛犸牙的贸易史，或者无法为猛犸牙开具所谓的清楚的"合格证书"？这还出于另一个原因：我们所拥有的相关描述十分混乱，其中的许多记载将猛犸牙、海象牙、角鲸牙，甚至犀牛角完全混淆在一起。产于西伯利亚的所有这些不同的物品都被冠以一个商业名称"角"。例如，雅古特（Yakut）[1] 曾不分青红皂

---

[1]　译注：劳费尔将其英文名写作 Yakut，当即如今通用的 Yaqut（1179 — 1229），是为具有希腊（拜占庭）血统的阿拉伯传记作家、地理学家，以其对伊斯兰世界的百科全书式的著述而闻名于世。其全名为 Yaqut ibn-'Abdullah al-Rumi al Hamawi，简写作 Yaqut al-Hamawi，汉译雅古特·阿尔·哈马维；Abdullah 是其父亲之名，Hamawi 则是他随从经商的主人之名。

白地将猛犸牙和海象牙都称为"角"（mous）。

　　然而，就我们这种对于这些动物具有清晰概念的人而言，尽管初看之下不免对这些缺乏区分的物品颇为陌生，但是考虑到发现这些物品的西伯利亚的环境状况，就易于做出判断了。在北冰洋沿岸，大量的猛犸遗骸、犀牛骨殖与为数众多的搁浅海象和角鲸的牙堆积在一起，并被探宝者随意地混杂收藏着。只有海洋部落才熟悉活的海象和角鲸，而内陆人对此则一无所知。此外，猛犸和犀牛此时只以化石形态存在着，任何人都不知道这些动物的本来形貌，所以对其遗骸也就无从区分了。

　　我们还必须考虑的另一个因素是，在许多情况下，象牙搜集者所交易的并非完整的獠牙或角，而仅仅是一些碎片。他们将牙、角上无用的腐朽和孔洞部分去除，留下保存得最好的部分；如若剩余的部分仍嫌过大，那么它们将被锯成更小的碎块，以便置于马背上驮运。于是，想买下这些货物的远方商人以及更为遥远之处的消费者，就极难获得有关这些物品之真正来源的确切概念，更不知道提供这些物品的动物的情况了。这样，就为关于"角"的一切奇妙猜想敞开了大门。正如下一章将要展示的那样，在欧洲，在阿拉伯诸国，在中国、高丽和日本，各地都可见到用"角"来指称海象牙和角鲸牙。

第三章

海象牙与角鲸牙的贸易

海象牙和角鲸牙贸易是商贸史上名副其实的一个传奇。通常，人们都不太了解，在北美的北极海岸被发现之前的久远年代以及早在我们的博物史描述海象和角鲸之前，欧亚大陆间就存在着充满活力的这类齿牙交易。由于在任何书中均未清楚地阐述过这个主题，并且目前的探索几乎完全依赖于我自己的研究，因此我希望读者会欢迎我对这个主题做一番比较详细的梳理。渴望了解相关原始资料和确切文献的读者可以查看我上文的相关引述，它们列在书末的参考书目中；另一方面，这里也将提供许多新的资料。

在动物体系中，海象属于鳍足目，鳍足目由三个科构成：海狮科（如有耳的海狮）、海牛科（如海象）、海豹科（如海豹）。海牛科海牛属由两个种构成：海象种、短鲔种。前者见于拉布拉多（Labrador）沿岸北抵北冰洋的地区、格陵兰岛沿岸，以及东半球到西部亚洲的极地区域。后者则栖居在美洲的西北岸、北冰洋、白令海峡，以及亚洲的东北岸。海象最为引人注目的特征是一对獠牙，相当于其他哺乳动物的犬齿；獠牙从上颌几乎直线下垂，有时候长达20英寸或者更长，其重量则为4—6磅。

其獠牙并非整体都为实心，而是约有三分之二是空心的，因此不能用它雕刻大的制品以及台球状的物件。这种獠牙的外层色泽较深，并且不似象牙那样光滑，而是有凹槽的，硬若玻璃。獠牙的梢端坚硬，实心，平坦而微带黄白色，上有纤细的黄色交错线纹，或者散布着较大的黄色与火红斑点。獠牙如果长时间暴露在大气或湿气中，则会失去白色而呈现烟草黄色。

早先，海象被称为"海马"（拉丁名 Equusmarinus），其獠牙则被称为"海马齿"［见 John Ray，《四足动物概论》（*Synopsis methodica animalium quadrupedum*），第 193 页，伦敦，1693 年］。用这种方式描述的同类名称尚有"海公牛"（sea-ox）、"海母牛"（sea-cow），及"海象"（sea-elephant）等。在早期的文献中，还偶然会出现 morse、mors 等名，这源自俄文 morzh；但俄文词的语源不清，我只知道它的中介词为法文名 morse（海象）。例如，威廉·巴芬（William Baffin）在其《1615 年进行的发现西北通道的第四次航行》中谈到了"海洋独角兽之骨或角的碎片，以及海象（sea mors）齿的不同碎片"；乔纳斯·普尔（Jonas Poole）则在他成于 1610 年的《珀切斯》（*Purchas*）中用 mohorses 一词来指称马（horse）。

角鲸在动物分类体系中归属于鲸目。英文名称"鲸"（narwhal）源自古挪威文 nahvalr、瑞典—丹麦文 narhval；其中，hvalr 或 hval 意为英文的 whale，即"鲸"。不过，北欧语词中前一个音节 na 或 nar 的语源则并不清楚。海象经常往来于酷寒的极地海域，鲜见于北纬 65° 以南地区。它的外形与白鲸相像，只是缺少背鳍。它的最为奇特之处，是除了生自上颌，左右并列的两枚獠牙外，没有任何其他牙齿。通常，雄角鲸的左牙——偶然也兼及左右二牙——会发育得极为强壮，以螺旋卷曲的形状直穿过上唇，突出于前，如角一般。其长度往往达到 7 英尺左右，相当于整个躯体长度的一半，或者更长；成熟期的角鲸可达 15 英尺长。

人们对角鲸的生活轨迹鲜少探究。对于其獠牙的生物学功能也基本上只是依靠猜测而无法精准确认——人们推想它是防卫武器，为了呼吸而凿碎冰层，以及用以捕杀鱼类，充作食物。角鲸的獠牙胜过象牙——它内部是空心的，具有极高的密度和强度，远超象牙。此外，它拥有炫目的白色，并且不会变黄；它易于加工，易于获得高光洁度。沿着西伯利亚的北界，贮积着许多角鲸的遗存獠牙，同时还有大量的猛犸和犀牛遗骸。

在 18 世纪，人们曾经看见一头角鲸在易北河（Elbe）口漂游；另一头则见于威悉河（Weser）口。卡克斯顿（Caxton）[1] 在其《英格兰编年史》（*Chronology of England*）的"1482 年"条中说道："这一年内，从埃雷特（Erethe）到伦敦之间捕获了 4 条大鱼，其中有一条称为海象（mors marine）。"这是英文文献中以 morse 之名指称海象的最早例证。

然而，英国对于海象的最初认识要早得多，当可上溯到 9 世纪的后期，并与挪威人奥特里（Ohthere）启程自挪威海尔格兰（Helgeland）的大胆探险联系起来；他在 890 年绕着北角（North Cape）进行了好几次航行，并抵达了科拉半岛（Kola Peninsula）。

他曾向阿尔弗雷德大帝（King Alfred the Great of England，849 — 899）汇报过探险之事，后者则将奥特里的叙说收入了自己翻译的保

---

[1]　译注：卡克斯顿（William Caxton, 约 1422—约 1491）是英国的商人、外交官和作家。他在 1476 年将印刷机引入英国，被认为是这项贡献的第一人；他也因此成为英国的第一位印刷书零售商。他还将众多著述翻译成英文，印刷出版，其中有许多是他亲自翻译和编辑的；其印刷出版之书多达 108 本，其中 87 本均为不同内容的书。卡克斯顿对外国著作的大量英译和出版，十分有助于英语的标准化进程，这是他的又一巨大贡献。

罗斯·奥罗修斯（Paulus Orosius）之《世界史》的盎格鲁—撒克逊语（古英语）译本中。其中，谈及海象的一段文字这样说道：

> 他沿着这条航线旅行的主要目的，是扩充对沿岸诸地的了解和知识，并捕获更多的某种鲸鱼（horshwael）。这种鱼的牙齿非常值钱，品质优良，他已带回来一些，呈献给国王。它们的皮也极好，可以制作供船舶使用的缆绳或者类似产品。这类鲸鱼的数量比其他鱼类少得多；其长度通常都不超过 7 肘。对于普通类型的鲸鱼来说，最佳捕捞之处是在它们的栖居海域。其中有一些鲸鱼长达 48 肘，或者 50 肘；他声称，他们六个人在三天之内便捕杀了 60 头这类鲸鱼。他们的主要财富来自于芬兰人的贡品，包括各种野兽的皮毛、鸟的羽翎、鲸骨、缆绳，以及用鲸皮或海豹皮制作的各式船舶用具。最为丰盛的贡品是 15 箱貂皮、5 件驯鹿皮、1 头熊、10 蒲式耳羽毛、1 张熊皮，以及各长 60 肘的 2 条缆绳，一条用鲸皮制成，另一条用海豹皮制成。[1]

阿尔弗雷德大帝是用所谓的"盎格鲁—撒克逊语"即古英语翻译该书的，故文中的 horshwael 一词乃是源自古挪威语 hrosshvalr（意为

---

[1] 译注：劳费尔并未具体注明这段文字出自阿尔弗雷德大帝诸译著中的哪一部书，但是按情况推测，当是指他对公元 5 世纪上半叶基督教神学家和史学家 Paulus Orosius 的 Historiarumadversuspaganoslibri VII 一书的英译本。奥罗修斯应圣奥古斯丁（St.Augustine）之请，撰写了为"正统"基督教辩解的编年史式的著述，历述了从世界初创直到公元 417 年以前的罗马帝国的历史，使之成为基督教徒撰写的第一部世界史。用拉丁文撰写的这部书在 1936 年被 I.W.Raymond 译成英文，题为 Seven Books of History against the Pagans: the Apology Paulus Orosius。所以，劳费尔称此书为"世界史"，也是说得过去的。

"某种鲸鱼"）或者 rosmhvalr（意为"海象"）。

16 世纪时，海象牙是从北美洲运抵英国的，其价格是象牙的两倍。布里斯托尔（Bristol）的托马斯·詹姆斯（Thomas James）曾于 1591 年到访过纽芬兰（Newfoundland）附近的拉米亚岛（Ramea），他描述了在那里遇到的海象的情况，写道：海象牙在英国卖给梳子和小刀制作者时，每磅的价格可达 8 格洛特（groat，旧日价值 4 便士的银币）和 3 先令；而最好的象牙却只能卖到其价钱的一半。他还指出，海象牙的纹理与象牙相比，稍带黄色。

他还讲述了有关他的一位朋友，布里斯托尔的亚历山大·伍德森（Alexander Woodson）的奇妙故事。伍德森是优秀的数学家和高明的医生，他曾向詹姆斯出示一枚获自拉米亚岛的海象牙，长约半码。伍德森非常肯定地告诉他道，他曾将这枚海象牙作为辅药，对其患者做过试验，最终发现，这是极好的解毒药，犹如犀牛角一般。

杰拉特·德·维尔（Great de Veer）在他于 1594 年发表的《别名伯纳兹的威廉·巴伦茨进入北海的首次航行》（*The First Navigation of William Barents, alias Bernards into the North Seas*）一文中说道："海马是一种鱼，生活在海洋中，长有极长的獠牙，如今用来替代象牙。"马丁·弗罗比歇（Martin Frobisher）则在其《1577 年的航行》中说道："他们发现了一条巨大的死鱼，圆滚滚的，状似鼠海豚。体长 15 英尺，并有一只 5 英尺 10 英寸长的角，从鼻部长出来，挺直凸出，犹如蜡制的细锥。可以认为这是海洋独角兽；角的顶端已经碎裂。按伊丽莎白女王的诏令，这枚角被作为珍宝保存在她的礼服柜内，至今在温莎城堡仍可见到它。"

自 9 世纪以降，海象牙成为欧洲东北部地区的一项重要商贸产品，而这种情况的出现远在格陵兰岛被发现之前。在俄国历史上，它们被称为"鱼牙"（fish-teeth），因为在欧洲和亚洲各地，海象都归属于鱼类。俄罗斯的古老传说中曾谈及由鱼牙制成的宝座，显然，鱼牙是极有价值的物品。在诺夫哥罗德（Novgorod），鱼牙犹如貂皮、松鼠皮一样被交易，非常值钱。1159 年，罗斯提斯拉夫（Rostislav）大公[1]送给斯维托斯拉夫·奥尔哥维奇（SvätoslavOlgovich）王子的礼物中包括紫貂皮、白貂皮、黑狐皮、北极狐、白熊以及鱼牙。在蒙古人 / 鞑靼人征服俄罗斯的时期，经常从亚洲提出要求，索取鱼牙。1476 年，伊凡·瓦西里耶维奇（Ivan Vasilyevich）[2]获得了一枚一位诺夫哥罗德公民作为礼物送给他的鱼牙。

西吉斯蒙德·冯·赫伯斯坦（Sigismund von Herberstein）[3]在 1549 年出版了其著述《莫斯科大事录》，这是有关俄罗斯历史的主要资料集。赫伯斯坦分别在 1517 年和 1526 年担任遣往瓦西里·伊凡诺维奇大公（Grand Prince Vasily Ivanovich）领地的使臣，他在其著述中写道：

---

[1]　译注：劳费尔在此提及的 Rostislav 大公当是指 Rostislav Mstislavich（约 1110 — 1167），他于 1154 年成为诺夫哥罗德的君主，不久后又成为基辅的国王。

[2]　译注：劳费尔所言的这位伊凡·瓦西里耶维奇，当是指俄罗斯历史上在位最久的君主之一——伊凡三世（Ivan III Vasilyevich，1462 — 1505 年），亦称"伊凡大帝""全俄大公"，有时还被称为"俄罗斯领土聚集者"（Gatherer of the Russian Lands），因为在他治下，俄国领土扩展了三倍。他击败了金帐汗国，结束了蒙古 / 鞑靼人对俄罗斯的控制，奠定了俄国强盛的基础；他还翻修了克里姆林宫。

[3]　译注：赫伯斯坦（1486 — 1566）是卡尼奥拉（Carniola，包括今斯洛文尼亚部分地区的中世纪小公国）的外交官，也是作家、历史学家以及神圣罗马帝国之帝国议会的成员。他以其有关俄罗斯之地理、历史、风俗的巨著而闻名于世，从而为早期的西欧人了解俄罗斯作出了巨大贡献。此书是用拉丁文撰写的，题为 Rerum Mosconiticarum Commentarii。

从俄罗斯出口至立陶宛、土耳其的商品为皮革、皮毛，以及很长的白色动物獠牙，这被称为 mors；它们栖居在北方的海洋中。突厥人通常都会十分熟练地用这些獠牙来制作短剑的柄；我们的民众认为它们是鱼的牙齿，遂称之为"鱼牙"。海洋位于伯朝拉（Petchora）河口，在德维纳（Dwina）河口的右侧。据说，海里颇多身躯巨大的生物，其中有一种大如公牛，当地人称它为 mors。它的腿十分短小，犹如海狸的脚一般；其胸脯与其他部分的肢体相比，显得比较宽大浑厚；它的两枚獠牙从上颌突出，伸展得很长。人们猎捕这类生物，仅仅为了取得它的獠牙；俄罗斯人、鞑靼人，尤其是突厥人，都会用它们制成精巧的剑柄和匕首柄；其目的是用来装饰，而不是如有些人不正确地猜想的那样，是用来承受较沉重的冲击。这些獠牙按重量计价出售，被人描述为鱼的牙齿。

冯·赫伯斯坦便将商业标签"鱼牙"与动物学术语 morse 等同，亦即将这种动物称为"海象"。

理查德·钱塞勒（Richard Chancelour）在其 1553 年的著述《伟大和强大的俄罗斯帝王》中写道："该国的北方地区出产毛皮，诸如紫貂皮、貂皮、海狸、白狐皮、黑狐皮、红狐皮、小须鲸、白貂皮、白鼬及赤鹿。此外，还有鱼牙；这种鱼被称为 morsse。其猎捕者居住在一个名为波斯特索拉（Postessora）的地方，他们借助驯鹿将鱼牙运到兰帕斯（Lampas）出售；而鱼牙又从兰帕斯运到一个名为科尔摩格罗（Colmogro）的地方，那里在圣尼古拉斯节举办集市。"

接着，他进一步提供了有关该主题的更为详细的资料：

俄罗斯的北方出产珍稀的皮毛，其中主要是紫貂皮，我们的
贵妇们用以穿戴在颈脖上。此外，还有貂鼠皮，以及白色、黑色
和红色的狐皮、兔皮、白貂皮和其他一些毛皮。当地人对这些动
物——如海狸、小须鲸、白鼬等——的称呼很不文明。与之相邻
的海洋里出产一种生物，他们称之为mors，它习惯于到岩礁上觅
食，借助它的牙齿攀爬上去。俄罗斯人经常捕捉它们，旨在取得
它们极为值钱的獠牙，用以制成许多物件，犹如我们利用象牙一
样。他们用驯鹿将这些物品运到兰帕斯镇上，再从那里运往科尔
摩格罗；在科尔摩格罗，每年的冬季都举办大型集市，可以销售
这些牙制品。这个科尔摩格罗城为整个国家提供盐和咸鱼。北部
的俄罗斯人也前往那里制盐。他们将海水煮沸，从而可以淀积出
大量的盐。

安东尼·詹金森（Anthony Jenkinson）在1557 — 1571年间曾游
历过俄罗斯和西突厥斯坦及波斯，因而十分熟悉俄罗斯人的生活以及
他们对海象牙的使用。他写道："他不论是骑马去作战还是骑马去旅
行，都身佩一把突厥风格的剑，其弓和箭的风格也与此相同。在城镇
中，他不带武器，而只有二三把小刀，用称为morse的一种鱼的牙齿
制成刀柄。"（见E.D.Morgan的《詹金森之俄罗斯与波斯早期旅行记》，
第40页）

詹金森于1564年秋天从波斯返回，他又产生了一个新想法：进行
一次经东北方水道前赴中国的航行。为了推进这个计划，他在1565年
9月25日向英国女王呈报了《有关东北方水道的请愿书》。在这份意义
重大的文书中，他发表了下列论说，而海象牙则在支持"可以用这种方

式抵达中国"的论点上发挥了突出的作用：

> 我在塞西亚（Scythia）[1]和巴克特里亚（Bactria）[2]的时候，经常与中国人交谈和商议，他们去那里是旨在贸易，用他们的土产来交换其他物品。我还询问了他们有关其海洋的情况，从而得知，他们所说的海洋有水道通往北方的某些地区，他们曾经通过海洋与那里的人交往。我也曾和乌戈尔的居民、萨莫耶德人及科尔梅克人交流过。他们的居地位于遥远的北方，我猜想，应该就在海上通道附近。这些人沿着中国人所说的海岸，捕猎被称为 morse 的大鱼，以取得它的獠牙而获利。我从他们那里获悉，从他们的居地和海岸出发，有水路通往东方和南方；流向东偏东北方以及西偏西南方的潮水都很汹涌，这就形成了明显的航道。
>
> 此外，我在莫斯科大公宫廷中的最后一年，正好有些人来自上文所说的那些国家，送给大公一具古怪的头颅，头内长有一只

---

[1] 译注：通常而言，Scythia 是古希腊人对欧洲东北部地区和黑海北岸诸地的泛称；具体地说，包括中亚及维斯图拉河（Vistula）以东的东欧部分。"塞西亚"（Scythia）亦即"塞西安人 / 斯基泰人（Scythians）之居地"的意思，而斯基泰人往往是希腊人对北方草原上所有游牧民族的泛称，所以塞西亚的地域范围有时也就比较模糊了。大体而言，或相当于现在所谓的"中央欧亚"（Central Eurasia）地区。

[2] 译注：Bactria 是中亚的一个古地名，其本土当是兴都库什山（Hindu Kush）以北到阿姆河（Amu Darya）以南的一片地区，包括今阿富汗北部、塔吉克斯坦南部以及乌兹别克斯坦的东南部。广义的 Bactria 则包括兴都库什山脉以北地区、帕米尔高原以西地区以及天山山脉以南地区，阿姆河流经其中部。汉文古籍通常将该地称为"大夏"或"吐火罗"。

角。此物是在维加奇（Vaigach）[1]的伊隆德（Ilonde）发现的；该地距鄂毕河及乌戈尔人的平原不远。俄国皇帝及其大臣都不知道这具古怪的头颅为何物，因此他下令，任何人对此古怪之物有所了解和看法，都可以向他呈报。于是，我的机会便出现了。

我向他们报告道，我此前见到过类似的生物，此即独角兽[2]的头颅和角，它的价值不菲。这令俄国皇帝十分重视。于是，我结合自己的想象，指出这具头颅出自哪里，认为这种独角兽出产在中国人的居地以及其他东方地区。我据此推测，这具头颅是通过海道运抵维加奇的；所以，必定有一条航道始自这些东方海域，通往我们的北方诸海，否则，这具颅骨怎么能到达维加奇岛的伊隆德？

马丁·弗罗比歇（Martin Frobisher）在 1576 年的首次航海中也是利用了詹金森的这段辩说。例如，科林森（R.Collinson）在其《马丁·弗罗比歇探寻通往中国和印度之西北方航道的三次航行，1576 — 1578 年》（*The Three Voyages of Martin Frobisher in Search of a Passage to Cathaia and India by the North-West, 1576-1578*）中写道："这位勇敢的骑士当时承担了这次航行任务，旨在向东前赴富裕的中国，而其根据

---

[1]　译注：维加奇是北冰洋中的一个岛屿，劳费尔写作 Vaigats，今则通常作 Vaigach 或 Vaygach。它长 100 公里，宽 45 公里，隔着狭窄的尤果尔海峡（Yugor Strait）与西伯利亚大陆相望，西北方则隔着喀拉海峡（Kara Strait）与新地岛（Novaya Zemlya）相望。

[2]　译注：詹金森谓这是"独角兽"（Unicorn）的头颅，则或许仍然包含了一定的传说成分在内。盖因 Unicorn 只是古代西方神话传说中的一种虚拟生物：形似白马，额前有一螺旋状角。所以，此物实际上应该是海象的头颅：雄性海象通常都长有一枚螺旋状的长獠牙，出自上颌，挺凸向前，颇似独角。所以，它被俗称为"海上独角兽"或"独角鲸"。

则仅仅是以下的原因：首先，因为在鄂毕河的塔尔塔里亚[1]沿海地区发现了一枚独角兽的角。据说，这种生物并不出产于当地，而只见于印度和中国，所以，在那些地区生活的独角兽，是通过海路被带到了塔尔塔里亚。"（第39页）

英国驻莫斯科公司的代办安东尼·马什（Anthony Marsh）在其关于1584年发现鄂毕河的笔记中写道："在鄂毕河河口，距离大陆不远之处，有一个岛屿，那里生活着许多野兽，诸如白熊、海象和其他一些动物。萨莫耶德人告诉我们道，在冬季，他们经常在岛上发现海象牙。"

曾在1588年作为伊丽莎白女王特使觐见俄罗斯皇帝西奥多（Theodor）的贾尔斯·弗莱彻（Giles Fletcher）在其《俄国人的公共财富》[The Russe Common Wealth；也题为《俄国的土产》（The Native Commodities of the Contrey）]中报道了如下情况：

除了这些优质和重要的商品外，他们还有其他各种较小的产品，是该国天然和独特的物产。例如，鱼牙（他们称之为Ribazuba）在他们本国人、波斯人和保加尔人中都使用得相当普遍。他们用鱼牙制作珠子、贵族和绅士的刀剑之柄，以及形形色色的其他物件。他们有时候还把鱼牙粉当作解毒剂，犹如独角兽的角那样。这种鱼被称为morse，在伯朝拉河（Pechora）周近可以捕得。有的鱼牙几乎长达2英尺，每枚重达11或12磅。

---

[1]　译注：Tartaria，中世纪时期用以指称亚洲中部和北部，从里海和乌拉尔山脉直到太平洋的大片地区，那里的主要居民为蒙古族人。

哈里奇的斯蒂文斯（R.Stevens of Harwich）在其《1608年的彻里岛航行记》[*Voyage to Cherry Island in 1608*；此岛是为了向Francis Cherry爵士表示敬意而以他的名字命名的，位于斯匹次卑尔根岛（Spitsbergen）以南]中写道："第九天，我们获得了一桶海象牙，此外，还有400枚其他动物的牙。我们将一头活的小海象带回了王廷，詹姆斯国王和其他许多贵人都赞美不迭地观赏它。然而，它不久后便死去了。它出奇地温顺，十分易于调教。"1610年，英国的俄罗斯公司拥有了彻里岛。那一年，他们捕杀了1000头海象，提炼了50吨海象油[参看约翰·哈里斯（John Harris）之《航海与旅行》（*Voyages and Travels*）卷2，第389页，1764年版]。

1652年，德什涅夫（Deshneff）沿着阿纳德尔河（Anadyr）顺流航行，直抵河口，看见其北侧有一道沙岸，伸展出很长一段距离，直入海中。这类沙岸在西伯利亚被称为korga。他还发现，大量的海象生活在阿纳德尔河口。德什涅夫收集了好几枚海象牙，他认为这已足够补偿他这次探险所经受的麻烦了。其另一次探险是1654年前赴科尔加（Korga），目的是收集海象牙。团队中有个名为尤斯科·索利维尔斯托夫（Yusko Soliverstoff）的哥萨克人，他是从雅库茨克（Yakutsk）派来奉命为王室搜集海象牙的[事见考克斯（W.Coxe），《亚洲和美洲之间的俄罗斯发现实录》（*Account of the Russian Discoveries between Asia and America*），第318、319页，伦敦，1780年]。

对厘清这个问题做出重要贡献的，是耶稣会神父阿弗里尔（Avril），他在17世纪后期从俄罗斯人那里收集到了如下的信息：

他们除了从各地获得毛皮外，还发现了一种獠牙，它比出自印度的象牙更为洁白，更为光滑。倒并非因为有大象来为他们提供象牙（北方地区过于寒冷，不适宜天然喜热的大象生活），而是另有一种被他们称为 behemot（巨兽）的两栖动物经常见于勒拿河（Lena）中或者鞑靼海（Tartarian Sea）[1]岸边。我在莫斯科时曾见过这类怪兽的几枚獠牙，约有 10 英寸长，根部的直径则有 2 英寸。无论就美观程度还是洁白程度而言，象牙都无法与之媲美。此外，海象牙还有止血的特异功效，佩带者一旦出血，可借助它来医治。

波斯人和突厥人用高价收购它们；他们更喜欢用这种宝贵的象牙制作其弯刀或匕首的柄，胜过笨重的金、银刀柄。然而，肯定没有人比海象捕捉者更了解获取这些象牙的代价，因为他们要冒着生命危险去攻击长有象牙的那只巨兽，而它是那么庞大，那么危险，犹如鳄鱼一般。

阿弗里尔又记录了斯摩棱斯克（Smolensk）总督告诉他的一个关于卡沃伊纳（Kawoina）大河口的一座岛屿的故事，卡沃伊纳河在鄂毕河的另一侧，注入北冰洋。他写道："这个岛屿相当宽广，人口也很稠密，他们十分热衷于捕杀巨兽，即一种两栖动物，它们的獠牙非常值钱。居民们经常到冰海边猎捕这种怪物。由于干这种活儿非常劳累，所以他们通常都带着妻小一同前往。"相应地，阿弗里尔确信俄罗斯人是在北冰洋沿岸猎捕海象的，然后将其獠牙运至莫斯科，再卖给波斯人

---

[1]　译注：鞑靼海（Tartarian Sea）是中世纪以降欧洲人对 Tartaria（塔尔塔里亚）以北的海洋的称呼，大体上指今天的北冰洋及其附属海域。

和突厥人。

正如我们从比鲁尼（Al-Beruni，973—1048）所撰关于宝石的一篇文章中得知的，阿拉伯人非常珍视海象牙，称之为"胡凸"（khutu）。他们从保加尔人那里获得此物，而保加尔人则居住在伏尔加河流域，他们把"长逾 1 肘的鱼牙"从北海带来，将其制成刀柄。阿拉伯人甚至将其运至麦加出售。埃及人酷爱此物，往往以其原价的 200 倍买下它。麦格迪西（Al-Maqdisi，约 945 — 990）曾谈及从保加尔出口到花拉子模的商品中包括"鱼牙"。如上文所引，耶稣会士阿弗里尔注意到，波斯人和突厥人以高价购买海象牙，并且更喜欢用这种珍贵的象牙制作弯刀和匕首的柄，而不是用笨重的金或银制柄。

波斯人兼采了两种外文名，即"胡凸"（khutu）和"鱼牙"（dandān-māhī；亦作 shīrmāhī，意为"狮鱼"），并且用海象牙制作梳子和剑柄；这类物品还传播到了印度。贾汗吉尔（Jahangir）皇帝[1] 在其《回忆录》的第二卷中告诉我们道，当他获得一把来自波斯，用鱼牙作柄的短剑时是多么高兴。他对于这种剑柄的印象极为深刻，以至于派遣能工巧匠前赴波斯及河外地区（Transoxania）[2] 搜寻更多的同类物

---

[1]　译注：在此所言的贾汗吉尔皇帝，是指印度莫卧儿（Mughal）帝国的第四代君主（1569 — 1627），在位时期为 1605 — 1627 年。Jahangir 并非他的本名，而是帝王的尊号，该词是波斯语，意为"世界征服者"。他的回忆录是用波斯文撰写的，后世所见的手稿上的标题是《贾汗吉尔当政时期之自传》。该书后世有多种译本；1829 年出版的英译本题为 *Memoirs of the Emperor Jahangueir*（《贾汗吉尔皇帝回忆录》），由 Major David Price 翻译。

[2]　译注：所谓的"河外地区"（Transoxania），是中世纪时西亚或欧亚大陆西部之人对今阿姆河以北和以东地区的称呼，意指 Oxus 河（汉文古籍称"乌浒"河）以外之地；相当于阿拉伯人所指的 Māwarā'an-Nahr（河外之地）。该地大约指今中亚阿姆河与锡尔河之间的地域，包括今乌兹别克斯坦、塔吉克斯坦、吉尔吉斯斯坦南部，以及哈萨克斯坦西南部。

品。他们所奉的指令是：从任何地方，任何人手中，以任何价格获得"鱼牙"。

稍后，就在他自己的都城阿格拉（Agra）的一个集市上觅到了一枚精美的"鱼牙"，由其子沙·贾汗（Shah Jahan）带来呈献给他。贾汗吉尔命人用这枚海象牙做了不少剑柄，并奖赏了两位工匠：一人获得了一头大象，另一人则获得了更多的薪金以及一只珠宝手镯。由于人们相信海象牙还有解毒和消肿的功效，因此更极大地抬高了它的价格。阿克巴（Akbar）[1]传记（名为 *Akbarnāma*）中的一段文字称，似在 1569 年，马拉巴（Malabar）的一位国王——好像是科钦（Cochin）国王——派人送给阿克巴一把匕首，具有消肿的功效。阿克巴告诉他的大臣道，他曾用这把匕首为 200 多人消肿，都见奇效。因此，这把匕首的整体或者部分可能是用海象牙制作的，它可以通过海路，轻易地从海外运抵科钦。

如今，印度仍有一种被称作"鱼牙"的材料，名为 mahlīka-dant。此物始终呈油黄色，其质地看起来如结晶状的小块，而这便是海象牙内部的特征。它在各种语言及印度方言中都被称为"鱼牙"，这便暗示了它们有着共同的来源，并且很可能源自域外。

乔治·瓦特（George Watt）所做的调查表明，"鱼牙"制成的刀剑柄比象牙制品更为值钱，它在这些方面的用途也比象牙更为广泛。一件鱼牙制品的完成，必须经过精细、复杂以及长时间的加工过程。天然的

---

[1]　译注：Akbar 是印度莫卧儿帝国的第三代君主，在位期为 1556 — 1605 年，通常称为"阿克巴一世"（Akbar I），亦称"阿克巴大帝"（Akbar the Great）。他在位期间，创建了强大的军事体制，进行了有效的政治改革和社会改革，使莫卧儿帝国的财富增加了三倍。因此，阿克巴的治理对于印度历史的进程有着重大的积极意义。

鱼牙被包裹在某种混合物中，并得在此状态下保存或短或长的时间，精细者要长达50年。与象牙相比，鱼牙的优点是强度更高，表面更为精细、光滑，以及具有更大的摩擦系数，不易从手中滑落。据瓦特之言，印度商贸中的"鱼牙"主要——若非全部的话——来自西伯利亚所谓的"象牙遗存"，即猛犸的獠牙。但是，他认为也可能有相当数量的海象牙如西伯利亚象牙一样，通过陆路运抵印度。从见于印度诸王军械库中的装有"鱼牙"柄的某些刀剑的古老程度看，似乎很可能千百年来始终存在着将这种材料运至印度的商贸交易。

由伊本·穆罕默德·阿尔·加法里（Ibn Muhammad al Gaffari）撰于1511—1512年的有关矿物学的一本突厥语著述载云："关于胡凸（khutu）牙。胡凸是一种动物，状似柏柏尔人（Berber）地区的公牛；但是也见于突厥斯坦。从它身上可获取宝石，有人说这即是它的牙，另一些人则说是它的角。其颜色呈黄色而趋向于红，它所展示的花纹则似大马士革图案。青壮年代的胡凸的牙质量上佳，色泽鲜艳，并且坚硬。进入暮年后，牙色则趋深暗，质地渐软。国王以高价收购之。它在中国、非洲的马格里布（Magrib）以及世界的其他地区都非常著名。据说，来自埃及的一位商人将一枚半胡凸牙带到麦加，竟卖出了1000个金迈纳（mina）[1]的高价。若有人随身佩戴着这种鱼牙，则毒物不能伤害人体，因为毒物一旦靠近它，便会自行散发掉。正因为如此，它非常受人珍视。"

---

[1]　译注：mina是古代近东地区重量单位和货币单位。就货币单位而言，一个迈纳约相当于60个谢克尔（shekel）。据载，公元前2世纪左右，一个奴隶值20个迈纳，则一枚半海象牙相当于50个奴隶的身价！又，据现代学者推算，一个迈纳约相当于18美元，以此估算中世纪的海象牙，确实价值不菲。

　　杰出的法国旅行家和博物学家皮埃尔·贝隆（Pierre Belon，1517—1564）在 1553 年发表的著述中写道："土耳其人和希腊人一样，习惯在腰带上佩挂小刀。这些小刀通常都由匈牙利制作，饰有很长的刀柄；然而，土耳其商人在购买小刀之后，往往再请工匠添加一个柄尾，这个柄尾一般都用海象牙（被称为 Rohart 牙）制成。海象牙有两种类型：一为平直、洁白、质地致密者，类似于独角兽的牙（即角鲸牙）；它坚硬异常，乃至钢刃都很难雕琢之，除非作相当程度的加热。另一种为罗哈特（Rohart）牙，形似野猪獠牙，呈弧状。我们如果从未见过活生生的河马，就可能认为这是河马的獠牙；但是实际上，河马并没有这种形状的獠牙。"法文 rohart（亦作 rohar 或 rohal）即是指海象，它与古挪威语 horshvalr（挪威语 rohal、roshal）相关联。在植物学家克卢修斯（C.Clusius）翻译的贝隆（Belon）著述的拉丁文译本（1589 年版）中，增添了 morse 一名用以指称该动物。

　　17 世纪初，英国商会的格陵兰公司将一枚"角"（当时就是这么称呼的）运到了君士坦丁堡，此物是由一位英国的海船船长于 1611 年在格陵兰岛沿岸某地发现的，有人愿以 2000 英镑的价格买下它。然而，公司希望卖出更高的价钱，故拒绝了这笔生意，而将它送往莫斯科，但是那里的报价与此相仿。于是，海象牙又被带回了土耳其，哪知卖价比以前更低了许多。随后，公司认为小块的海象牙比整枚更易销售，因此将它分割成了若干小块。最终，各个单块在各地得以售出，但是总收入却只有 1200 英镑！这段记载见于彼得罗·德拉·维尔（Pietro Della Valle）著述所载的 1623 年的事迹；其全文可参看《中国伊朗编》

（*Sino-Iranica*），第 567 页。[1]

中国人之获得海象牙与欧洲无关，他们是通过居住在亚洲东北部的许多部落的中介而获得的。这些部落居地在高丽国境的更远处，东与

---

[1] 译注：劳费尔在此提到了他的名著《中国伊朗编》；并在该书 567 页（*Sino-Iranica: Chinese Contributions to the History of Civilization in Ancient Iran*, pub.by Field Museum of Natural History, Chicago, 1919, in *Anthropological Series*, Vol. 15, No. 3）全文转录了维尔所述的"有趣故事"。由于它涉及北方极地海象牙及其与世界各地交流的资料，故在此据 *Sino-Iranica*, p. 567-568, note 3 译述这段文字：

"星期一，海洋相当平静，船长和我站在甲板上，闲聊着各个问题。他趁此机会向我展示了一块兽角，并告诉我道，这是 1611 年他在北方某地发现的，那里被人们称为格陵兰（Greenland），地处北纬 76 度。他讲述了如何在土地中发现此角的过程，并说这可能是死于那里的某种动物的角。若是完整的角，则有 5、6 英尺长，根部最粗处的周长约有 7 英寸。整角已被割成多块，分售各地；我所看见的那块约长半拃多，将近 5 英寸厚；其色泽呈白而趋黄，犹如旧象牙。这是中空的，内部很光滑，外部则有圈纹。

"船长从未见过那兽，也不知道它究竟是陆生动物还是水生动物，因为按发现地来看，它既可能是陆生兽，也可能是水生兽。不过，他坚信这是一种独角兽，一是因为实验表明，它确有很好的解毒功能；二是因为以前各作者所描述的独角兽的特征与他所认为的此兽的特征颇相吻合。然而，我的意见与他相左，因为我若未记错的话，普林尼（Pliny）所说的希腊人称之为 monoceros 的独角兽的角是黑色的，而非白色。船长又说道，据说独角兽见于美洲北部的某个地方，距格陵兰不远。因此，作为邻近地区的格陵兰同样栖居着一些独角兽，也不是不可能的。此外，我们尚不知晓格陵兰究竟是大陆还是岛屿，倘若并非岛屿，则美洲大陆上的独角兽有时进入格陵兰，也是可能的。……

"船长发现的此角只能归英国商会的格陵兰公司所有，因为他们都是公司的雇员，除了薪金之外，不得在航行中牟取任何其他利益。所以，无论他们获得或发现了什么，一旦为人所知，就无法再加隐瞒，只得悉数交给雇用他们的公司。

"整枚兽角被带到君士坦丁堡，以供出售；当地出价 2000 英镑，但是英国公司希望卖出更高价格，故并未在君士坦丁堡出售，而是将其带往莫斯科。然而该地的出价与前者相仿，于是，公司将兽角再度带回土耳其，却发现已经跌价，如今的出价远抵于此前的价格。随后，公司认为小块的兽角将比整枚的容易销售，因为很少有人会花费大笔钱财来购买整支兽角。于是，他们分割了兽角，在各地予以销售。可是，所有小块的总收入也只有 1200 镑左右。公司将其中的一块兽角给了发现整支兽角的船长，这便是他给我看的那块。"

海洋接界，北界则不知为何处。从遥远的年代开始，那里就生活着肃慎人，他们极大地激发了中国、日本史家的想象力，从而在汉文史籍中被频繁谈及。肃慎人是东方的维京人（Vikings），他们曾数度劫掠日本的北部沿海地区，并在 7 世纪时与日本有过许多次海战。在千年之前，中国人就了解了肃慎民族及其独特的文化。他们使用通常带毒的燧石箭头，这被保存在中国的皇家宝库中。他们在石器时代至少生活了 1500 年，到了中古时期，他们消失在漫延整个东胡诸部的大洪水中。他们在生活中使用石斧，这在其宗教崇拜中扮演着重要的角色；他们用兽皮、兽骨制成盔甲，以为防御之用。

公元 262 年，肃慎人向中原王朝进贡，贡品包括 30 把弓、木制的箭、300 具石弩、20 套分别由皮、骨、铁制作的盔甲，以及 100 件紫貂皮。这份贡品清单使我们能够清楚地了解他们的文化，而这类文化至今仍然部分地流行于北太平洋地区，其主要代表者便是科里亚克人（Koryak）、楚科奇人（Chukchi）和爱斯基摩人（Eskimo）。在这一地区，如今依然存在着骨片盔甲，它由一排排搭接的海象牙片构成；这类盔甲通常都用切割的海象牙片制作，因为它高度的弹性超过任何普通的骨质材料。所以，肃慎人似乎始终拥有海象牙，至少在公元 262 年以前是这样；他们自己把海象牙加工成制作盔甲的小片。

具有海象牙性质的一种物产最初为中原王朝所知，是在唐代（618 — 907 年），其名称为"骨咄角"；而"骨咄"当是非汉语的译名，源自东北亚的某个部落。《新唐书》所载辽东营州的贡品中便包括骨咄，那里是契丹和其他东胡部落的聚居地。它也被说成是另一个东胡部落鞨鞨的土产，该地盛产貂皮、白兔、白鹰。鞨鞨位于高丽北边，东面则为松花江，远展至大洋。他们与流鬼是近邻，与之颇有往来；《新唐书》曾简略地谈及流鬼。流鬼的地理位置显然足以使我们把它视同于堪察加半岛（Kamchatka）。中国人描绘了该国居民的文化特征，清楚地揭示了这即是至今仍见于北太平洋地区的文化类型。其文化特征是：几乎没有农业，经济方面以蓄养大量狗为主要生计；居住在地下，冬衣使用毛皮，夏衣则用鱼皮，以雪橇作为运输工具。靺鞨通过海路与流鬼通商谋利，其间约有 15 天的航程。公元 640 年，流鬼遣使赴唐，道经靺鞨之境。[1]

　　与使团一起抵达唐廷的三位翻译之一显然是个靺鞨人，唐史所载者无疑是采自这位翻译所提供的报告；而这位翻译则肯定与能够轻易获得海象牙及其制品的某个族群关系十分密切。[2] 按照斯特勒（Steller）

---

[1]　译注：劳费尔在此所述流鬼国的情况，可能主要据自《新唐书·东夷传·流鬼》的一段短文，兹转录于下，以供参考："流鬼去京师万五千里，直黑水靺鞨东北，少海之北，三面皆阻海，其北莫知所穷。人依屿散居，多沮泽，有鱼盐之利。地蚤寒，多霜雪，以木广六寸、长七尺系其上，以践冰，逐走兽。土多狗，以皮为裘。俗被发，粟似莠而小，无蔬蓏它谷。胜兵万人。南与莫曳靺鞨邻，东南航海十五日行，乃至。贞观十四年，其王遣子可也余莫貂皮更三译来朝，授其都尉，遣之。"《新唐书》卷 220《东夷传·流鬼》，第 6209 – 6210 页，中华书局，1975 年。

[2]　译注：劳费尔在此谓流鬼赴唐使臣带着三位翻译（interpreter）云云，似乎是误解了汉籍原文。盖据上注所录《新唐书·流鬼传》原文，贞观十四年（640），流鬼国王派遣其子（名"可也余莫貂皮"）前来唐廷朝贡；而其方式则是"更三译来朝"。那么，如何正确理解这五个字呢？劳费尔显然将"三译"理解成了"三位翻译"，从而引申出"其中有一位靺鞨人"，并"提供了旅行报告"之类的推断。然而，汉文古籍形容相隔极为遥远的两地之间往来时，多用"重译""重九译""九译"等词，意谓路途太遥远，经过的不同语言的地区太多，单靠通晓某两国语言的翻译是不够的，故需经多位各自通晓不同语言的翻译进行"接力式"的翻译，才能抵达最终目的地。于是就有了"多重翻译"乃至"九译"之说，如薛综注张衡《东京赋》之"九译"云："九译，九度译言始至中国也。"据此例，则《新唐书》之"更三译"理解成"三度更换翻译"才更为贴切。古语之"三"往往并非确指，而是形容数量之多；尤其是在这段引文的语境下，更如"九译"一般，当是用以形容路途遥远，从而许多次地辗转更换翻译。是知英文作者的"三位翻译"说并不可信。

和克拉欣宁尼科夫（Krasheninnikov）的描述——是为我们了解如今几已灭种的古代卡姆恰达尔人（Kamchadal）或伊特尔曼人（Itelmen）的主要原始资料——我们可以确信，这些部落都猎捕海象，用其齿牙制作各种物品。

洪皓（1088 — 1155）曾作为宋廷的使臣被遣往金朝，后者属于通古斯族群的部落之一女真。他在金朝逗留了 15 年（1129 — 1143）之久；在其见闻录《松漠纪闻》中，他解释道，骨咄角不是很大，其花纹犹如象牙，色泽偏黄。用它制作的刀柄极为珍贵。契丹人建立的辽王朝存在于公元 907 — 1125 年。《辽史》卷 116《国语解·列传》则称："楉柮犀，千岁蛇角，又为笃讷犀。"这些称呼显然是契丹语的译名，虽然这样的契丹语可能也是源出更加远在北方的其他民族的语言。在《金史》卷 64《后妃传下·世宗昭德皇后》中，也谈到了此前辽朝用骨咄犀做柄的佩刀。[1]

洪皓在 1143 年或稍后也写道："契丹重骨咄犀。犀不大，万株犀无一不曾作带纹；如象牙，带黄色；止是作刀把，已为无价。天祚以此作陶罕（中国谓之腰条皮），插垂头者。"[2] 这是一个例外，因为金朝的腰带是用玉、金、犀牛角、象牙、兽骨、兽角制品装饰的，并按材料的贵贱排序分级。这证明骨咄犀自成一类，既非象牙，亦非犀牛角，而是金朝或女真族之腰带的普通饰物。此外，我们知道，在女真语中，象牙和犀牛角的名称的发音明显不同于"骨咄犀"的发音，故"骨咄犀"指的

---

[1]　译注：劳费尔此言在《金史》中的原文是："秉德诛死，后劝世宗多献珍异以说其心，如故辽骨睹犀佩刀、吐鹘良玉茶器之类，皆奇宝也。"见《金史》，第 1520 页，中华书局，1975 年。

[2]　译注：见 [宋] 洪皓《松漠纪闻·补遗》，载《松漠纪闻 靧从东巡日录 启东录 皇华纪程边疆叛迹》，吉林文史出版社，1986 年。

是海象牙。

宋代著名的多产作家周密（1232 — 1298 年）在他的两部著述中都提到过"骨咄"。在一处，他引述了诗人和书法家鲜于枢的说法；鲜于枢的两把刀的刀柄是用骨咄制成的，并谓这即是"地角"，可能意味着此物发现于地下。这可以解释为是指猛犸牙，尽管这个证据并不非常令人信服，因为海象和角鲸的牙同样可能在海岸沿线的地上或地下发现。

在另一本书[1]中，周密写道："国咄犀，乃蛇角也，其性至毒，而能解毒，盖以毒攻毒也，故又曰'蛊毒犀'。"骨咄的这个解毒功能乃是从"犀牛角能解毒"的古代信仰转化而来。中国人深信这样的观念：犀牛以荆棘为食，吞吃形形色色的植物之毒，这些毒素则进入它的角内；因此，根据"以毒攻毒"的原则，犀牛角或者用犀牛角雕琢的杯子便成了有效的解毒药。

周密在书中还引用其他人的说法，归纳了有关骨咄的一些情况："《唐书》有骨都国，必其地所产，今人讹为'国咄'耳。叶森于延祐庚申夏见其子必明，将骨咄犀刀靶二来看，即此也。其花纹如今市中所卖糖糕，或有白点，或如嵌糖糕点。以手摸之，作岩桂香，若摩之无香者，乃伪物也。"实际上，海象牙若经摩擦，确实会散发出某种香味。这番叙述表明，六百年前的中国，骗子的活动并不逊于今天，然而，同时也不乏识辨赝品的高明手段。

在蒙古时期，中国人得知，海象牙是西方国家的土产。1259 年，蒙古帝国大汗蒙哥（1209 — 1259）派遣常德作为使臣，前赴波斯（即

---

[1] 译注：劳费尔在此所谓的"另一本书"，当是指周密所撰的《云烟过眼录》，本段引文及以下录文均见卷上的《鲜于伯几枢所藏》，第 245 页，中华书局，2018 年。

后来的伊利汗国）觐见当地统治者，即蒙哥之弟旭烈兀（1217—1265）。常德回到中国后，由其口授，刘郁笔录，撰写了此行的游记。他在书中谈到，在西方的诸多物产中，有一种名为骨笃犀，是为大蛇之角，具有消解诸毒的功效。

颇有意思的巧合是，汉文的契丹语译名"骨咄"首先出现在伟大的阿拉伯旅行家和学者比鲁尼（al-Beruni，973 — 1048）的矿物学著述中；嗣后，则频繁地再现于阿拉伯、突厥、波斯等族作者的作品中。比鲁尼写道，人们十分需要和珍视"胡凸"（khutu）。中国人将它收藏在宝库中，认为它是一件珍宝，因为它靠近毒物时能逼使毒物消散；此外，它还能加工成刀柄。

我们获知了蒙古人统治时期的一段有趣的民间传说，它见于亚美尼亚海屯（Haithon）国王（1226 — 1269 在位）赴蒙古的《行纪》中；它被收载于乞剌可思·刚扎克赛（Kirakos Ganjakeci）的《亚美尼亚史》中。海屯谈到了有关狗头国的民间传说：那里的男子为狗状，女子则为人形，并颇具智慧。[1]中国人说这些奇特的生物居住在北太平洋的一个岛屿上。[2]海屯接着说道："还有个沙岛，上面长着一种树枝般的珍贵

---

[1]　译注：关于这个传说，海屯的具体转述是这样的："他说：在契丹那边有个国家，其中女的是人形，生而聪慧，但男人却是狗形，缺乏智慧，大而有毛。狗不许人进入他们的国土。他们狩猎，他们和妇女就靠此为生。狗和妇女交配，生男为狗形，生女为人形。"录自何高济译《海屯行纪》，第 21 页，载《海屯行纪·鄂多立克东游录·沙哈鲁遣使中国记》，中华书局，1981 年。

[2]　译注：汉文古籍谈及狗国的例子，可参看《契丹国志》所附《胡峤陷北记》：（在"地尤寒，马溺至地成冰堆"的室韦之北的）"狗国，人身狗首，长毛不衣。手搏猛兽，语为犬嗥，其妻皆人，能汉语，生男为狗，女为人，自相婚嫁，穴居食生，而妻女人食。云尝有中国人至其国，其妻怜之，使逃归，与其筋十余只，教其每走十余里遗一筋，狗夫追之，见其家物，必衔而归，则不能追矣。"见 [宋] 叶隆礼《契丹国志》卷 25《晋胡峤陷北记》，第 268 页，中华书局，2014 年。

骨头，叫作'鱼齿'；把它砍断时，另一枝就会像鹿角那样在原处长出来。"此句所言者当即海象牙，因为獠牙被当成了"角"。由于鹿角是会蜕换的，所以这一海洋哺乳动物（海象）的"角"也被认为会蜕换和再生。

到 17 世纪后期，俄罗斯与中国建立商贸关系后，其主要的商品有两种：一为海豹皮，一为海象牙；后者在当时的俄罗斯文书中被称为"海象牙之骨"。同时代的一部汉籍，即陆次云撰于 1683 年的《八纮译史》，载有一段有关俄罗斯的简短描述；书中称之为"阿路索"，当是源自蒙古语对俄罗斯的称呼 Oros。[1] 书中说道，康熙在位期间（1661—1722），阿路索向清王朝进贡鱼牙、黑貂、海青、自鸣钟、玻璃镜，及其他诸物。显而易见，此处所谓的"鱼牙"即是由同时代俄国文献佐证的海象牙。

张诚（Jean-Francois Gerbillon，1654 — 1707）是在北京传教的一位资深耶稣会士，他谈到俄罗斯人的贸易时说道："一种鱼的牙，比象牙更为精美，更为洁白，更为珍贵。这种商品在北京有着很大的贸易量，尽管除了俄罗斯人，其他人几乎不会去从事这种工作，因为俄罗斯

---

[1]　译注：陆次云的《八纮译史》专录荒外之国，大致按各地的方位分成四卷；与之类似的，尚有《译史纪余》四卷和《八纮荒史》一卷（见《清史稿》卷 146《艺文志二》，第 4304 页，中华书局，1977 年）。这几本书分别收载于《丛书集成初编》第 3263 册（商务印书馆，1939年）和 3264 册（1937 年）。《八纮译史》卷 2《西部·阿路索》（第 9 页）载云："阿路索，在中国西北，西洋之东北。有城廓。贵者衣貂衣；男女自婚配；住木房。属国最多，人稀地广。天气甚寒，其边隅六月中有僵冻者。明季未通中国，至本朝康熙时，始进黑貂、鱼牙、海青、自鸣钟、玻璃镜诸物。其人语异西洋之语，文用西洋之文。西儒南怀仁译通其辞，得其向化来宾之意。乌龙江之西北，有阿路索属国，名昔白利牙，其国有罪者放于此。岁久成一大国，有城池。今闻已有王矣。去阿路索万余里。"

人很穷，耐得住严寒，吃得起苦，愿意为了微小的利润而辛苦劳作。"
他并在一条注释中补充道："它们被称为猛犸牙，近来发现即是象牙。"
（语见出版于 1748 年的 Du Halde 的《中华帝国概述》，*Description of
the Empire of China*, Vol.II, p.263）然而，正如兰金（J.Rankin）已经指
出的那样（同书，第 454 页），这只是译者的附注，张诚使用的是"鱼
牙"一词，并且强调了它的白色，所以十分清楚地展示了，此物即是海
象牙。

　　自 18 世纪初以降，在康熙时代，中国人逐渐了解了海象。在字典
《正字通》中，解释"海马"之名道："海马，鱼名，牙骨坚莹，文理细
如丝，可制为器。"[1] 对于这种生物的一段奇妙的描述，亦见于题为《海
录》的一本小册子中。[2] 它由杨炳南撰写，出版于 1800 年；其中收录
了作者的一位朋友提供的有关域外各族的资料，此人曾航行世界各地，
历时 15 年之久。

　　除了俄罗斯人以外，居住在黑龙江入海口及萨哈林岛（Sakhalin,

---

[1]　译注：此语见 [明] 张自烈《正字通》卷 12《亥集上·马部》。

[2]　译注：劳费尔并未提及《海录》描述海象（书中称为"海马"）的具体内容，在此则补充
　　如下："吉德国，在新埠西北，又名计哒。由新埠顺东南风日余可到。后山与宋卡相连，疆域、
　　风俗亦与宋卡略同。……到蓬呀，俱暹罗所辖地。自宋卡至此，皆无来由种类，性多凶暴，出
　　入必怀短刀，以花铁为之，长六寸有奇，镶以金，海马牙为柄。其刀末有花纹者，持以相斗；
　　刀头有纹者，则佩之以为吉庆。王及酋长皆然。海马出马沙密记，即卷毛乌鬼国也，形似牛而
　　脚短，居水中，偶上岸食草。或曝于沙墠。取之之法，用大木七八尺方之，令上窄下宽，上轻
　　下重；空其中，上有盖，为环钮于内，旁穿四孔。遇海马在沙墠，则三四人各挟标枪二，入
　　木中，令人盖之，而放于上流。木随流而下，海马见之，必趋赴翻弄。常其无物，则置之而
　　复息于墠。比其木流至墠前，木中人急去其盖，各举枪标之。枪有倒钩，以绳系之；中则趋
　　上岸，将绳缚于木而纵收之。伺其力稍乏，各加一标。死则宰而食之，其味甚美；牙以镶刀
　　柄。"语见杨炳南《海录·西南海·吉德国》，第 8 — 9 页，载《丛书集成初编》第 3278 册，
　　商务印书馆，1936 年。

即库页岛）的吉利亚克人（Gilyak）也通过松花江从事对中国的海象牙贸易。在俄罗斯将黑龙江流域大部纳入其领土范围之前，吉利亚克人是通过北方相邻诸部落的中介，才获得北极土产的；因此，吉利亚克人对于海象的了解也只是知道一个名称而已。自 1853 年以降，他们从尼古拉耶夫斯克（Nicolayevsk）的俄—美公司购得海象牙，再转而与松花江流域的中国人交易，换取其他物品并获利。至少在战争之前，符拉迪沃斯托克（Vladivostok，即海参崴）分享了来自吉什金斯克（Gishiginsk）和巴伦·科尔夫湾（Baron Korff's Bay）的海象牙，那里居住着科里亚克人（Koryak）。居住在东北亚最远端的楚克奇人（Chukchi）是最优秀的海象狩猎者，他们以前曾从事过大规模的海象牙贸易。

乾隆年间（1736 — 1796），海象牙被雕琢成鼻烟壶、盘碟、烟斗柄以及蟋蟀罐的盖子等物。通常，这类海象牙制品都用绿铜染成翠绿色，使之看起来貌似翡翠。然而，不能因此推断，如此加工的任何牙制品都是海象牙，以及保持天然色彩的牙制品必然是象牙。例如，有的"不求人"（挠痒器）虽然呈白色，却是用海象牙制成的。

最后，在这宗商品的出口上，美洲走在了前面。在 19 世纪，海象牙被称为"海马牙"，至今在广州通常仍以此名著称。它从加利福尼亚（California）、锡特卡（Sitka）以及美洲的其他西部地区大量地输入广州。第一艘抵达中国的美国船舶是"中国皇后"号，它在 1784 年到达广州，主要运载的货物是西洋参。1788 年，波士顿的一家公司派遣了两艘货船——"哥伦比亚"号和"华盛顿夫人"号——前赴美洲的西北海岸，在翌年的春季和夏季沿着海岸从事贸易。夏季末，它们收集到的所有皮毛都装上了"哥伦比亚"号，"哥伦比亚"号随后就开赴广州，销售这些皮毛。此后，它载着一船中国货物，经由好望角，于 1790 年 8 月回到了波士顿，成为第一艘进行环球航行的美国船舶。

在此后的年代里，美洲西北海岸的贸易量大增；至 1801 年，西北沿岸已至少有 14 艘美国货船。其标准的航线是：在夏季或初秋发自美国，于翌年春天抵达西北沿岸。然后，船长便带领众人出入一个又一个的小港湾，与印第安人做生意，用小件饰物、刀剑、枪械、毛毯、棉衣和毛衣等换取他们的兽皮，最好是珍稀的海獭皮。在秋季，他们会渡过太平洋，前赴广州；假如他们尚未获得充足的货物，则会在夏威夷群岛过冬，在西北沿海从事第二，甚至第三季度的贸易后再前往中国。他们在那里用自己的货物换取茶叶和其他物品，然后经由好望角返回美国。

通常而言，这样的航行都获利甚丰。他们最初购买兽皮等物的费用很低，但是毛皮在广州却能卖出很高的价钱；而在中国买进的茶叶和其他货物，则又能在美国或欧洲获得很高的利润。然而，这样的航行也充满了危险，并需要丰富的经验，因此，这类贸易也就只掌控在少数大公司的手中［可参看拉图雷特（K.S.Latourette）的《美中早期关系史：1784—1844 年》（*History of Early Relations between the United States and China, 1784-1844*），耶鲁大学出版社，1917 年］。海象牙贸易的开端可以追溯到这些早期的航行。

1913 年，华盛顿的商业和劳工部发表了美国驻广州总领事切希尔（F.D.Cheshire）的一份通讯："在（辛亥）革命以前，即 18 个月之前，本来有着很兴盛的，将海象牙制成烟斗、乐器的吹口、扇柄、扳指以及官员帽子上的孔雀翎管等物的加工业务；这些海象牙制品将运往北京，在那里染成类似于翡翠的绿色。然而，由于暴发了革命，有关海象牙制品的业务几乎丧失了活力。中国的海象牙制品需求大幅缩减，这项交易只限于制作纸烟嘴、牙刷柄和筷子了。海象牙的价格为每担（合133.33磅）280 ~ 400元港币；但是象牙则值每担700 ~ 1200元港币。这是因为象牙的用处更广，从而更加值钱。"

在此同时，美国驻香港的总领事安德森（G.E.Anderson）也向商业和劳工部报告说，对当地进出口公司和香港象牙商人经调查未能看到任何海象牙的进口，但是了解到大量象牙的进口，它们主要运往广州。

美国阿拉斯加朱诺（Juneau）港海关的一位收税员的报告说，在1913年，阿拉斯加直接运往中国的海象牙为4000磅，总价值1200美元；而从阿拉斯加运往美国的域外海象牙则为7763磅，总价值2717美元。朱诺官方不清楚后者的最终目的地是何处，但是认为这些海象牙的大部分是运往日本和中国的。当年运往中国的海象牙是由挪威的不定期货船"基特"号（Kit）载运的，发自诺母（Nome），前赴日本。阿拉斯加沿海与东方并无定期的直接航线，只是偶然有不定期货船来访各个码头，将货运往东方。

1924年，从阿拉斯加运往美国的齿牙为4854磅，总价值6602美元。这虽然包括了所有种类的齿牙，但是其中大部分为海象牙。事见美国朱诺海关税收员1925年1月19日的报告。

1923年，我在中国逗留期间，曾对北京和上海的象牙雕刻师做过一番调查。他们对海象牙非常熟悉，知道此物来自美洲；他们的店铺里都有这类样品，很乐意向我展示。在上海，古老的名称"鱼牙"依然在使用；而在上海和北京也都出现了一个新名称"鳅角"。在古代，"鳅"有大鱼之意。

　　日本人同样曾用——如今仍在使用——海象牙和角鲸牙（除了象牙）雕凿他们的"根付"（ねつけ）[1]和其他一些物品。18世纪末，船舶失事的日本水手们漂流到了阿留申群岛（Aleutian Islands），通过当地日本人的有点奇特，却又不会令人误解的描述，知道了海象这种生物。有时候，海象会因迷路而进入日本近海，因此，1890年左右，在津轻海峡（Tsugaru Strait）的函馆附近，人们捕捉到了一只海象；它当时肯定正从北方沿着南千岛群岛南行。

　　日本人称海象为"海马"，它的齿牙也就被称为"海马牙"。颇有意思的是，他们以前对海象的旧称为ヨーニコーン，亦即英文unicorn的音译，用汉字表达，便是"一角兽"。这一物品的交易反映在日本人与葡萄牙人及荷兰人的商贸清单中。初版于1714年的百科全书《和汉三才图会》谈及一对海象牙，说这是荷兰船舶从巴达维亚（Batavia，印尼首都雅加达的旧称）运来的；它们长6—7英尺，周长3—4英寸，与象牙很相似。

　　在日本日光市的寺庙库藏中，有一枚海象牙至今仍收藏在家光寺中。放置它的长方形盒子上刻有"蛮族角"的字样。据说，这枚海象牙是荷兰人在1671年赠送的。据桑伯格（C.P.Thunberg）[2]——他在

---

[1]　译注："根付（ねつけ）"是日本江户时代（1603—1868）用以悬挂随身物品的小卡子，意为"附着于末端"，即用于卡在腰带上，联结其他小物件；故汉文意译名或当为"根附"。根付上置有绳孔，以系绳并连结欲挂的小物件，如烟袋、钱夹、印笼等。这是身穿没有口袋的和服时的必需品，同时也是装饰品和艺术品，故出现了用珍贵材料海象牙制作的根付。

[2]　译注：桑伯格（Carl Peter Thunberg，1743—1828）是瑞典的博物学家。他在1770—1779年间，为了科学研究而到过法国、荷兰、南非、斯里兰卡、日本等许多地方，从事植物学和医药研究。他的两部名著是《日本植物志》和《日本动物志》。他的卓越成就使他获得了"南非植物学之父"和"日本的西药先驱"等称号。

1770—1779 年间曾到过世界各地——说，在他的时代以前，海象牙曾大量走私进日本，荷兰人从中获利甚丰，因为日本人认为海象牙具有种种医疗功效，从而愿意高价购买它们。

第四章

象牙的替代品

　　无论在古代还是现代，象牙的替代品都十分丰富。古人使用尼罗河中河马的牙齿作为替代品，它与象牙很相似。例如，鲍塞尼亚斯（Pausanias，约110－180）[1]曾谈及一座金质的得墨忒耳（Demeter）[2]塑像，其面部是用河马牙制成的。希伯来人称它为behemoth（意为"巨兽"；参看《旧约·约伯记》，第40章，第10节[3]），此名源自埃及文p-ehe-mau，意为"水牛"。我们已经看到，阿夫里尔（Avril）用这个希伯来词指称海象，甚至认为，mammoth（猛犸）一词也是通过behemoth的阿拉

---

[1]　译注：Pausanias是公元2世纪希腊的旅行家和地理学家，其著名作品为十卷本的巨著《希腊概述》（*Description of Greece*），该书根据其亲自观察研究所得的第一手资料，对希腊的10个地区做了详细描述，从而为古典文献与现代考古之间的联系提供了关键性的资料。

[2]　译注：Demeter是希腊神话中的农业、谷物和面包女神；宙斯的妻子或情人，为他生了女儿珀耳塞福涅（Persephone）。其形象通常被描绘成一位成熟女性，戴着由一束麦穗构成的冠冕或者多角冠（丰饶冠），手持火炬。

[3]　译注：劳费尔原将出处标为《旧约·约伯记》第40章第10节，但实际上《圣经》是在该章第15－24节专门谈论河马；兹抄录如次："且看河马，它同你都是我造成的。它像牛一样吃草。它的精力全在腰部，它的力量在腹部的肌肉。它挺起尾巴，好像香柏，大腿上的筋联结在一起。它的脊骨好似铜管，它的骨骸有如铁杠。它是天主的杰作，造它者只赐给了它利刃。群山供给它食物，百兽在那里同它游戏。它卧在莲叶之下，躺在芦苇和沼泽深处。莲叶的阴影遮蔽着它，溪边的杨柳掩护着它。河水涨溢之时，它毫不战栗；约旦河涨到它口边，它仍安宁。谁能在它目前捕捉它，或以木橛穿透它的鼻孔？"文见《圣经·旧约·约伯传（记）》，第40章，第15－24节，第833页，思高圣经学会（译释）《圣经》，香港，1968年初版，台湾，1980年四版。

伯文形式 mehemoth 的中介而形成的，亦即猛犸一词源自 behemoth。

　　然而，这并不意味着这个语源肯定是正确的。盖 behemoth 一词可能是被引申使用了，即，不仅仅用以指称猛犸，而也用于指称任何巨大而古怪的野兽，如河马。被希罗多德引用其文献的作家之一赫卡特斯（Hecataeus）[1] 是第一位描述河马的人。此兽是用鱼叉猎捕的，许多河马被活捉后送往罗马的斗兽场，用来和鳄鱼搏斗。河马的皮和牙齿都可以加工成某种制品。

　　阿拉伯作家，如马苏迪（Masudi）[2] 和达米里（Damiri）[3] 等，都曾谈及河马。此外，中国学者赵汝适在其成于 1225 年的著述中谈及埃及时，声称尼罗河中有一种水生马，经常从河里出来，啃食岸边的青草；但是一旦发现人类，便立刻潜入水中。[4] 马可·波罗说道，忽必烈大汗从他曾遣往非洲的使臣那里获得了"两枚野猪牙，每枚重达 14 磅以上。这得多大的野猪才能长有这么重的獠牙呀！他们说，那里确实存

[1]　译注：赫卡特斯（Hecataeus of Miletus，约前 550－前 476）是古希腊的史学家和地理学家。其著述有《世界游记》（*Journey Round the Earth*）和《历史》（*Historia*），惜乎只有残本留传至今。

[2]　译注：马苏迪（Al-Masudi，约 896－956）的全名为 Abu al-Ḥasan ʻAlī ibn al-Ḥusayn ibn ʻAlī al-Masʻūdī。他是阿拉伯史学家和地理学家，有时甚至被称为"阿拉伯的希罗多德"。他最著名的作品是《黄金草原》（*The Meadows of Gold and Mines of Gems*），此为阿拉伯文撰写的一部世界史，从阿丹、哈娃（亚当、夏娃在伊斯兰教中的名称）的创生之初直写到最近的阿拔斯王朝。马苏迪是将历史和科学地理融入同一部巨著的早期作家之一。

[3]　译注：达米里（Al-Damiri，1344－1405）的全名为 Kamal al-Din Muhammad ibn Musa al-Damiri。他是埃及的博物史和伊斯兰教法方面的专家。他的著名作品是《动物之生活》（*Life of Animals*），按字母顺序谈述了见于《古兰经》及阿拉伯传说、诗歌、寓言文献中的 931 种动物。20 世纪初，其书被全部译成英文。

[4]　译注：劳费尔在此所引之书即赵汝适的《诸蕃志》；所言"水马"之事见于《诸蕃志》卷上《勿斯里国》，相关的文字如下："（勿斯里国）有江水极清甘，莫知水源所出，……江中有水骆驼、水马，时登岸齧草，见人则没入水。"

在着犹如大水牛般的野猪"。玉尔（Yule）在其编撰的《马可·波罗游记》的注释中说道，这所谓的"野猪牙"无疑即是河马牙，是桑给巴尔（Zanzibar）的主要出口商品。[1]伯顿（Burton）说，它们重达 12 磅。

弗朗西斯科·卡勒提（Francesco Carletti）在 1594 — 1606 年间游历过美洲和远东，他的题为《推论》（*Ragionamenti*）的著述用意大利文撰写，1701 年出版于佛罗伦萨，非常有意思。该书谈到了果阿（Goa）的伊斯兰贸易，包括所谓的"海马牙"的进口，他将此物等同于河马牙。他还谈到另一种牙齿，同样的奇妙和珍贵，出自一种被称为"鱼女"（Pesce Donna）的鱼；之所以如此称呼，是因为此物形似人类。据说，这种鱼只有一颗牙，牙具有奇特的止血功效。人们对这类牙的珍视程度不亚于王冠和戒指，并视同被赋予同样功效的河马牙，不过后者的受珍视程度尚不及"鱼女牙"。

这种"鱼女"即是儒艮（Halicore dugong），亦即俗称的"美人鱼"，是为见于印度洋所有海域的一种鲸类。普林尼（Pliny）[2]和埃利安（Aelian）[3]都曾谈到过它。按照埃利安的记载，这类生物部分类似于萨

---

[1]　译注：劳费尔所说玉尔编撰的《马可·波罗游记》，即是 Henry Yule, *The Book of Ser Marco Polo, the Venetian: Concerning Kingdoms and Marvels of the East*, London, 1871。

[2]　译注：普林尼（Pliny the Elder, AD 23—79），著名的罗马作家、博物学家和自然哲学家。他一生中的大部分时间都花在研究和写作有关世界诸物及地理状况的书上；他最著名的作品便是百科全书《博物史》（*Naturalis Historia*）。该书共分 37 卷，几乎包括了他那个时代的全部知识；其资料则源自他亲身的体验、自己的旧作以及他人的著述。

[3]　译注：埃利安（Claudius Aelian，约 175 — 235），古罗马的作家和雄辩术教师，精通希腊语。他最有名的两部书是《动物特性》（*De Natura Animalium*）和《史事杂录》（*Varia Historia*）。前者共有 17 卷，包括博物简史；收集了动物世界的诸多现象，有时插入寓言式的道德说教，吸引读者思考人与动物的行为异同。后者共有 14 卷，是掌故、轶事、传记、格言、异俗、怪事等内容的综录，留下了令文化史家和神话学家惊奇的资料，以及众多著名希腊哲学家、诗人、史学家、剧作家等的轶闻趣事。

提尔（Satyr）[1]，部分类似于人类女性。对于此物，中国人也有类似的传说，他们相信，随着时间的推移，它的牙齿会演变成龙牙；在此情况下，它遂被称为"猪婆龙"。这种獠牙最初是经南海输入中国内地的，用以制作刀柄和扇柄。甚至，人们用化学药品将它处理后，还用以冒充象牙。

1912 年的第一季度，安特卫普（Antwerp）的齿牙销售量是 71 枚河马牙；第二季度则为 262 枚河马牙；第三季度销售了 97 枚河马牙。而 1911 年的某个季度曾销售了 12 公斤犀牛牙，这当是作为象牙的替代品售出的。

据说，有时候人们也用鲸鱼、鳄鱼以及巨大海鱼的骨头取代象牙，尤其是在安南（Annam）。他们将材料置于炭火的烟雾中熏灼，然后在阳光下轻轻擦拭，最后用新鲜烟草叶包裹住放置 24 小时。最终的摩擦揩拭能使之产生象牙般的外观，以及令人愉悦的黄色。中国也使用类似的骨头制作廉价的饰品，不过它们都一律染成粉红色，并且以"鱼骨"，而非"象牙"的名号销售。抹香鲸、海牛及其他海豹科动物的牙齿也曾少量地输入中国，如象牙一般使用。

在日本，海狮的大犬牙——其长度将近 4 英寸，并具有象牙般的匀称性——有时被用来雕琢成"根付"。西伯利亚东北部的科里亚克人（Koryak）也以同样的方式利用白鲸和熊的獠牙。

最后，我们也很佩服中国人，他们把假象牙委婉地称作"欧洲象牙"。

---

[1]　译注：萨提尔（Satyr）是希腊神话中的雄性精灵，有时也称西勒诺斯（Silenos）。在早期的希腊艺术中被描绘成半人半兽状貌，长着类似马（一称似羊）的耳朵、腿、尾巴。

第五章

象牙的制品

通过前文的探讨，我们已经很清楚，中国人在其漫长的历史时期中始终利用着象、猛犸、海象及角鲸的齿牙。通过图版一所示的古物，我们可以毫无舛讹地追溯这种象牙的源头至古中国出产的大象。我们不得不承认，在标志着古典时期结束、中世纪开始的汉唐时期（前202—906年），中国人曾经使用了来自本土广东、云南，及域外安南、柬埔寨、泰国、缅甸、印度的大量象牙。自10世纪以降，中国象牙的主要输入者是阿拉伯人，他们从爪哇、苏门答腊、印度以及非洲东海岸获取这些材料。如今，则主要从泰国、印度和非洲进口象牙，其中比重最大的当是非洲象牙。

按截止于1910年3月31日的年度财政统计数据，泰国出口的象牙为4301磅，价值8489美元；这被视作此前五年内出口总量的合理的年度平均数。这些象牙都获自驯象的自然死亡者，因为泰国是禁止通过狩猎获取象牙的。泰国饲养的驯象约达3000头左右。如今，从孟买也有大量象牙出口至中国。

中国使用猛犸牙的情况究竟如何？这是个难以解答的问题。据说，宁波的家具制作匠用它来镶嵌桌子。图版九的图3所示的书桌装饰，可能是一块猛犸牙。它呈深棕色和黄色，依然处于自然状态，只是底部被锯掉和抛光了。它的中国收藏者——我于1923年从他那里获得了此物——不能提供有关它的任何资料。

用海象牙制成的物件，通常包括梳子和挠痒器（"不求人"）之类，二者都保持着它们的天然色泽；此外，还有扇子柄（见黑石中国藏品部的扇子展品）、赌博用的骰子、耳环和其他用铜绿染成绿色的小饰物，以及最为重要的筷子。

一个相当奇特的现象是，虽然海象牙毛料的批发价低于象牙，但是它制成筷子后，在北京的售价却高于象牙筷。一双优质的象牙筷在中国的任何地方都只售 1.8 ～ 2 元（中国币制）；而一双染绿的海象牙筷——如展品柜中的上佳样品——在北京的零售价却要卖到 12 元，即使部分染绿的海象牙筷也要卖到 5.5 元。筷子是中国人的杰出发明，据称早在周朝就已经使用了。汉代的许多浅浮雕宴会场景都展示了筷子的使用，便是很好的例证。当其他许多民族还在用手指取食用餐之时，中国人就已首先制订了良好的餐桌礼仪。

图版九之图 1 所示者是一个小碟，同样是用海象牙制成，染成绿色，并在外圈雕刻涡形波，沿着边缘盘升至顶端。同一图版中的图 4 和图 5 则是用海象牙制作的两个蟋蟀罐盖。一个罐盖上雕刻的场景是：小船上站着一位挎篮的女子，正与坐在覆盖席篷的船舱里的一位男子谈话。另一个罐盖则分两层雕刻，绿色的上层为一只鸟，正展翅飞向鲜花盛开的李枝（可再参看下文）。

图版一所示的象牙古物已在上文谈及。日本的奈良正仓院藏有相当于中国唐朝时期的珍贵古物，例如用檀香木制作的棋盘，上面饰以象牙嵌条（见《东瀛珠光》，图版 72）；以及分别为红色和绿色的两枚象牙（同上书，图版 82 和 83）。大村西崖告诉我们道，8 世纪时的象牙被染成深红色、靛蓝色、绿色或其他颜色；在着色的表面上，未被染色的象牙部分才显露出植物图案。他声称，这种工艺后来已经失传，后世

不再使用。这种说法对于日本而言固然是属实的，但是在中国，这种工艺至少存留到清朝乾隆年间，因为我们见到这一时期的象牙鼻烟壶是采用同样的技术涂色的。

唐代中国人将象牙制品涂色的史实，可以证之以斯坦因（Aurel Stein）在敦煌遗址发现的象牙残片，它上面留有绿色涡卷形树叶的痕迹[见其《西域考古图记》（*Serindia*），第 779 页]。将象牙染成紫色的做法，在荷马时代就流行于小亚细亚[见《伊利亚特》（*Iliad*），IV，141]。夏威夷人将象牙与绿色的香蕉叶一起烟熏从而把象牙染成黄色。

蒙古人建立元代（1260 — 1368），统治中国，数年后（1263 年，即中统四年）即设立主要业务为雕刻象牙和犀牛角的犀象牙局。这种宫廷加工厂专为皇室提供需要镶嵌象牙的床榻、桌子、各种器物以及腰带饰物等；其工匠共有 150 名。[1]

又，17 世纪末，在清朝的康熙皇帝治下，北京的皇宫内也设立了制作象牙器物的加工场，与 26 处其他工场一起完成所有宫廷器用的加工制作。全国各地不同领域的优秀工匠被召集到都城北京。这些工场约持续了一个多世纪，在乾隆时代之后才予以撤销（1795 年）。目前，尚无可靠的证据表明某物是出自元代宫廷的制品；但是却有出自清朝乾隆内宫的真实器物，无疑是由这些工场制造的，例如图版八所示的扇子。

这是技艺高超且和谐优美的奇迹；它用龟壳边缘支撑着精细切割的象牙丝的编织物，再在上面铺设用象牙雕刻成的彩色的百合、牡丹、

---

[1]　译注：有关元朝"犀象牙局"的人员构成与职责，可参看《元史》卷 90《百官志六》："犀象牙局，秩从六品。大使、副使、直长各一员，司吏一人。掌两都宫殿营缮犀象龙床卓器系腰等事。中统四年置，设官一员。至元五年，增副使一员。管匠户一百有五十。"见《元史》第 2280 页，中华书局，1976 年。

紫菀及蝴蝶。扇柄也是用象牙制成，上面镂刻着彩色的花朵与蝴蝶图案。扇面中分杆上用琥珀雕刻圆形饰物；扇柄上方的饰物则是用蓝色翠鸟羽翎镶嵌的黄铜制作。我们从汉文古籍中得知，在汉朝和魏晋时代（公元 3 — 5 世纪），曾用象牙制作席子。上面所言象牙编织的扇子当可提供有关这类席子之编织技术的线索。约翰·巴罗（John Barrow）[1]曾在 1792 年访问中国，他谈及广州所产的高雅的篮子和帽子；它们都是用象牙薄片和羽管混合编织的，既轻巧又柔软，就像席草编制的篮子和帽子一般。

　　佩略洛格（Maurice Paléologue，1859—1944）在其《中国艺术》（*L'Art chinois*）中说道，中国的精美象牙制品极为珍稀，佛像雕刻即是最有意思的象牙制品。遗憾的是，这类雕像从未留下过艺术家的签押或印信，汉文古籍中也绝无象牙雕刻师的名字，致使后人对于该领域的艺术流派和工艺流程一无所知。

　　慈悲的女菩萨"观音"是雕刻师们最为喜爱的主题；尤其是用优美和简洁的线条刻画出她飘逸长衣的手法更使之增添了魅力。图版二之图 1 所示的雕像是赋予了生气和动感的造型杰作，展现了精神对物质的胜利。她的左手托着一钵，当是盛满了能够长生不老的琼浆玉液；她的

---

[1]　译注：劳费尔在此提及的巴罗，即是指 John Barrow（1764—1848），英国的政治家和作家，撰有许多著述。他曾作为马卡特尼勋爵（Lord Macartney）家族的审计员随英国首个赴华使团于 1792 － 1794 年前赴中国，嗣后撰写了许多有关中国的文章和书籍（仅为 *Quarterly Review* 撰写的短文就达 95 篇）。这里所说的广州的象牙编的篮子和帽子，便是其中国见闻之一。他关于东方的有名著作，包括 *Travels in China, Containing Descriptions, Observations, and Comparison, Made and Collected in the Course of a Short Residence at the Imperial Palace of Yuen-Min-Yuen, and on a Subsequent Journey Through the Country from Peking to Canton*（London, 1804）和 *A Voyage to Cochinchina, in the years 1792 and 1793*（London, 1806）等。

右手则轻握浸在钵中的柳枝，仿佛正要洒出琼浆玉液，布施给她的信徒们。她的脸庞优雅而神圣，显露出宗教热情。雕像的线条和长袍的褶皱十分精致优美，与其圣母的身份相匹配。

同样给人以深刻印象的是东方朔（见图版二的图2）；如我们在第二章开头提到的那样，他是一本奇妙著述《神异经》的作者。他生活在公元前2世纪，是一位文人、政治家，擅长谈论道家的神秘事物。他因拥有神奇的占卜智慧和超自然的能力而声名卓著；据说，他曾三次从天堂偷取三千年才成熟一次的长寿仙桃。他与汉武帝的关系十分密切，常以幽默之语供武帝谈笑取乐，从而博得"智者"的名声。这尊雕像使东方朔显得像个和蔼的老人，长着一副长胡须，额上有很深的皱纹，右手则执着一把芭蕉扇。这座雕像很灵巧地顺应了象牙的天然曲线。观音像和东方朔像都可以肯定地界定为明代的作品，二者都显现了暗棕色和深黄色的氧化层。

图版三所示者，是风格稍有区别的纯白象牙的僧人雕像，它显然是模仿了康熙时期（1661 — 1722）现实生活中的僧人。雕像很清楚地反映了这位僧人是在讲经，因为他的左手正握着一卷佛经。他像所有的僧人一样为光头，明亮而睿智的眼睛（用黑色勾勒出轮廓）、高耸的前额以及嗫动的嘴唇等，都向人们揭示出站着的这位是名副其实的佛门弟子，谦逊、端庄、诚实，充分领悟了他的信仰的真谛。

图版四和图版五所展示的，则是作为象牙雕像的另一主题的罗汉，即佛陀的杰出弟子。图版四所示的两尊罗汉显然是由乾隆时期（1736 — 1796）的同一位艺术家雕刻出来的。在风格和特征方面，它们都与该时代的罗汉画像极为相近。二像的头颅都很大，有着同样高耸的盔形头盖骨、圆凸的双眼、高挺的鼻梁以及浓密的胡须。

　　图 1 的罗汉一足踏在狮背上，象征着这位圣徒征服野兽的威力。其右手则持有一枝灵芝，确切地说，这是道家的标志。他的左手执有一柄拂尘，这是中国古代有关王权或地位的标志，通常用牦牛尾或椰皮纤维制成。拂尘的尖端正落在狮子的唇上，似有逗乐之意，狮子则向上望着它的主人。罗汉的颈中则挂着一串念珠。

　　图 2 所示是另一位罗汉，他的左足踩在一只三足蟾蜍的头上。这尊雕像所描绘的，是罗汉正在向其食钵中的一条龙祈祷，他右手的拇指和食指捏着其念珠上的一粒珠子，对着那条龙。

　　图版五所示为两组人物，每组为两位罗汉。每一对罗汉都雕刻在同一枚象牙上，其中包括整个基座。在第一组中，一位僧人把一颗龙头掷向他那惊恐异常的同伴；后者则突然中断了其拨数念珠和焚香的祈祷动作。另一组则刻画成一位僧人张臂紧勾着同伴的肩膀，并把一条蛇放到同伴的面前。后者吓得大叫起来，左足紧紧地踏在虎背上，而老虎则也感觉到了主人的激动情绪。两组牙雕的构思都极具戏剧性和感情色彩。

　　公元 484 年，扶南国王阇耶跋摩（Jayavarman）派一位印度僧人那伽仙（Nagasena）带着一封长信前赴中土朝见中国皇帝（南齐武帝），并献上许多礼物，如白檀像、象牙雕刻的佛塔等。[1] 菲尔德自然史博

---

[1]　译注：劳费尔所言的此事，可参看《南齐书》："永明二年（484），阇耶跋摩遣天竺道人释那伽仙上表称扶南国王臣陈如阇耶跋摩叩头启曰：'……今轻此使送臣丹诚，表所陈启，不尽下情。谨附那伽仙并其伴口具启闻。伏愿愍所启。并献金镂龙王坐像一躯，白檀像一躯，牙塔二躯，古贝二双，瑠璃苏鈝二口，瑇瑁槟榔柈一枚。'"见《南齐书》卷 58《东南夷传·扶南国》，第 1015 — 1016 页，中华书局，1972 年。顺便指出一点：劳费尔的英译文"an elephant carved from white sandal wood"意为"用白檀木雕刻的象"，与汉文史料不符。故疑他当时使用的汉籍版本为"白檀象"，从而被理解为"白檀雕刻的（大）象"而非"白檀雕刻的（佛）像"。译者认为，此处应以"白檀（佛）像"更为合理，故译如正文。

物馆有一枚出自暹罗的象牙印章，是由威克小姐（Miss C.Wicker）捐赠的。其形状为一座佛塔；至今，佛教僧侣仍然使用着这类印章。印章上的图案是位于诸多植物中的一只猫。僧人将猫视作神圣的动物，因为它们消灭毁坏圣书的老鼠。鉴于此，驯养的猫便被僧人引入了中国和远东的所有国家。

为了满足书生的美学需求，象牙雕刻师制作了配有象牙柄和象牙笔套的毛笔。书生也喜欢在背面雕刻花卉图案和彩色飞鸟的象牙量具，然而他们最喜爱的则是象牙笔筒，这是其书桌上最为雅致的装饰品。

这种笔筒是将象牙的中心部分掏空，做成圆形，并饰以从岩石上长出的梅树的浅浮雕图案，四周绕以竹叶（见图版六）；或者饰平浮雕的场景画，如图版七所示。图版七刻画了一位骑马人，他在黑夜中通过一个山口，后面跟着一位持旗者，还有一个男孩提着灯笼照亮山路。这个场景因松树与乌云的衬托而显得更为生动。文人的另一个追求是拥有饰以精美图案的象牙臂搁；而普通的臂搁则是用竹子制作的。此物置于书桌上，供书写毛笔字时承托前臂之用。

古代中国人最为之自豪的象牙器物，乃是官员面谒君主时使用的仪式性物件"笏"。如今见于展览的有从明代（1368—1644）流传下来的六种样本。它们是用早先在官方活动中具有突出作用的象牙雕刻而成的。在很古远的时代，它们是用竹子制作的，悬挂在腰带上，而腰带则是每个年轻绅士的服饰。此物作为备忘录记下一切需要注意之事。后世的某些时代，它们用象牙制作，保存在政府机构中，从而发展为官职地位的标识。

当高官上朝时，他们恭敬地执持着这样的象牙笏，双手紧握较阔的底部，较窄的上部则与口齐平，以使其呼吸之气不会喷到君主的脸上。他在笏上写下欲向君主禀报的事项，并记下君主的答复或指令。汉文古籍《礼记》中载有这样的话："（大夫）将适公所，宿斋戒，居外寝，沐浴。史进象笏，书思、对、命。"[1]

修士威廉·鲁不鲁乞（Friar William Rubruck）曾在 1253 — 1255 年间游历蒙古，他在游记中说道："当他们的主要使者来到宫廷时，他总是带着一块象牙的笏，这种笏约有一腕尺长，半手掌宽，而且非常光滑。他每次对大汗本人或对任何其他显要人物说话时，始终注视着那块笏，好像他在笏上可以看到他必须说的话似的，他既不向右看，也不向左看，也不看谈话对方的脸。甚至在他来到大汗面前和退出时，也是除了注视着他的笏外，从来不看其他地方。"[2]

唐代的象牙笏上部呈圆弧形，下部呈尖角状。六品和六品以上的官员都使用象牙笏，七品和七品以下者则使用竹笏或木笏。降及明朝，象牙笏的上下两端都作尖角状了，并只限于四品以上的官员使用；五品及以下官员则使用饰有彩色图案的木笏。清朝建立之后，官员们便不再使用笏。而在高丽，直到最近的时代仍使用这类笏。据说，袁世凯在其总统任期之末试图随着帝制的复辟而再度启用执笏之制，但是最终未能如愿。

在乾隆年间，深受中国人喜爱的腰带垂饰也用象牙制成，但是不

---

[1]　译注：语出《礼记》卷六《玉藻》，此据陈澔注《礼记集说》，第 166 页，上海古籍出版社，1987 年。

[2]　译注：这里的汉译文录自吕浦翻译，周良霄注释的 [英] 道森编《出使蒙古记》（中国社会科学出版社，1983 年，第 161 页）。然而，吕译原谓象牙笏"一手掌宽"。由于劳费尔的英文作 "half a palm wide"，且洛克希尔（W.W.Rockhill）译注的 *The Journey of William of Rubruck to the Eastern Parts, 1253-1255*（London: Hakluyt Society, p.154）也作了同样表述，故在此从之，作"半手掌宽"。

太常见。图版九的图6所示者被雕刻成所谓的"木鱼"形状，而"木鱼"则是佛教寺院内诵经时敲击以计时的一种木质乐器，其槌柄两端呈龙头之形。图版十的图3所示者是另一种垂饰，是为象牙制成的具有卷须和叶子的两个豆荚。图5所示则为纠缠在一起的两个男孩，但是他俩组合排列成浑然一体之物，从每个角度看都像是一个男童。图版九之图2所示是花篮状的香囊；它镂空成桃子和石榴形，并且做成两半接合在一起。在夏季，香囊中放满了香料，挂在衣服的前面。

在古罗马，人们将鹦鹉收养在金、银或象牙制成的鸟笼内（见Statius, *Silvae*, II, 4, 12）[1]，然而，这类鸟笼未见任何残迹存留到今天。我们见到了出自中国的象牙鸟笼，它完全用象牙竿构成，并且饰有许多微型象牙雕刻品。世界上没有其他民族比中国人更周详地考虑到其宠物生活环境的舒适，从而奢侈地赋予其生活环境最珍贵的物料和最精巧的制作。

中国人驯养蟋蟀有两个目的，一是欣赏其悦耳的鸣叫声，一是训练它们交战搏斗。斗蟋蟀是一项参与者众多的活动，优胜者将能获得巨额的收益。在北京，有一种专门的蟋蟀罐护养这些昆虫过冬。许多蟋蟀罐都有精美的装饰，并配有精雕细琢的玉质或象牙盖。图版十所示者便是五种这样的蟋蟀罐盖。其中，图1所示是李花与两只鸟的组合，采用雕镂工艺。图2所示是树叶和卷须的组合，并有一只蝴蝶。图5所示的罐盖的顶部是三头全身的狮子，形成首尾相接的圆圈形，正在戏弄中央的一个球；较低的一圈则饰以一排牡丹和叶子。图6所示的罐盖上布满

---

[1]　译注：*Silvae* 是公元1世纪的罗马诗人斯坦提乌斯（Publius Papinius Statius, 45-96）的作品之一。此为拉丁文诗集，共收载32首诗，分5卷；每卷都有前言对本卷作一简介。诗的主题很多，涉及的知识面很广，从而提供了在作者生活时代的罗马的丰富信息。

了花卉组合图案。图 7 所示的罐盖上则饰以双龙戏珠。

自从欧洲人与中国人接触交流之后，后者的象牙扇获得了无限的赞美。约翰·巴罗（John Barrow），1792 年前赴中国的英国使臣马戛尔尼（Macartney）勋爵的私人秘书，对此物有着很有意思的记载：

在一切手工操作的艺术中，似乎获得最高程度完美性的便是象牙雕刻。在这方面，中国是无与伦比的。在艺术和制造业的巨大温床伯明翰，人们曾经试图用机器雕刻类似中国货的象牙扇和其他物件，虽然制品十分精巧，却也至今仍未成功地达到很高的水平——足以制造出能与中国货媲美的产品。精细的雕镂工艺在中国扇子上展现示出来的极度美感，绝非其他器物所及。扇骨似乎全是用手工一根一根加工的，任何所需的图案，如盾徽或符号，都可以被出神入化地雕刻在上面。其中两根外侧的扇骨充分使用了醒目而鲜明的加工方式，以至令人感到，除了用手工操作外别无它法。在广州，花上五到十元西班牙币，可以买到这类象牙扇中的最为完美者。[1]

在东方的许多国家里，象牙床是非常显著的特色品。生活在公元前 3 世纪的孟尝君是齐国的宗室大臣，因其大方好客、挥金如土而闻名于世。他拥有食客三千，他们的鞋上都缀有珍珠。至于孟尝君本人，则有一具象牙床，后来送给了楚王。

---

[1]　译注：对于这段文字，劳费尔并未注明具体出处。但是比照巴罗的原著，当为 John Barrow, *Travels in China*, chapter VI, "Language, Literature, and the Fine Arts, Sciences, Mechanics and Medicine", p. 308, London, 1804。

在南朝的梁代（502 — 557 年），有人同样以极度的奢侈著称：他有一张床，镶嵌着象牙、黄金和白银。据唐代历史记载，爪哇的君主和民众都有象牙床；印度亦然，其床榻和椅座都镶嵌象牙。葡萄牙的旅行家 Duarte Barbosa 在谈到坎巴亚 [Cambaya，今坎贝（Cambay）] 时写道："这里用大量的象牙制作灵巧的器物，诸如手镯、剑柄、骰子、棋子和棋盘等。该城拥有许多技艺高超的工匠，专门制作这类物品。他们巧妙地加工出象牙床架，还有各种各样的珠子，黑色、黄色、蓝色、红色以及其他颜色的珠子。这些器物被运至其他各地。"如今，浙江宁波仍在制作镶嵌象牙的木珠。

鸦片吸食者对于象牙怀有特别的敬意，因为他有可能使用过装有象牙咬嘴的烟枪以及收纳鸦片的象牙烟盒（参看 Leafet 18, pp. 24, 35）。他还可能有一把象牙小铲，用来取用盒子里的鸦片丸。最后，他还可能崇拜用象牙雕成的"鸦片神"像（参见 A. de Pouvourville, *L'Art indo-chinois*, p. 189）。鼻烟壶也有可能用这种材料制作，并雕刻或绘制上一些图案。

象牙雕镂的同心球（象牙套球）极具魅力，至今在广州仍有制作。此物早在 14 世纪就为世人所知，称为"鬼工球"。传说宋代诸帝的皇宫中设有加工此物的场所。这是在一个球内雕镂出另一个可自由转动的球，再在里面的球内雕出另一个球；如此层层雕镂，可多达数十层。如今已经很难见到上佳的古物，现代制品都旨在销往国外市场。

在古代印度，多用象牙制作国际象棋和双陆棋的棋子，可参见马苏迪（Masudi）发表于 983 年的著述。中国人用象牙制作棋子（见上文图 13）、骰子、麻将牌，以及从其衍生而来的其他许多物品。人们对于麻将的狂热投入，导致了几乎所有可用的象牙材料都被用来制作与麻将相关的物品，这扰乱了整个象牙加工业，很不幸地阻止了艺术性牙雕的发展。

中国象牙加工业的主要分布地区是广州、厦门、上海、苏州和北京。通常，象牙制品都是在同一家店铺里制作和销售的。如今，人们更喜爱纯白色的象牙，而广州的工匠们则已成功地掌握了消除象牙的黄色，使之恢复原始状态之洁白和光亮的技术。另一方面，也有许多方法用以加深象牙的黄棕色泽，使之显得颇为古旧。例如，将象牙置于烟草或茶叶的汤液中，或者用焚香的烟雾熏炙。

至少在百年甚至更长的时间里，广州一直为满足外国人的嗜好而制作了大量象牙产品，以供出口。尽管许多象牙制品都是高超工艺、出色技术和创造性思维的奇妙产物，但是它们依然缺乏艺术的思维和光彩；象牙雕镂的同心球（"鬼工球"）以及船舶、房屋、庙宇、宝塔等的模型均属此类。其他的象牙物件，如胸针、项链、杂物盒等，对于中国人来说则完全是陌生的，它们全都销往欧洲或美洲市场。当然，我所说的这些象牙制品绝对不包括菲尔德自然史博物馆的象牙藏品，而只是选择了由中国人制作和使用的那些产品。

参考书目

Beveridge, H.: *The Emperor Jahangir's Treasures of Walrus and Narwhal Ivory* 贾汉吉皇帝的海象牙和角鲸牙宝库 .Indian Magazine, February, 1914, pp 37–39.

Bishop, C.W.: *The Elephant and Its Ivory in Ancient China* 古中国的象与象牙 . Journal of the American Oriental Society, Vol.XLI, 1921, pp. 290–306.

Dawkins, W.Boyd: *On the Range of the Mammoth in Space and Time* 论猛犸的时空范围 . Quarterly Journal of the Geological Society, 1879, pp. 138–147.

Howorth, H.H.: *The Mammoth and the Flood* 猛犸与大洪水 . London, 1887.

Kunz, G.F.: *Ivory and the Elephant in Art* 艺术中的象与象牙 , in Archeaology and in Science.New York (Doubleday, Page and Company), 1916.

Laufer, B.: *Arabic and Chinese Trade in Walrus and Narwhal Ivory* 阿拉伯与中国的海象牙和角鲸牙贸易 . T'oung Pao, 1913, pp. 315–364, with Addenda by Pelliot, pp. 365–370.

Supplementary Notes on Walrus and Narwhal Ivory 海象牙与角鲸牙

补注 . T'oun Pao, 1916, pp. 348–389.

Sino—Iranica 中国伊朗编 , pp. 565–568 (with special reference to Persia).

Rull, R.S.: *The Evolution of the Elephant* 象的进化 . Yale University, Peabody Museum of Natural History, Guide No. 2, reprinted from the American Journal of Science, Vol. XXV, 1908.

Lydekker, R.: *Mammoth Ivory* 猛犸牙 . Annual Report of the Smithsonian Institution for 1899 (Washington, 1901), pp. 361–366.

Mayers, F.W.: *The Mammoth in Chinese Records* 汉文记载中的猛犸 . China Review, Vol. VI, 1878, pp. 273–276.

Ranking, J.: *Historical Researches on the Wars and Sports of the Mongols and Romans: in which Elephants and Wild Beasts were Employed or Slain.And the Remarkable Local Agreement with the Remains of such Animals Found in Europe and Siberia.London* 蒙古人与罗马人之战争和体育运动的历史研究：象和野兽在其中的使用和宰杀；与在欧洲和西伯利亚发现的此类动物之遗骸有着惊人的方位一致性 . London, 1826.

Watt, G.: *Indian Art, at Delhi* 德里的印度艺术 , p. 173, Calcutta, 1903.

The Commercial Products of India 印度的商贸物品 , pp. 695–699, London, 1908.

图　版

图版一　古代牙雕（周代）

图版二　象牙雕刻的观音像和东方朔像（明代）

图版三　牙雕僧人像（清代康熙年间）

图版四　牙雕僧人像（清代乾隆年间）

图版五　牙雕僧人像（清代乾隆年间）

图版六　饰有浅浮雕的象牙笔筒（清代乾隆年间）

图版七　饰有平浮雕场景的象牙笔筒（清代乾隆年间）

图版八　宫扇，用象牙细线编织，
并饰以着色的牙雕花卉（清代乾隆年间）

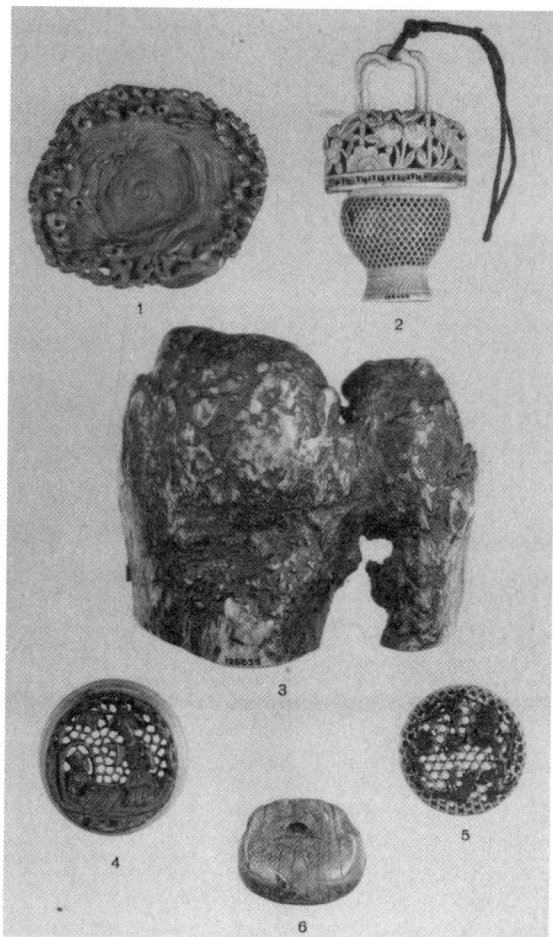

图版九　1，海象牙盘；2，香笼（乾隆年间）；3，猛犸牙的桌面装饰；
4 和 5，海象牙的蟋蟀罐盖；6，腰带垂饰（乾隆年间）

图版十　1、2、4、6、7，象牙的蟋蟀罐盖；

3、5，象牙的腰带垂饰

东方绿松石考释

Notes on Turquois in the East

目 录

本部分汉译本的排序略异于原著。盖因英文版的末尾有一节"附注"（Additional Notes），包括两大部分：一是对正文的某页或某注的追加解释；二是对日本相关宝石的简要考释。为了尽量厘清眉目，删繁就简，汉译本将追加的许多注释分别插入正文中的相关各处，并名之曰"补注"。至于"附注"中对日本宝石的简要考释，则置于正文的三章之后，题为"附论"。

此外，对于原书中少量的地名、人名、引文等以及个别舛讹，译者认为有必要作进一步解释或者纠正的，则以"译注"形式予以补充。

最后，原书将彩色的图版置于全书之首，汉译本则将其移至书末所附"图版"栏，统一编排。

汉译者

序 言

　　1911年4月，华盛顿美国国家博物馆的矿物学家波格博士（Dr. Joseph E. Pogue）要求我与他合作，撰写一部范围广泛的论著，他考虑从矿物学、历史学和人种学的角度探讨绿松石。我在下文所列的注释和考证，最初是打算以附录的形式刊于波格博士拟出版的著述中的（我知道，那本书至今仍属纯粹的手稿），然而，作者无法控制的不利的客观环境却使这一研究著述的出版在最近两年不幸被搁置了起来；并且，最近赴阿拉斯加的官方任务又使他在相当一段时间内无法再积极投入这项研究。因此，我本拟附在他书中的这部分文字就只能以单独的形式发表了。

　　我明白，只有波格博士深入研究的专论才能为我这些考释提供适当的背景和视角。我曾经吁请博物学者和东方学者的合作（见Science，1907，p.894），而如今则令人满意地看到，我们已经朝着这个方向先行一步了；并且，我们将在下文看到，东方研究也能为自然科学揭示出尚未为我们所知的新的和并非不重要的事实真相。中国西藏和内地之绿松石的情况，便在更高程度上，即绿松石在这些地区的历史和文化中的地位方面，为矿物学者提供了他们迄今尚未了解的那部分知识。

　　然而，唯有合拍的动作和协调的合作才能导致积极和持久的成果。东方学者需要博物学者，就像后者同样需要他一样。当东方学者的爱好把他导向亚洲时，他会获益于博物学者提出的诸多问题，而这些问题的答案将具有重大的考古学意义。我们有关中国和中亚的矿物学知识很不令人满意，所以我们十分期望矿物学家的眼光不再被巴拿马运河与苏伊士运河局限；在这二者之间有着广阔而大有前途的地域。下文的第三章简要地展示了矿物学者协助亚洲考古事业的前景。

　　本书使用的各种资料得益于各位学者的支持。我要感谢夏德博士（Dr. Friedrich Hirth），纽约哥伦比亚大学的中文教授；还有我的朋友伯希和（Paul Pelliot），巴黎法兰西学院的教授；以及基尔大学的雅各布（Georg Jacob）教授、海德堡大学的鲁斯卡博士（Dr. Julius Ruska）。对于这些先生的热情帮助，我在每个具体场合都会清楚地予以说明。

伯托尔德·劳费尔

第一章

印度的绿松石

古代的印度人似乎并不了解绿松石，[1] 他们也没有绿松石的最早名称。梵文 *peroja*（亦作 *perojā*、*pīroja*）或者 *perojana* 乃是相对说来较近的中世纪的借词，源自新波斯语 *ferozah*（较古的形式为 *fīrūzag*）；[1] 由此也产生了俄文词 *biruza*，以及亚美尼亚语 *piroza*。[2] 而梵文名称 *haritāçma* 则是一个复合词，意为"绿色之石"。专门谈论宝石的较早的梵文著述并未提及绿松石。无论是印度僧人佛陀跋他（Buddhabhaṭṭa，约 6 世纪以前），还是印度占星家维拉哈米拉（Varōhamihira，505—587 AD），都未曾在各自的著述中提到绿松石；前者的著述为 *Ratnaparīkshā*，意为《宝物鉴赏》[3]，后者的著述则名 *Brihatsaṃhitā*。阿迦斯提（Agasti）用诗的形式谈论宝石，书名为 *Agastimata*，另一本很晚的书名为 *Ratnasaṃgraha*；两书都专用一诗描述绿松石。[4] 前一著述的成书时间，至今未能获得令人满意的确认，但是内在证据则使人倾向于认为在公元 6 世纪之后；成于 13 世纪的一部作品与此同名，按其现有的文本看，

---

[1]　补注：指称绿松石的波斯词 *ferozah* 或 *firozah*（*firūza*）意为"胜利的"，源自 *feroz* 或 *firoz*，意为胜利、胜利的、成功的等（例见 Johnson and Richardson, *Persian-English Dictionary*, ed.by Steingass, p.944）。阿拉伯矿物学家 al-Akfānī 也将绿松石的波斯名的含义解释为"胜利"（见 Wiedemann, *Zur Mineralogie im Islam*, p.225）。此外，al-Ta'ālibī 的意思也与此相仿（同上引书 p.242）。龙朵喇嘛划分的五类绿松石中的第一类称为 *zil-gnon gyu spyang*，也暗含了这种观念：该名的第一个元素意为"战胜""征服"（参看 Chandra Das, *Tibetan-English Dictionary*, p.1152）。

十之八九撰于十分晚近的时代。

更具重要性的，是由纳拉哈里（Narahari）撰写的一本矿物学小册子，题为 *Rājanighaṇṭu*；他是一位来自克什米尔的医生，其生活年代不会早于 15 世纪初。按纳拉哈里所说，上文提到的两个名称是用来区别两类不同宝石的，或指呈灰色者，或指呈绿色者。他评论道，绿松石具有止血功能，并有甜味，且是极佳的开胃首选药；绿松石可以迅速地化解百毒，无论是植物性毒素还是矿物性毒素。此外，它还能缓解因着魔和其他令人厌恶的感染而导致的痛苦。[5] 因此，十分可能的是，印度人是经由波斯人的传播才获得了绿松石；似乎同样极具可能性的，是有关绿松石之医药性能的信仰至少部分源自伊斯兰教的传说。[6]

威德曼（E.Wiedemann）翻译了阿拉伯旅行家比鲁尼（al-Berūnī）的一篇有趣的文字[7]，我们从中得知，波斯绿松石确实曾从波斯出口至印度，因为这位阿拉伯作者在解释 *fīrūzag*（绿松石）一名时指出，伊拉克人喜欢表面光洁的宝石，而印度人则更喜欢具有凸面者。[8] 这即是迄今所见有关印度存在绿松石的最早证据。

伟大的商人和旅行家塔弗尼尔（Jean Baptiste Tavernier，1605 — 1689）所提供的证据进一步确认了"印度不产绿松石"的事实。他作为一名商人和宝石专家，多次游历印度，从而非常熟悉该国的风俗、物产。他在其《行纪》[9]的第 19 章写道：

> 绿松石只产于波斯，获自两个矿区。一个称为"老岩"（the old rock），距梅舍德（Meshed）西北方三日程，在大城尼查堡（Nichabourg，即 Nīshāpūr，尼沙普尔）附近。另一个宝石矿名为"新岩"，距梅舍德五日程……

假如在印度确曾有过绿松石矿，那么塔弗尼尔必定会知道它们的情况。因此，形形色色的现代旅行报告有关中国西藏的绿松石从印度进口的说法，便意味着印度的绿松石是从波斯进口的。

鲍尔（Max Bauer）还声称，印度、缅甸、锡兰（斯里兰卡）不产绿松石；[10]但是他并未注意到中国的西藏和汉地绿松石的情况。

阿布勒法泽尔（Abul Fazl Allami，1551—1602）在其描述皇帝阿克巴（Akbar）之历史的著述中列数了皇帝宝库中的宝石，其中包括红宝石、钻石、翡翠及珍珠等，却唯独不见绿松石。[11]似乎各地的民众都以绿松石作为装饰品，但是却未见皇室成员有任何绿松石饰品。[12]

在印度的现代珍宝中，绿松石在某种程度上与珍珠、红宝石、钻石、蓝宝石、黄宝石及翡翠一起使用，镶嵌在银质或金质基座中。[13]

注释

1 我们使用的"绿松石"（*turquois*）一词源自法文 *turquoise*，古法文作 *tourques*，意为"土耳其石"（Turkish stone，亦作 Turkey-stone 或 turky-stone）。这并不是因为这种宝石产于土耳其（Turkey），而是因为最有名的源自波斯的一种绿松石最初是经过土耳其抵达欧洲的。似乎是威尼斯人最早引进了绿松石（意大利语称 turchese），当然，也有用玻璃仿制的绿松石。

绿松石的拉丁语名称为 *torcois*、*turcosa*、*turchina* 或 *turchesia*。神圣罗马帝国皇帝鲁道夫二世（Rudolf II, 1576—1612 在位）的宫廷医生 A.Boetius De Boot 声称："此名著称于世界各族，而我们所用之名则源自土耳其人。"（见 A.Toll ed., *Gemmarum et lapidum historia*, p.265, Lugduni Batavorum, 1636）另外一些人认为，此宝石名之所以包含"土耳其"之名，并非含有明确的地理概念，而只是含糊地表示此石"来自东方"（见 O.Schrader, *Reallexicon der indogermanischen Altertumskunde*, p.153, Strassburg, 1901）。确实，"土耳其"一名长期以来始终是个含义不明的词汇，有时几乎具有"陌生的"意思；甚至，它将两种北美的产物与欧洲联系起来：一是北美的鸟，一是玉米，因为后者有时被称为"土耳其小麦"（Turkish wheat）。

不管怎样，土耳其人肯定是了解绿松石的，尤其是被波斯人称为 *firuze* 的波斯绿松石。按照雅各布教授（Prof.Georg Jacob）的一封书信，有关矿物学的一部土耳其著述描述了绿松石，此书由 Jahjà Ibn Muhammad al-Gaffārī 撰于 1511—

1512 年，其手稿藏于莱比锡（见 *Catalogue of Fleischer*, p.508, No.265 ）。它区分了五种主要的绿松石，即：尼沙普尔（Nishapuri）、加兹尼（Gaznewi）、伊拉克（Ilaqi）、起儿漫（Kermani）和花拉子模（Khārezmi）。第一种是来自波斯著名的尼沙普尔的绿松石，被认为是最有价值的一种，它坚硬、精美，且色泽持久。该书中谈到了各种各样的绿松石，并提供了伊斯兰历史上著名绿松石的相关报告。

莎士比亚剧作《威尼斯商人》的第三场第一幕有 *Turkies* 一词；诗人 Tennyson 坚持使用旧字形 *turkis*（中古英语作 *turkeis*，等同于德语 *türkis*、中古高地德语 *turkoys*、*türkīs*；在 17 世纪作 *turkes* ）。绿松石一词通常的英文拼写与法文一样，作 *turquoise*（以前也写作 *turcois* 和 *turkois* ）。在美国，科学书写体系通常都采用 *turquois* 的拼写法。

2 在此不拟讨论波斯的绿松石，因为波格博士将在他的论著中谈及。然而，本文的研究却必须触及这个专题，因此，下文将有若干简注对此略作说明。

3 对此文，Louis Finot 曾有编辑和翻译，见 *Les lapidaires indiens*, Paris, 1896。

4 见 Louis Finot，同前引书，第 138、197 页。

5 参见 R.Garbe, *Die indischen Mineralien*, p.91, Leipzig, 1882。该书在导言中推算纳拉哈里著述的成书时间在 1235—1250 年之间。承蒙加布（Garbe）教授厚意，他告诉我说，他如今得出的结论是：此书成书时间不可能早于 15 世纪。因此之故，绿松石之出现在印度当晚至中世纪，此时已是伊斯兰化时代。出自矿物学文献的证据获得了印度医药书籍的证实。被认为成书于公元 450 年的著名的《鲍尔手卷》（*Bower Manuscript*，刚由 A.F.R.Hoernle 博士完成了出色的编辑和翻译，加尔各答，1893—1912 年出版）未谈及绿松石，也未谈及印度的古代医生。鉴于这个原因，J.Jolly 的《印度医药》（*Indische Medicin* ）未对绿松石作注。

《厄立特里亚海航行记》（*Periplus Maris Erythraei*，由无名氏撰写于约 1 世纪下半叶的一部希腊文著述；确切的成书时间约在 85 年左右，参看 J.F.Fleet 最近有关该书撰写时间的讨论，载 *Journal Royal Asiatic Society*, 1912, pp.784-787）声称，绿松石是从印度巴巴里贡港出口的。W.H.Schoff 先生在他对《厄立特里亚海航行记》的最新译著中十分肯定这个观点，并且解释道："《航行记》提到 *Callean* 石，似乎即是普林尼所说的 *callaina* 石（XXXVII, 33），它们来自'印度背后的诸地'，或者更确切地说，是呼罗珊（Khorassan）。他描述的这种宝石，相当于我们所说的绿松石。"（见 *The Periplus of the Erythraean Sea*, pp.38, 170, London, 1912）

然而，这个观点只不过是纯粹的假设罢了。首先，如 Lassen 业已指出的那样（见 *Indische Altertumskunde*, Vol.III, p.14, Leipzig, 1858），《航行记》中的 *kalleanos* 是否即普林尼所说的 *callaina*，是有疑问的。因为普林尼所说的宝石被发现的地点，距离印度太过遥远，因而不太可能在印度河的港口巴巴里贡（Barbaricon）出口宝石。其次，作者所推测的普林尼所说的 *callaina* 或 *callais* 即绿松石的假设仅仅是一种很不可靠，乃至非常不可能的猜想。即使有十几个或者更多的人来重复这个说法，它也决不会变成事实。普林尼对这种宝石的模糊的"描述"（XXXVII, 110-112, 151），不能确切地证实它即是绿松石，因为它丝毫没有展示出绿松石的主要特点，而且这些描述也适用于其他许多宝石。"浅绿色"和"通体污垢"绝不符合波斯绿松石的特征，相反，它是以深蓝色和洁净闻名的，绿松石也并非翠绿色。至于普林尼所说的这种宝石的产地，也不利于将它确定为绿松石。斯科夫（Skoff）先生所说的呼罗珊（Khorāsān，实际上普林尼并未提到此名，而只提到 Carmania）只是他为了支持自己的观点而生造的一个"证据"。

假如普林尼知道绿松石的矿区在呼罗珊，那么他必定会清楚地说明这个事实，毫不掩饰地指向波斯或那个特定的地区。然而，没有任何古典作家拥有关于波斯绿松石的知识，也没有任何证据能够证明绿松石从波斯运往了希腊和罗马。印度的传说毋庸置疑地显示，波斯的绿松石，无论是其名称还是作为一种物品，都是晚至伊斯兰化时期才出现在印度的，考古证据进一步支持了这个结论。在印度进行的足够多的考古工作使我们可以肯定地声称，在古墓中尽管发现了大量的宝石，但是却未见到哪怕一颗绿松石。例如，皮佩（W.C.Peppé）在皮普拉瓦（Piprāvā）的释迦牟尼墓地发现的珍宝包括玛瑙、贝壳、紫晶、黄玉、石榴石、珊瑚、水晶等，却未见绿松石（见 W.C.Peppé, *Journal Royal Asiatic Society*, 1898, p.573; Rhys Davids, ibid., 1901, p.397; G.Oppert, *Globus*, Vol.LXXXIII, 1903, p.225）。

　　我们在下文将看到，中国对于波斯绿松石情况的了解也与此类似：尼沙普尔宝石、起儿漫宝石晚至中世纪才为中国人所知，当时已是 14 世纪的蒙古时代。因此这清楚地表明，印度和中国在这件事上的高度吻合绝非仅属巧合，而是阿拉伯人于 642 年征服波斯之后，将波斯绿松石传入了印度和中国。另外一个事实也十分肯定：直到这个时期，波斯的绿松石才开始征服世界市场。所以，没有任何理由将《厄立特里亚海航行记》所说的宝石解释为波斯宝石或者其他绿松石。最好的推测是，承认《厄立特里亚海航行记》中的希腊词是一个印度词的转写（参看 J.Bloch, *Mélanges Sylvain Lévi*, p.3, Paris, 1911）：可能是梵文 *kalyāṇa*，义为良好、精美、优秀等，是金子的属性之一（参看 R.Garbe, *Die indischen Mineralien*, p.33）；或者是 *kalyāṇaka*，它用来指称药物（也可比照 *kalyāṇī* 和 *kalyāṇīkā*，义为红砷）。

　　6 另一方面，也不要忽视这样一个情况：阿拉伯人感兴趣的以及后世仍然流传在欧洲的有关绿松石的某些观念，并不见于印度和中国西藏。这些观念包括使用绿松石作为治疗眼疾的药物，以及用以防治蝎子的刺螫。后者最初见于公元 1 世纪希腊医生 Dioscorides 的著述中。可参看 L.Leclerc, *Traité des simples par Ibn ol-Boithar*（1107-1248），Vol.III, p.50; *Notices et extraits des manuscrits* de la Bibliothèque Nationale, Vol.XXVI, Paris, 1883; J.Ruska, Das Steinbuch des Aristoteles, p.152, Heidelberg, 1912; Boetius de Boot, 同上引书, p.270。

补注: 我们无法理解 Dioscorides 会拥有绿松石的知识, 因为他既未谈及它(同时代的普林尼的情况与之相同), 也未提及可以解释为意指绿松石的任何名称。在其 Materia Medica 的第 157 章中, 他谈到了 sappheiros 即天青石, 并说道, 用此石料作为药剂可治蝎子叮咬(参看 F.de Mély, Les lapidaires grecs。 Traduction, p.24, Paris, 1902)。直到中世纪 Ibn al-Baiṭār 的阿拉伯文著述 Dioscorides 中, 这一说法才被移植于绿松石。

7 题为 über den Wert von Edelsteinen bei den Muslimen, 载 Der Islam, Vol.II, 1911, p.352。

8 "绿松石源于印度"的观念以前曾流行于欧洲, 因为当时欧洲的绿松石曾从印度进口。这便是 Franciscus Ruёus 的观点(见 De gemmis aliquot, p.54b, Tiguri, 1565)。然而, 从印度出口的绿松石实际上却源自波斯。

9 V.Ball 的编辑版, Vol.II, p.103, London, 1889。

10 参看 Precious Stones, p.397, London, 1904。G.Watt 根据《印度地质学手册》(Manual of Geology of India)说道: "印度是否存在真正的绿松石, 是颇可怀疑的。Prinsep 先生根据 Ajmir 之铜矿石上的蓝色条纹, 推测那里可能发现了绿松石。接着, Irvine 博士报道说, 用这一探测方法得知那里存在着绿松石矿。然而, 据 Ball 之见, 所谓的 Ajmir 绿松石只不过是蓝铜矿石而已。"(见 A Dictionary of the Economic Products of India, Vol.VI, p.204, London, 1893)

11 参看由 H.Blochmann 从波斯文英译的 The Ain I Akbari, Vol.I, p.15, Calcutta, 1873。波斯文原著发表于 1597 年。

12 9 世纪时, 阿布赞德(Abu Zeid)在其阿拉伯文著述中说道: "印度诸国的国王有佩戴耳坠的习惯, 由嵌金的宝石制成。他们也戴项链, 用红色、绿色的优质宝石制成。然而，他们更为重视的是珍珠，这才是他们极为垂涎的珍宝。它们如今构成了诸王的宝库，是他们的主要财富。"（见 M.Reinaud 的法译本 *Relation des voyages faits par les Arabes et les Persans dans l' Inde et à la Chine*, Vol.I, p.151, Paris, 1845）

13 参看 G.C.M.Birdwood, *The Industrial Arts of India*, Vol.II, p.25。在菲尔德自然史博物馆（Field Museum）的希金博特姆（Higinbotham）珍宝收藏室，有几件精美的印度珠宝样品使用了绿松石，由纽约的 Lucknow de Forrest 从印度收集而来。瓦特（G.Watt）指出，绿松石主要被印度本地人用于首饰上，但他们恐怕更普遍地是使用赝品而非真货。我不否认印度会出现绿松石赝品，但是我不相信会普遍地使用赝品。

除了上引矿物学著述外，据我所知，在任何其他梵文文献中尚未出现过指称绿松石的词汇。7 世纪苏班都（Subandhu）所撰的梵文传奇 *Vāsavadattā*（L.H.Gray 译, pp.85, 109, *Indo-Iranian Series*, Vol.VIII, New York, 1913）谈到一条项链，其上有珍珠、蓝宝石、翡翠、红宝石、钻石以及其他宝石，却没见到绿松石。显然，绿松石在这类组合中只是后期的外来闯入者，异于印度的艺术品位。

补注： 有关绿松石传入印度的年代，可通过梵文佛教辞典《翻译名义大集》（*Mahāvyutpatti*）提供的一条证据得到更为精确一些的认定（见 Th.Zachariae, *Die indischen Wörterbücher,* p.39）。该书中这条梵文内容的藏语译文收载在藏文的《丹珠尔》（*Tanjur*）中（*Sūtra*, Vol.123）。在《翻译名义大集》的卷 235 中，作者罗列了一些宝石名称，而绿松石的名称 *peroja* 则未见于其中（参看 Minayev and Mironov, p.77, St.Petersburg, 1911），这与佛教文献未谈及绿松石的事实确切吻合。因此，我们可以得出结论：在佛教传入中国西藏的 7、8 世纪，绿松石尚未为印度人所知；而与此同时，藏族人却早已普遍地了解和欣赏绿松石了。所以，中国西藏地区有关绿松石的知识并非来自印度。我们所预期的梵、藏对应词

peroja=gyu 并不存在于辞书文献中。如上文所言，有关印度绿松石的最早历史证据只存在于佛教之后或伊斯兰化时代的比鲁尼（al-Bērūnī）的著述中；甚至，即使在他的时代，绿松石也不可能非常普遍地见于印度，因为绿松石在那时尚未进入印度矿物学者的视野。

第二章

中国藏地的绿松石

正如玉是中国汉族人公认的珍宝一样，绿松石也是中国藏族的标准宝石。在汉族人眼里，玉并非石，而是别具一格的独特品种，譬如，宝石商贩经常使用的一句口头禅便是"是玉，不是石头"。[1]

若当面对藏族称绿松石为"石"，那么就是在冒犯他，他会愤怒地大叫："*di yú re, dó ma re*！"意即"这是绿松石，而不是石头"。在藏语中，"绿松石"一词为 *gyu*（读作 *yu*，其前缀 *g* 不发声；在蒙语的借词中则为 *ughiu*），[2] 是个固有名称，既非源自梵语，也非源自汉语。这表明，早在远古时代，藏族就已知晓绿松石了。毫无疑问，他们至今仍然拥有许多古代的绿松石，因为母女代代传承，同一家族肯定会将绿松石如传家宝那样保存千百年。绿松石长久暴露在户外很容易改变颜色，往往会出现浅绿色的阴影，产生或多或少的黑斑。

西藏有两种绿松石，一种名为 *drug-dkar*，另一种名为 *drug-dmar*，意即"白色 *drug*"和"红色 *drug*"；而 *drug* 则是藏语对数字"六"的称呼。所以，这两个绿松石名称被解释为用以指称非常精美的绿松石品种：一种具有约六分之一的白色，另一种具有约六分之一的红色。德斯戈丁（Desgodins）在法国传教士出版的《藏语词典》中将这两个名称翻译成"白色蓝宝石"和"红色蓝宝石"；不过他也提醒读者，中国西藏当地的辞书将这两个名称解释为 *gyu*，即绿松石。然而，我见过大量绿松石，它们具有白色和黑色的纹理，却从未发现具有红色纹理的。[3]

绿松石的这一分类见于古代的一部藏文医书中，其标题简称《四恒特罗》（*The Four Tantra*）。[4] 这部有趣著述的文献史尚有待梳理和探讨。[5] 此书最初是基于一部标准的梵文著述——在 8 世纪中叶它被译成藏文——后来又经过好几位杰出的藏医之手，作了相当多的修改和增补。此书不仅包含有关印度解剖学、药物学和治疗学的知识，还包括涉及中国西藏和蒙古的天然物产的极有价值的资料。后世各种各样的增补使得人们极难利用这些考释进行历史性的研究，尤其是必须考虑到时间问题时。以下是此书有关绿松石的一段文字的翻译：

> 通常说来，绿松石（turquois）作为一个品种可以分成两类，即优质绿松石和普通绿松石。就优质绿松石而言，可以分为两种，一种呈蓝色和白色，极具光泽，名为 *drug dkar*；另一种呈蓝色和红色，极为光亮和光洁，名为 *drug dmar*。然而，尚有最优质的第三种绿松石，其华丽超过了其他两种，从而被称为 *sbyad*，意为完美。所谓普通绿松石，即"类似于 *drug dmar* 的中级绿松石，以及类似于 *drug dkar* 的蓝色绿松石"。此外，还有原产于境外或其他地区的印度绿松石。它们具有极好的解毒和祛除肝热的功能，属于绿松石和水晶一类的诸物，即所谓的"不可熔元素"。[6]

假若能够确切地证明，如今所见的这条注释早已存在于这部著述的梵文版或 8 世纪的藏文版中，那么就表明，绿松石在相当早的时代就已闻名印度，可能也已通过贸易从印度进入了中国西藏，并在两地的药典中发挥了作用。然而，只有以保存这部著述之原貌的古老版本为依据，才能确立这样的证据。显然，从上文所说的印度的绿松石历史来看，这段文字极不可能存在于这部著述梵文原版中。如果我们采用"波斯绿松石于 10 —15 世纪期间传入印度"之说作为证据，那么这部著述藏文版中有关印度绿松石的那条记载肯定应被看成是增补的，时间恐怕不会早于 16 世纪。

然而，有个特点十分引人注意，即，有关绿松石分类的藏文术语却并非借自印度，而是中国西藏自创的。它们显然是指称中国西藏本地的宝石，迥异于印度的名称，并且很可能已经使用了许多年。前述引文中列述了总共六种绿松石，它们的实物图绘也见于全书所有药物的图片之中。

在此所提及的图版是北京雍和宫收藏的十二幅巨卷，我曾请一位有经验的喇嘛画师精细地复制了它们。图版中，人体的骨骼和生理结构以及所有的药物材料都用红色描绘出来，贴上它们的藏文标签，并注出《四怛特罗》描述它们的章节序号。

在图中，绿松石像其他诸物一样，被置于一个矩形盘内，盘的下方有三足柱作为支撑。前面的两种绿松石，即 *drug dkar* 和 *drug dmar*，被涂成深蓝色，并呈椭圆形；初看之下，这两种绿松石并无明显的区别。其外缘用镶金的蓝线标出（显然是旨在表达宝石质地的优良），边界则为黑色的墨线。

我们观察到一个奇妙的现象：图的每一例中都描画了六颗宝石，这便说明绘画者是按照文字解释中的两个术语 *drug dkar* 和 *drug dmar* 绘制的，盖因它们的字面含意为"白六"和"红六"。我们几乎没有理由相信，古代会将六颗一组的宝石作为固定的配置，从而导致了这种古怪的命名。所以，我更倾向于认为，上文所引现代西藏人视绿松石为"含有六分之一白色或红色之宝石"的解释只不过是事后的附会而已。更为合理的推测似乎应该为，在这个实例中，*drug* 与数字"六"并无关系，而只是特指这一类型绿松石的一个古名。

第三种绿松石 *sbyad* 也被画成六颗宝石一组，并被涂成淡蓝色；它们状如珍珠，几乎呈球形，上端有个弧形尖顶。两种普通绿松石则都被画成一颗大宝石，一为淡蓝色，一为浅灰蓝色。二者都有十分奇特和怪诞的外形，难以形容。普通绿松石的第二种被勾画成中国绘画风格的云纹，可能是想表达"云彩宝石"之意；[7]至于第一种，则饰以数排平行的小黑环，可能旨在表达宝石的纹理。印度的绿松石也画成六枚，但是明显有别于上述的所有宝石，它呈淡绿色，具有精细的黑色纹理，整体近似三角形。

一个未解决的问题是：这些图画在多大程度上保留了原貌？不过，尽管它们并不完美，我们却可从中得知古藏人对绿松石的鉴赏品位可以分成如下等级：没有瑕疵，具有光泽的深蓝色宝石位列第一；[8]白色和红色的条纹或层叠不被视作瑕疵，反而是一种特殊的美好，这类宝石位列第二；蓝色越淡，越接近灰色和绿色，对其评价就越低，这类宝石位列第三；具有黑色纹理以及具有云层的宝石被视为普通货色，微绿色泽者亦如此，这类宝石位列第四。有意思的是，显然可以追溯到古代的这一评估标准也同样适用于现代。

与小扁豆的大小相仿，通常用来镶嵌指环的小绿松石，被称为 *pra*。

在西藏，犹如著名的宝剑、匕首、马鞍及甲胄等会获得专用的名号一样，著名的绿松石也会获得特殊的名称。于是我们看到，《拉达克列王史》（*History of the Kings of Ladakh*）中谈到的从西藏西部之古格王国带来的15颗绿松石中，最好的两颗分别名为 *Lha gyu od-ldan*（意为"诸神的辉煌绿松石"）和 *Lha gyu dkar-po*（意为"诸神的白色绿松石"）。[9]还有其他著称于古代的绿松石，如关于赤都松赞（676 — 704在位，原名杜松芒波杰）的记载中谈到，他在达孜山顶（在拉萨以北数英里处）发现了当时世上最大的绿松石。[10]

古代中国西藏有个非常有名的家族，名为 *gYu-t'og*，意即"绿松石屋顶"。而该家族中最有名的成员则是一位医师兼医药著述的作者。他生活在公元 8 世纪，曾三次游访印度，在那烂陀大学研究医学。他的传记十分有趣，至今尚存。其中提到，曾有诸多神、魔来见他，赠送他大量的绿松石和其他宝石，并将其堆在他家的屋顶上；这便成了其族名的来源。他家族的邸宅至今仍存留在拉萨一座名为"绿松石屋顶"的桥附近。

有位中国学者在成于 1792 年的著述中谈到了这座桥，并讲述了如下的传说："由诏而上布达拉，有琉璃桥，桥下水势浩瀚，曰噶尔招木伦江，即藏江。部民夹岸而居，丰乐之象。江水澄澈，有绿松石，翠色欲滴，顶若盈盎。淘泥掘石，则身大于象，非比他河所出小石，易取适玩也。"[11]

我们不知道这个传说是否具有事实根据，或者，该传说是否与"绿松石屋顶"（*gYu-t'og*）医生有关？是否有可能他的名字令人产生了河中存在绿松石的猜想，而河水的蓝色又进一步支持了这种观念。因为按照柔克义（Rockhill）的说法，另一份汉文史料对此地做了这样的描述：在红山——此山顶上建有供达赖喇嘛居住的布达拉宫——脚下蜿蜒地流着吉曲河，即拉萨河，它那蔚蓝的水流犹如绿色的网络环绕此山；其深绿仿佛翠竹，如此可爱，以至驱走了观望者的一切烦恼和心事。

公元 641 年，强大的吐蕃国王松赞干布娶了唐皇室的一位公主，即唐太宗的女儿。后来，吐蕃人将松赞干布向公主求婚的故事编成了诗歌形式的传奇，我们在其中发现了全世界妇孺皆知的民间传说主题：未来女婿必须完成几个艰巨任务。[12] 由于公主的求婚者很多，所以唐皇决定，只有在若干测试中表现最好的人才能娶到公主。

其中的一个试题是：当着一群围观者的面，将许多颗绿松石盘成多圈螺旋状的同心圆，最后一颗位于圆心；然后，受试者得用一根丝线把所有的绿松石从头至尾串起来。除了机敏的吐蕃大臣嘎尔（Gar）外，无人能解决这个难题。嘎尔捉来一只蚁后，用牛奶喂它，令其躯体壮大了许多。然后，他在蚁后的腰部系上一根丝线，再用一根丝带系住丝线的另一端，攥在手中。他将蚂蚁放在第一颗绿松石的小孔口，并轻轻地向孔口吹气。令围观者们惊奇的是，蚂蚁拖着丝线，逐一爬过各颗绿松石的小孔，最终将所有绿松石串了起来。¹³

在藏文中，*gyu*（绿松石）一词用以指称天蓝色，已经成了令人喜爱的属性。例如，"绿松石湖"（*gyu mts'o*）可用来称呼诗一般的、闪烁着蓝光的湖泊，也可以是某些可爱的井泉与湖泊的永久性名号，诸如玛旁雍错（Manasarovana）或羊卓雍错（Yar-brog）。¹⁴此外，对于花卉、马鬃，甚至蜜蜂和蝌蚪，也使用同样的方式描绘。女神的头发、以超自然方式诞生的婴儿的眉毛，也都被称为"绿松石蓝"。在斯皮提（Spiti）^[1]，人们称毋忘草为*yu-žung men-tog*，意即"其要素为绿松石的花"。¹⁵古代的神话传说谈到的"十三重绿松石天"，西藏人颇具诗意地称为"绿松石天"。在西藏的一个传说中，如此描绘这个地方：

> 在支撑着天的巨山（喜马拉雅山）脚下，湖泊与河流汇集，
> 形成了绿松石般的平原，白雪覆盖的水晶般的棱锥闪耀着。山脉

---

[1]　译注：斯皮提（Spiti）是位于喜马拉雅山中的一个荒芜而寒冷的谷地，在北印度偕尔邦的东北部。Spiti 义为"中间地带"，指该地位于中国西藏和印度之间。这片谷地及其周围是印度人口最少的地区之一，也是通往印度最北端的门户。

延绵，犹如千朵白色莲花。在冬季的三个月里，它仿佛水晶一般；在夏季的三个月里，它蔚蓝得就如绿松石；在秋季的三个月里，它黄灿灿的像金子；在春季的三个月里，它又显示出像虎皮一样的斑纹。这些山脉具有绝佳的色彩和外貌，它们完美、和谐，展示出无穷无尽的吉祥之兆。[16]

这段文字非常有意思地揭示了西藏人天生的对自然的热爱之情，并且展示了他们所喜爱的宝石的色彩与四季变化过程中的自然色彩的关系。[17] 对于大多数西藏人而言，最喜欢的宝石是绿松石，珊瑚与琥珀则次之。确实，蓝色、绿色和蓝绿色，红色、玫瑰色和粉红色，以及黄色和棕色是西藏高原植物群中最为常见的三组基本色调。在夏季，大片的蓝色、红色和黄色的花朵盛开于牧地。我一见此景，便不由自主地想到，西藏人对于绿松石、珊瑚与琥珀的热情肯定会因这些美丽的花朵而得到强化，因为他们的女人们随时随地都用这些花朵像宝石一样来打扮自己。而依我之见，似乎人们只是利用了宝石的持久性，用它作为植物界中易于腐败的花朵的替代品罢了。

绿松石，通常与黄金联系在一起，属于对神魔的最古老的奉献。[18] 人们在列举时，黄金始终作为更珍贵的礼物排在绿松石之前。它们也出现在国王和富裕世俗者赠送给圣徒和喇嘛的礼物中。国王和喇嘛所用的宝座往往被描绘成饰有黄金和绿松石的；而他们所穿的袍子上也饰有这类宝石。从传说和史诗故事中可以推断，在古代，箭头不仅用普通的燧石制作，偶尔也用绿松石制作，从而使之价值陡增。一位具有神功的圣徒，只要接触一下普通铁匠制作的弓和箭，便会将弓变成黄金的，将箭头变成绿松石的。[19] 英雄格萨尔（Gesar）拥有三十支装有绿松石箭镞的箭。[20]

据我所知，在现代的大众医学中，并不使用绿松石，但是它在某些标准的医学著述中却公开地被记录为一种药剂；这些著述可能衍生或者模仿自梵文书籍。我们在其中见到的一个典型系列包括十种物质：金、银、铜、铁、绿松石、珍珠、珠母、贝壳、珊瑚、天青石。[21] 如上文所述，人们相信绿松石具有解毒和祛除肝热的疗效。几乎可以肯定，这类观念源自印度的传说，因为纳拉哈里（Narahari）曾说过，绿松石能快速地解除百毒，并且缓解因着魔而导致的痛楚。又，北京的万亿号药铺曾出版过一本小册子，列有该店拥有的 365 种药物的清单，采用藏文和汉文对照编排。[22] 绿松石也被列在清单中，所在的系列与上述者相同。

《莲花生传》（*Biography of Padmasambhava*）第 53 章谈到了绿松石的奇妙使用方式。据说，莲花生用金、银、铜、铁、天青石、绿松石和朱砂在淡蓝色的棕榈叶及平滑的桦树皮上写字，这可产生有益于自身的效果。[23] 就技术而言，绿松石是否能制成颜料，我并不打算探讨；但是"绿松石"可能只是对蓝色或绿色颜料的一种称呼而已。

在古代，绿松石是否被藏人视作一种宝石，是颇为可疑的。在《吐蕃列王记》（*rgyal rabs*）中，有一段文字罗列了古代的珠宝（第 7 页），它们被分成两类：一类为神灵珠宝，一类为人类珠宝，每类都包括五种。其中第一类珠宝是：*indranīla*（梵文，蓝宝石）、*indragopi*（梵文，红宝石）、*mt'on-ka*（藏文，指靛蓝色，通常指称蓝宝石）、*mt'on-ka ch'en-po*（藏文，意为"大蓝"，相当于梵文 mahānīla，指优质的蓝宝石）[24]，以及 *skong-mdzes*（藏文，其意不明）。

第二类是人类珠宝，它们是金、银、珍珠、天青石（*mu-men*）及珊瑚。绿松石未见于这一组中，可能是由于它未被人们视为宝石。即使在古代，它也从来没有被赋予过太大的价值。在古代吐蕃诸王献给中原帝王的礼物中，我们发现有天青石、红宝石（*padmarāga*）等，却未见绿松石。同样的，在达赖喇嘛送给中原皇帝的礼物中，包括丝绸披肩、青铜塑像、舍利、珊瑚、琥珀、珍珠、香和木料等物，也未见绿松石。

西藏在宗教活动中倒是使用绿松石的，它们通常被制成穿孔的圆珠，并被制成念珠，常规的数量为 108 颗。信徒所礼拜的不同男女神灵的相貌有时候往往决定了对念珠色彩的选择。因此，绿松石念珠偶尔也会用于对大众女神多罗（Tārā）[1]的崇拜上；多罗菩萨有两种主要面相，其中之一被认为是蓝绿色的。[25]

此外，绿松石还被供奉在佛教人物的供桌上，以及用以装饰黄铜或青铜的佛像。这样，人们可以轻易地分辨出哪尊是喇嘛教佛像，哪尊是汉地佛像，因为汉传佛教从来不作如此装饰。装饰在佛像上的宝石数量因佛像的尺寸大小而异，少则五六颗，多则上百颗，甚至更多。然而，不管怎样，绿松石并不是仅仅用来装饰的，而是意味着它是所装饰之神的真正珍宝，并成了该神灵基本属性的一部分。

西藏最好的遗迹之一是日喀则附近扎什伦布（Tashilhungpo）寺内的一世达赖喇嘛的棺椁。它由黄金制成，上饰美观的装饰图案，并镶嵌绿松石和其他宝石。罗林上尉（Captain Rawling）曾为这华丽的遗迹拍照，他说道，那些绿松石似乎都是精选的宝石，按某种图案排列。这些宝石分布得十分稠密，乃至覆盖了每个可以点缀的地方，包括打磨光滑

---

[1]　译注：Tārā 为梵文，意为眼、眼瞳等，因其从观世音菩萨眼中流出的泪中化生，故名。汉文译多罗菩萨、多罗尊等；藏文名为 Sgrol-ma，意为救度母。西藏自古以来盛行多罗菩萨信仰，乃至嫁与吐蕃赞普的文成公主被说成多罗菩萨的化身，从而称为"白多罗菩萨"（藏文 Sgrol-ma-ljaṅ-khu）。

的地面。[26] 在建于 8 世纪中叶的西藏最古老的桑耶（bSam-yas）寺中有一个神龛（《吐蕃列王记》对此有非常详细的描述），据说它的梁是用绿松石制成的，上面安有金质的奔马；此外，还有其他金质的梁，上面饰有绿松石做的龙。[27] 这是有关绿松石雕刻的最早藏文记载。假如绿松石梁不仅仅是一种象征语言，那么可以认为，它们还是一种镶嵌艺术。

在喇嘛教的图画艺术中，珍宝占有突出的地位。菲尔德自然史博物馆的藏品中有一组图，共 12 幅，其中的第一幅描绘了十八罗汉及达赖喇嘛们的画像。可以看到，画面中央的那位是释迦牟尼佛，他手持的一个钵呈天青石色。[28] 前面的供桌上画有一只金钵，其中放置着红宝石、天青石、白贝壳和绿松石等物；在金钵中央则画着三颗椭圆形的宝石——天青石、绿松石和红宝石，是为众所周知的咒语"唵嘛呢叭咪吽"（啊，莲花宝）的象征，以及佛、法、僧"三宝"（梵文 triratna）的象征。

这幅画的上部画有两位罗汉，即因揭陀（Aṅgaja）和薄拘罗（Vakula）。后者抱着一头獴，并抚弄着它；獴具有吐出珠宝的神功，它吐出的珠宝正一颗颗地落往下方的盘中。[29] 一位奇形怪状的供奉者正向这位圣徒献上钵中之宝，钵内盛有一支象牙、一枝珊瑚，以及蓝、绿、玫瑰、粉红等色的宝石。他并不是受供宝石的唯一罗汉，还有其他许多圣徒也都享有这样的供奉。颇有意思的是，这些供奉者通常都是来自中亚的人，他们具有绝不会令人误解的人种特色，穿着相应的服饰，甚至还包着穆斯林的头巾。我们发现，同样的人物也见于汉地和日本的相应罗汉绘画中；这些绘画无疑是想表达，伊朗人、突厥人和阿拉伯人在西亚宝石向东方传布的过程中所扮演的重要角色。

在西藏人的婚礼上，当新娘亲友团抵达新郎家宅的大门前时，司仪便要念诵几句祝福的韵文，描述新郎的住宅："敬祝这里的所有生灵

幸福终身！门楣黄色，是用金子制成；门柱用绿松石裁切而成；门槛由
银子制成；门框用天青石制成。打开这扇吉祥之门，便能见到五类宝石
储藏丰盛。祝福居住在此的这对新人！"[30] 当然，这肯定是一种理想化
或诗意的描述。

在西藏戏剧 *Nang-sa* 中，曾描述了一种更为古老的婚礼："闪耀着
彩虹色彩的绿松石"被系在一支箭的末端，此箭饰以五彩丝带，并将
箭的另一端系牢在新娘的背上，以示"婚姻牢固"之意。[31] 在拉达克
（Ladakh），新娘在结婚日通常会收到其母亲拥有的许多绿松石。[32]

若要描述与绿松石一起使用的所有其他器物，显然意味着要探讨
整个西藏人种学，而这肯定不在本文的研究范围内。[33] 然而，我们将
谈及华美的西藏刀剑，它们的柄和鞘饰有凸浮雕的金或银，并镶嵌着
大颗的绿松石与珊瑚珠。这也是中亚突厥人以及波斯人所使用的古代
技术。[34]

人们对于西藏绿松石的出产地点所知甚少，以至因此有人怀疑藏
地是否真有原产的绿松石。

坎贝尔（A.Campbell）在其《东部西藏笔记》（*Notes on Eastern Tibet*）
中对绿松石作了如下的评说：

很久以前，中国西藏有一位名叫宗布（Chongpo）的大商人前
赴印度经商，曾经渡过印度之外的诸海，将最精美的真绿松石带
回他的家乡。从此之后，这种宝石便闻名于他的故土，并如钱币
一样，始终作为交易介质流通于当地。来自汉地的赝品则是用普通
的有色之土或其他质料制成。这很容易被检测出来。经由克什米尔
进口的绿松石是为真品，但是并不十分值钱，检验绿松石真伪的唯

一方法是让家禽吞下它；若是真品，它被排泄后毫无变化。[35]

这个传说如若完全正确，并且不是建立在误解之上的话，那么几无价值。Chongpo 一名并非固有的藏族人名，而只是"交易者""商人"的意思。此外，并无证据表明印度本土出产绿松石。印度人迟至中世纪才通过穆斯林的传播了解了来自波斯的绿松石；如上文所述，梵文文献中首次谈及绿松石是在 15 世纪初，也可能在 13 世纪。所以，几乎没有任何理由可以推测印度会促进中国西藏引进绿松石，因为在中国西藏地区，几乎每个人都拥有绿松石，珍爱绿松石的民族热情既见于上层阶级中，也见于下层民众中，这样的文化得千百年的培养才会形成。这一结论也得到语言和历史证据的支持，更有通过西藏绿松石之原产地得以确认的证据。

马可·波罗在谈及主要居住着藏族部落的 Caindu 地区——或可将该地确定为今四川省的西部——时，还提到了一个出产珍珠的湖泊，以及一座当地的山脉："他们发现山里出产一种名为绿松石的宝石，储量极为丰富，并且十分美丽。对于这些宝石，也像捕捞珍珠一样，未获皇帝的特殊许可就不得开采。"[36]玉尔（Yule）指出，里特（Ritter）所引的汉文资料谈到，理塘出产珠母；并说，在巴塘之西的乍丫（Djaya/Draya）出产绿松石。后一个说法十分正确，因为有好几位汉族学者到过藏区，留下了有关此事的记载，支持此一说法。[37]他们还谈到昌都也出产绿松石。昌都是东部西藏的一个小镇之名，也是所在的整个地区的名称。此外，西藏首府拉萨所在的地区也出产绿松石，而且似乎产量特别丰富。我们已经看到，8 世纪初的一位吐蕃赞普在拉萨以北的一座山中发现了当时最大的一颗绿松石。

我曾查遍汉文的《元史》，以确认马可·波罗所言皇廷垄断绿松石开采的说法。虽然我的努力尚未取得成功，但是我没有放弃这类记载会在未来见于这部或那部蒙元史著述中的希望。然而，《元史》确实反复地提到绿松石，如我们此后将见到的那样。[38]

据我所知，报告西藏本地原产绿松石的第一位欧洲人是方济会修士弗朗西斯科·奥拉齐奥·德拉·派那（Capuchin Friar Francesco Orazio Della Penna di Billi），他在其成于 1730 年的《藏地简讯》（*Breve Notizia del Regno del Thibet*）中谈到了此事。[39]

按达斯（Sarat Chandra Das）所言[40]，最好的绿松石产自阿里三围（Ngari-Khorsum）地区（西藏西部）[41]的冈底斯山脉中的一个矿内。这也得到了史料的证实：拉达克的国王曾获得古格王国进贡的绿松石。[42]

按照我的经验，根据我得自西藏的信息，绿松石应该是产于东部藏区之德格境内的几座山脉中，尽管我的那些藏族的信息提供者并不能说出绿松石矿的确切地点——当然，更可能是他们不愿意说出来。不管怎样，事实令人无法怀疑，因为德格是以其高度发达的艺术产业和能干的艺匠闻名于世的；当地也制作精细的绿松石雕刻品，我得到了其中的几件样品，它们展示出独特的、令人愉悦的柔和的苹果绿色，有别于我在藏地和汉地见到的其他各种制品，德格的制品似乎类似于墨西哥的品种。

在四川西部之打箭炉以北的群山中，似乎也出产一种劣质的绿松石，呈惨淡的绿色。它们是如此的低劣和微不足道，以至看惯了家中靓丽的蓝色宝石的汉地商人将其视作赝品。我在打箭炉收藏了大批这类绿色的绿松石，还有许多西藏的银质首饰。我最初倾向于接受我所咨询的汉人的看法，将它们看作赝品。然而，当我送去三枚样品，请波格博士（Dr.Joseph E.Pogue）检测时，他却肯定地告诉我说，这种看法是没有根据的。他给我的信函叙说如下：

这三枚样品的比重如下，而从理论上说，绿松石的比重是2.6 — 2.83：

1. 小颗的暗绿色样品 ……………………………2.71
2. 小颗的淡绿色样品 ……………………………2.81
3. 较大的穿孔绿色样品 …………………………2.68

所有三枚样品成分都是磷酸盐，我做了很好的测试。我用强氨水清洗后，它们也未脱色；然而若对人工着色的绿松石施以此法，大部分便会褪色了。这些样品加热时的反应十分典型；而用显微镜观察时，则有一颗绿松石的边缘附有一个微小的颗粒状石英。

罗林上尉（Captain C.G.Rawling）在调查西藏所见绿松石的问题后，得出如下结论：[43]

原石被带到当地举办的集市上，由印度商人转运至阿姆利则（Amritsar）和德里（Delli），在此，绿松石被装饰在金质或银质的基座上，然后再由中国西藏进口。实际上，原来每一块原石都来自中国西藏，但是，我们虽然调查了所有重要的地点，却未能获得有关矿区位置的任何资料。帕里人说他们的绿松石来自加尔各答，日喀则人说来自拉萨，而其他许多地方的人则多声称自己拥有这些宝石多年，已经不知道它们源自何方了。事实上，我在他们的居住地或其附近确实都未发现有出产绿松石的任何迹象。尽管并未获得令人满意的答案，但是公众的共同看法使我深信，绿松石大量地储藏于拉萨和汉地西界的那片地区内。

　　我对于罗林有关中国西藏绿松石在印度加工后再返销中国西藏的观点有些怀疑。我的感觉是，情况正好相反，即如伯德伍德（George C.M.Birdwood）所言，有大批中国西藏的珍宝首饰通过不丹、锡金、尼泊尔和克什米尔出口到印度；主要是装饰着大颗天然绿松石（有时候也用珊瑚）的银质器物，制成臂钏、项链、护身符盒等，串以编绞的红布或者银链，还制成其他各种器物，诸如手镯、脚镯等，经由锤锻、切割和细丝工艺等加工而成。[44]

　　我曾经仔细地浏览过四卷的《孟加拉政府商贸统计》（*Trade Statistics of the Government of Bengal*）。[45] 在该统计的各栏中，绿松石并未被专门列出，因此，不能说孟加拉和中国西藏间的绿松石贸易占了很大的比例。其中只有一个总栏目：首饰、宝石和珍珠。1906 — 1907 年，从中国西藏出口到孟加拉的珠宝价值 2923 卢比。同年，从孟加拉出口至中国西藏的珠宝价值却达 27329 卢比；上一年（1905 — 1906 年）则达 32112 卢比；1904 — 1905 年却只有 12460 卢比，可能是由于扬哈斯本远征（Younghusband's Expedition）事件[1]的缘故。我不知道绿松石的交易量在这些金额中占多大的比例。[46]

　　罗伊罗（Osvaldo Roero）提供了一份拉达克（Ladakh）的进口商品清单，是拉达克首府列城（Leh）海关的登记账单。[47] 他指出，在所

---

[1]　译注：所谓扬哈斯本远征事件是指，1903 年 12 月至 1904 年 9 月间，英国军队入侵中国西藏的事件。事件的简单经过是：英国组成以扬哈斯本上校（Colonel Francis Younghusband）为首的"西藏边界委员会"（Tibet Frontier Commission），在一支强大的英属印军的护送下，前赴中国西藏，旨在与中国西藏建立外交关系，尤其是想解决中国西藏和锡金之间的边界争端。然而，当时的中国西藏地方政府无意谈判，于是爆发了武装冲突。武器和军人素质均远为低劣的中国藏军惨遭失败，导致数百人被杀。

列的商品中，绿松石是从波斯经布哈拉（Bukhāra）运来的，而最好和最珍贵的绿松石则来自塞斯坦（Seistān）[1]。此前，坎宁安（Alexander Cunningham）也赞成绿松石从波斯经由布哈拉输入拉达克的观点。[48]

拉姆塞（H.Ramsay）列举了三类优质的绿松石，它们全无瑕疵，绿色很淡；而号称来自中国西藏和汉地的劣质绿松石（它们经由拉萨或中国内地运至拉达克）则充满瑕疵，并且通常都有很浓的绿色。[49] 然而，这个评论只适用于中国西藏的绿松石，因为汉地的绿松石通常都是天蓝色的。拉姆塞归纳道："最好的绿松石来自印度。拉达克人喜欢淡绿色的绿松石，但是对绿松石略有瑕疵则不以为意，因为他们认为，这样倒保证了绿松石并非人造的赝品。"

在下文对中国汉地绿松石的考释中，我们将看到，如今，大量的绿松石被切割成小块或者小珠，并加工成雕刻制品，从中国汉地运往藏地；它们主要被汉族商人用来与西藏人进行易货贸易。

---

[1] 译注：Seistan，通常作 Sistan，古称则为 Sakastan。是为历史地名，约指当今的东部伊朗（塞斯坦与俾路支省 Sistan and Beluchestan Province）和南部阿富汗（宁鲁兹省 Nimruz 和坎大哈省 Kandahar）。

注释

1 在中国人看来，玛瑙 "既非石，亦非玉"，而是其自身自成一类的一种物质。

2 在更为古老的文献中，此词也写作 *rgyu*，这就表明，在古代发音中，*g* 也发声的。蒙古语中有一个词指称绿松石，此即 *kiris*。这个观点除了我以外，并无他人指出过（见 Laufer, *T'oung Pao*, 1908, p.431）。该词可能代表了引入藏语借词之前，蒙古语中指称绿松石的一个古名。

3 Joseph E.Pogue 博士告诉我道，若干地方出产的绿松石中的氧化铁基质是微红的。

4 见 Heinrich Laufer, *Beiträge zur Kenntnis der tibetischen Medicin*, p.12, Berlin, 1899。

5 沃尔什（Walsh）先生所作的简注（见 *Journal Royal Asiatic Society*, 1910, p.1218）仍不能令人满意，远未详尽探讨。

6 有关与绿松石等相对的四种金属金、银、铜、铁的叙述，列于本段文字的紧上方，被称为 "可熔元素"。

7 这个术语也用于印度以及欧美的矿物学中，是在纹理或斑点的色彩淡于或深于周边区域的情况下使用的。

8 这种情况也同样见于阿拉伯人中。最好的绿松石被认为是 "颜色完全纯正，光洁度极高，色彩十分均匀" 的那种[见 L.Leclerc, *Traité des simples par Ibn*

El-Beithar（1197-1248），Vol.III, p.51, *Notices et extraits des manuscrits de la Bibliotheque Nationale*, Vol.XXVI, Paris, 1883]。比鲁尼（al-Bērūnī）也以同样的方式表达了他的观点（见 Wiedemann, *Der Islam*, Vol.II, 1911, p.352）。

9 见 *Journal Asiatic Society of Bengal,* Vol.LX, pt.I, 1891, p.123。

10 见 *Journal Asiatic Society of Bengal,* Vol.L, pt.I, 1881, p.223。

11 录自 W.W.Rockhill 的译文，见其 *Tibet from Chinese Sources*, The Journal of Royal Asiatic Society, Vol.XXIII, 1891, p.76。

译注： 劳费尔原注只谓录自柔克义的英译文，却未标明英译文所据的汉文古籍。为便于中文读者查考，兹补充如下：[清]马少云、盛梅溪纂《卫藏图识》的《图考下卷》，第139页，收载于沈云龙主编《近代中国史料丛刊》第57辑，[台]文海出版社，1966年。此外，正文中"由诏而上……丰乐之象"一语乃汉译者增添，以利于读者全面理解文意。

12 参看 R.H.Lowie, *The Test-Theme in North American Mythology*, Journal of American Folklore, Vol.XXI, 1908, pp.97-148。

13 故事见藏文的《吐蕃列王记》（*Annals of the Kings of Tibet,* 即作者拥有的手稿 *rgyal rabs*），Chapter 13, fol.45a。

14 在古埃及的文献中，"绿松石"一词也用来指水色："我把赞美献给坐在船中的您，在阿泰特船（Āṭet）中的您将被赞美。您注视着位于神龛中的拉（Rā），您与他的日盘天天待在一起。当恩特（Ant）鱼跳入绿松石水中时，你看着它；阿布图（Abtu）鱼领航时，你也看着它。"这是赞美拉（Rā）神的圣歌，见 E.A.Wallis Budge, *Book of the Dead,* Vol.I, 1901, p.78。有关西藏湖、河之颜色的有趣研究，见 Hermann V.Schlagintweit, *Untersuchungen über die Salzseen im westlichen Tibet*, pp.71 et seq(Abhandlungen bayerischen

Akademie, München, 1871)。

15 在此情况下，*žung* 写作 *gžung*。A.H.Francke 在其 *Ladakhi Songs*, p.13（据 *Indian Antiquary*, 1902 重印）中建议，当采用 *žung* 的 chung（义为小）的含义。若然，则该名当意为"小绿松石之花"。

16 参看 I.J.Schmidt, *Geschichte der Ost-Mongolen*, p.465（St.Petersburg, 1829）。该书在另一段落（p.439）中则说道："在钻石闪耀的平原上有个湖泊，宛如绿松石和黄金做的镜子。"（亦见 p.484）

17 一首藏文诗中描绘了农民的艰辛（*So-nam bya ts'ul-gyi leu*, 发表在 Tibetan School Series, No.II, Calcutta, 1890），其中描述春天的苏醒道：树枝末梢最初的嫩芽犹如翡翠般闪耀；树上具有角枝的花朵仿佛喷吐而出的蓝宝石；大地充满了活力，类似于孔雀石蓝绿相间的色彩。

18 参看 Laufer, *Ein Sühngedicht der Bonpo*（Denkschriften der Wiener Akademie, 1900, No.7, p.35）; Schlagintweit, *Die Könige von Tibet,* p.837; A.H.Francke, Journal Asiatic Society of Bengal, N.S., Vol.VI, 1910, p.408。

19 见 Laufer, *Roman einer tibetischen Königin,* p.153, Leipzig, 1911。

20 见 I.J.Schmidt, *Die Taten Bogda Gesser Chan's*, p.283, St.Petersburg, 1839。

21 这个系列也见于 *Compendium of Tibetan Medicine,* 由 A.Pozdnejev 从蒙古文译成俄文，Vol.I, p.247, St.Petersburg, 1908。

22 关于此书，可参看 E.Bretschneider, *Botanicon Sinicum*, p.104, Shanghai, 1882。这本有趣的小书有过好几个版本，分别为汉文格式和藏文格式。

23 参看 Laufer, *Roman*, p.249。亦见 *History of the Kings of Ladakh*, A.H.Francke 英译，载 Journal Asiatic Society of Bengal, N.S., Vol.VI, 1910, p.405。用黄金和绿松石书写的故事，通常被归入神话传说时代的五圣贤的事迹。

24 Buddhabhaṭṭa 将 *indranīla* 解释为其内部具有彩虹光泽的一种蓝宝石，非常稀少，极为珍贵。而 *mahānīla* 则是具有强烈蓝色的蓝宝石，以至达到靛蓝的程度（参见 Finot, *Les Lapidaires indiens*, p.41）。G.Watt, *A Dictionary of the Economic Products of India*（Vol.VI, p.474）说道："各种色彩的蓝宝石见于印度。因此，通常所言的'真蓝宝石'可以呈现任何蓝色，从最淡的蓝色到最深的靛蓝；而最受青睐的色泽则是矢车菊的蓝色。紫蓝色的蓝宝石（即东方紫晶）亦见于'真蓝宝石'出现的那些地方。而见于东印度的最珍贵的蓝宝石乃是黄色蓝宝石，或者东方黄晶。被印度的欧洲人称为翡翠的绿色宝石甚为常见。然而，它是绿色的蓝宝石，比真正的翡翠硬得多；后者则是一种绿玉。"

25 参看 L.A.Waddell, *The Buddhism of Tibet*, p.209, London, 1895。

26 见 *The Great Plateau*, p.184, London, 1905。

27 见 *T'oung Pao*, 1908, p.33。

28 佛陀的食钵（*pātra*）只是一种普通的容器，但是后世用来假冒佛钵的神奇遗物则形成了关于历史上的东方矿物学的有趣课题。H.Kern 和 H.Yule 都曾探讨过碗的源流（分别见 *Manual of Indian Buddhism*, p.90 和 *The Book of Ser Marco Polo*, Vol.II, pp.328–330）。在此，我们只指出食钵的不同材料。于 399 年启程前往印度的法显在弗楼沙（Purushapura）见到"佛钵"，将它描绘成"杂色而黑多，四际分明"的器物（见 Legge, *Record of Buddhistic Kingdoms*, p.35）。Legge 对后半句的翻译似乎不太准确。然而不管怎样，在我看来，法显的话似乎证明了一个事实：他所见的佛钵是按石雕风格将缟玛瑙雕刻成不同层次的产物（比照 G.Watt, l.c.Vol.II, p.174）。玄奘也谈到了佛钵（见 St.Julien, *Mémoires sur les contrées occidentales*, Vol.I, p.106；S.Beal, *Buddhist Record of the Western World*, Vol.I, p.99），但是未作描绘。唐代的李石在其《续博物志》（卷十）中说，弗楼沙的佛钵是青玉制成，也有人认为是青石；他大体上转述了法显之说。

鉴于佛钵在中国汉地和藏地佛教绘画中多呈深蓝色，所以可以认为，在此情况下，佛钵是由天青石制成的。确实，就这个意义而言，《魏略》使用了"青石"一词（见 Hirth, *China and the Roman Orient*, p.72）。夏德已经指出（F.Hirth, *Chinesische Studien*, p.251），提到大月氏之佛钵的更早的一条资料见卒于527 年的郦道元（《北史》卷 27《郦道元传》）所撰的《水经注》中；他也使用了"青石"一词。我同意夏德的观点：在这个场合，"青石"当释作"天青石"。在西藏的青铜佛像中，往往都真实地刻画出佛钵，佛钵系用天青石雕刻而成（见A.Grünwedel, *Mythologie des Buddhismus*, p.79）。7 世纪，由吐蕃赞普松赞干布之妻尺尊公主从尼泊尔带到吐蕃的创造了许多奇迹的托钵僧大浅盘也是用天青石制成的（参看 S.Chandra Das, *Narrative of a Journey round Lake Yamdo*, p.79, Calcutta, 1887）。

按马可·波罗说（见 Yule 版译本，Vol.II, p.320），锡兰进献中国皇帝忽必烈的佛陀食钵"是用非常华美的绿色斑岩制成的"。玉尔（Yule）并引述了一段撰于 1350 年的汉文记载，说这个神圣的佛钵原本置于锡兰的佛像之前，既不是用玉，也不是用铜或铁制成的，它色彩纯净，光洁无比，敲击之声犹如玻璃。

补注： 之所以说李石属于唐代之人，是因为《续博物志》将他归为唐朝人。然而，这似乎只是传统的说法，据说该书实际上应归为宋代著作（见 Pelliot, *Journal asiatique*, Juillet-Août, 1912, p.155）。

29 吐宝鼠（梵文 nakula）的这一特征也见于守卫世界之山苏弥卢之北方的财神俱肥罗（Kuvera）的身上。

30 见 S.Chandra Das, *Marriage Customs of Tibet*, p.12。

31 见 L.A.Waddell, *Buddhism of Tibet*, p.557, London, 1895。

32 见 A.H.Francke, *Ladakhi Songs*, p.13。

33 有关图片，见图版 I-V。菲尔德自然史博物馆拥有中国藏地、汉地和尼泊尔珠宝的丰富藏品；我未来某时或有机会研究它们的装饰和加工工艺。用绿松石马赛克覆盖金银基体的西藏加工工艺与西伯利亚青铜器时代的相关技术类似，因而成为极其重要的一个历史因素。

34 比照 J.de Morgan 发现的萨珊朝宝剑（*Mission scientifique en Perse*, Vol.IV, p.321, Paris, 1897），其形制与西藏剑惊人地相似。

35 载 J.Summers 编 *The Phoenix,* Vol.I, p.143, London, 1870。

36 参看 Yule and Cordier, ed., *The Book of Ser Marco Polo*, 3d ed., Vol. II, p.53, London, 1903。

37 参看 W.W.Rockhill, *Tibet from Chinese Sources*, Journal Royal Asiatic Society, Vol.XXIII, 1891, p.272。

38 马可·波罗所述的其他事情的正确性应该设有问题。绿松石的垄断开采是皇家之专营特权扩展至所有宝石的结果（尤可参看 *Marco Polo*, Vol. I, p.424）。蒙古人的这个专营政策形成了与波斯王国类似的绿松石垄断现象，J.V.Tavernier 谈述了这个情况（ed.V.Ball, Vol.II, p.104）："多年来，波斯国王始终禁止除了自己之外的任何人有权开采'旧岩'的矿山，因为该国只有从事金线加工的金匠，他们不懂在金子上涂珐琅的工艺，也没有设计和雕刻的知识，而国王则要求用旧岩的绿松石而非珐琅装饰刀、剑和其他器物；绿松石被切割和排列成花朵和其他形状。这很引人注目，并被认为是件辛苦的工作，但却缺乏构思。"波斯将军 C.Houtum Schindler 在 1880 年左右担任过矿区的总管和绿松石矿的代理经理，依他之见，波斯政府对绿松石的专营一直持续到 1725 年为止（见 M.Bauer, *Precious Stones*, p.394）。有关 Schindler 的工作，下文将再谈及。

39 由 J.Klaproth 所编的第一版刊于 *Nouveau Journal asiatique*, 1835。英译文见于 C.R.Markham, *Narratives of the Mission of George Bolge to Tibet etc.*, p.317, London, 1876。我在此要指出的是，英文版中位于"绿松石"之前的一词作"钴"（cobalt），乃是对奥拉齐奥之意大利原文 *azurro*（如今拼作 *azzurro*）的误译，因为正确的英译应该是"天青石"（lapis lazuli）。这个意大利词可以溯源到波斯文和阿拉伯文的"天青石"一词，即 *lazvard* 和 *lāzuward*。我们知道，这种矿石产于藏地东部的好几个地方（如洛隆宗和工布江达等），以及拉萨地区（见 Rockhill, *Journal Royal Asiatic Society*, Vol.23, 1891, pp.272-274；以及 Timkowski, *Reise nach China durch die Mongolei*, Vol.II, pp.188, 189, Leipzig, 1826）。而钴是否产于中国西藏，则是颇可怀疑的，尽管它可能见于锡金（见 J.C.White, *Sikhim and Bhutan*, p.322, London, 1909）。

40 见 Sarat Chandra Das, *Tibetan English Dictionary*, p.1152。

41 即阿里所包括的三个地区：日土、古革和普兰。

42 见 Schlagintweit, *Die Könige von Tibet*, p.862。

43 参见 *The Great Plateau,* p.294, London, 1905。

44 见 *The Industrial Arts of India*, Vol.II, p.28。

45 即孟加拉与尼泊尔、中国西藏、锡金、不丹的商贸统计；最后一卷出版于 1907 年，加尔各答。

46 在大吉岭，由西藏人从事着一种小型而活跃的贸易，即销售来自藏地和汉地的绿松石。在大多数情况下，人们是能够分辨出哪些绿松石源自藏地，哪些源自汉地的。

47 见 *Recordi dei viaggi al Cashemir, Piccolo e Medio Tibet e Turkestan*, Vol.III, p.72, Torino, 1881。

48 参看 *Ladak*, p.242, London, 1854。在吉尔吉特（Gilgit），人们也使用绿松石，参看 J.Biddulph, *Tribes of the Hidoo Kush*, p.74, Calcutta, 1880。

49 见 *Western Tibet: A Practical Dictionary*, p.162, Lahore, 1890。

第三章

中国汉地的绿松石

　　如今，虽然绿松石仍然见于华中地区的产地，并且由中国商人进行了商业性开采，外运至中国西藏、蒙古等地，但是中国的普通大众大多不知道这种事情，明显的原因便是，只有很少的人使用绿松石，所以绿松石对于大部分民众来说，几无重要性可言。[1]

　　在绿松石贸易由一小部分人垄断的北京和西安之外，一般说来，普通大众对这种宝石几无了解，受过教育的阶层亦如此。至于它在上海、杭州、广州等地则完全不为人知。有个明显的证据证实这一点：上海商务印书馆在 1908 年出版的《英华大辞典》（*English and Chinese Standard Dictionary*）甚至不知道绿松石的中文名是什么，以完全陌生的口吻谈到这种宝石，它对于绿松石的定义是："绿、蓝等色的一种波斯宝石，欧洲最初经土耳其而得知它。"（Vol.II, p.2442）其中文解释逐字翻译了英文的解释，竟未列出它的中文名。按理说，与西藏人和蒙古人接触，甚至与之一起居住的汉族商人肯定会知道绿松石，乃至禁不住诱惑而佩戴绿松石的饰物，然而，在汉人看来，这始终是"蛮夷之俗"，故自傲的汉族妇女便几乎不会采用这类首饰了。

　　除了柔克义（Hon.W.W.Rockhill）之外，卫三畏（S.Wells Williams）似乎是谈及汉人了解绿松石的唯一学者。[2] 这确实有点难以理解——其他一些细心的观察者怎么竟会忽视了绿松石在汉地的存在？曾对西安府的商业做过相当完善归纳的李希霍芬（F.v.Richthofen）并未谈到绿松石，[3] 在他列述从汉地输往藏地的商品时（第 133 页），也未提及绿松石。据我所知，有关矿物学或宝石的任何手册中都没有谈到过中国汉地的绿松石；就连梅利（F. de Mély）在其几臻完美的《中国宝石》（*Les lapidaires chinois*）中也未提及。

如今，这种宝石的中文名是"绿松石"（若逐字释义，则为"绿色的—松树—石头"），或者"松耳石"[4]，也作"松锥石"。此名绝不能与"松石"一称相混淆，因为松石并非石头，而是石化的松树。[1] 松石也可以称之为"松化石"，但是它们的颜色被描绘成黄色或紫色，这足以表明它们完全不同于绿松石。然而，如果简单地考虑一下汉籍作者在谈到这些石化物时所说的话，会是很有用的，因为从这些叙述中，我们可以获得理解汉人赋予绿松石的名称的线索。

有关这类源于植物的石化物的最可靠叙述见于欧阳修和宋祁所撰的《新唐书》卷 217 下《回鹘下》；[5] 具体地说，是在《回鹘下》所附的《拔野古》中。传文说，拔野古之地"有荐草，产良马、精铁。有川曰康干河，断松投之，三年辄化为石，色苍缜，然节理犹在，世谓康干石者"。[6]

据《历代画断》，唐代画家毕宏在大历二年（767 年）出任给事中，后在官邸大厅的壁上画松石，好事者都以诗咏之。[7]

---

[1]　补注：为我审读过本文校样的伯希和曾好意地提醒我关注谈及石化树的另一条有趣的资料，它见于 9 世纪下半叶苏鹗撰写的《杜阳杂编》卷下（Wylie, *Notes*, p. 194）。其记载云，会昌元年（841），夫馀国向唐武宗（841－846）朝贡。夫馀当是唐朝位于辽东的一个属国，活动在松花江流域。《后汉书》卷 115 最早记载此国。他们的贡品共有两样，一为三斗火玉（当是源出火山之物），一为石化的松树，称作松风石，一丈见方，莹澈如玉；石中透出树形，犹如古松在风中摇摆，枝叶间生出阵阵凉风。盛夏之时，皇上命人将此石置于寝殿内，便若秋风飕飕而起；待殿内凉爽后，再撤去此石。

道家的兴趣在大自然的美妙和奇迹，所以他们不会不注意到"松石"之类的诱人主题，并解释这种现象。《录异记》是道士杜光庭撰于10世纪的一部神怪故事集[8]，它记载道："婺州（今浙江省金华府）永康县山亭中有枯松树，因断之，误堕水中，化为石。取未化者试于水中，随亦化焉。其所化者，枝干及皮，与松无异，且坚劲。"[9]（转录自《格致镜原》卷7）

关于"永康石"，杜绾（字季杨）在其《云林石谱》（成于1133年，是现存最早的石谱）[10]中也有颇有意思的记载。作者谈到，唐代诗人陆龟蒙[11]因获赠松石质料的一枕和一琴，故赋诗答谢，题为《二遗诗》。其文云："唐陆龟蒙得石枕、琴荐，因作《二遗诗》。序中言东阳、永康一路，松老，皆化为石。顷年，因马自然先生在永康山中，一夕大风雨，松林忽化为石仆地，悉皆断截，大者径三二尺，尚存松节脂脉纹。土人运而为坐具，至有小如拳者，亦堪置几案间。"[1]

另一位作者说道，松化石有两种，一为黄色，一为紫色，具有极为精美的材质和外观，表面呈波纹状，有的亦呈树皮纹理或者树节之纹状。这类松化石见于天台山（浙江台州府）中。那些石化尚未完成的松

---

[1] 译注：这段引文见于中华书局2015年的《云林石谱》点校本；至于《四库全书》子部九所收《云林石谱》之语则稍异——删去"唐陆龟蒙……皆化为石"一句，而添"产婺州永康县松林"之辞。此外，陆龟蒙在其诗序中描绘的松化石的情况，较诸《云林石谱》更为详细，辞语亦异。兹抄录于此，以供参考："二遗何者？石枕材、琴荐也。石者何？松之所化也。松者何？越之东阳也。东阳多名山，就中金华为最，枝峰蔓壑，秀气磅礴者数百里，不啻神仙登临，草木芬怪。永康之地，亦蝉联其间。中饶古松，往往化而为石。盘根大柯，文理曲折，尽为好事者得而致于人间，以为耳目之异。太山羊振文得枕材，赵郡李中秀得琴荐，皆兹石也，咸以遗予。予以二遗之奇，聊赋诗以谢。"（语见《全唐诗》卷624，第7171页，中华书局，1960年）

化石保留了若干松树的材质，这可作为药物。若将石化完成者作为药物，则可治疗相思病。无论男女，若情场失意，服用此石之后，就再也不会纠结此事了。这肯定是一种同质感应的疗法：松树枯死后变成了无生命的石头，所以人类将它作为药物服用后，内心也会如石头一样变得冷酷，从而忘却以前的强烈思念和眷恋。

历经二十六年撰成于 1578 年的权威中药著述——李时珍的《本草纲目》[12] 也据宋代苏颂之说谈及"松石"（见"石部"卷九）："今处州（浙江省）出一种松石，如松干而实石也。或云松久化为石。人多取傍山亭，及琢为枕。"[13]

依我之见，这些类似的说法似乎一直在积极地诱导中国汉人赋予这种宝石以"绿松石"的名称，因为他们把它看成是从松树演化而成。这可能意味着一个貌似有理的解释，因为在汉籍中并未对其名称作任何界定，"绿松石"一名只能上溯到 18 世纪。

近代有人对绿松石的起源提出了一个十分奇特的说法，并将它置于琥珀一类中（参看《春草堂丛书》卷 29）："（绿松石由）石苔多年凝结而成。色深者曰绿菘，色浅者曰菘耳。亦犹松脂多年凝结而成，色深者曰琥珀，色浅者曰蜜蜡。[14] 尝收绿菘笔洗，其大如盘，其制如莲叶，颜色葱翠。"

《新唐书》有好几处出现一个奇特的名称——"瑟瑟"，夏德（Hirth）和沙畹（Chavannes）都认为它即是指绿松石。[1] 其中的一段见于《新

---

[1]　补注：提及瑟瑟的第一位欧洲学者是 A.Pfizmaier（见其 *Beiträge zur Geschichte der Edelsteine und des Goldes*, Sitzungsberichte der Wiener Akademie, 1868, p.210）。他翻译了《明皇杂录》中涉及瑟瑟的两段文字。然而，他并未对瑟瑟予以解释，尽管他总是试图翻译一些中文名称，甚至想对那些只能用外文字母转写而不能意译的名字也作翻译。

唐书》卷 221 下《西域下》，谈到索格底亚那（Sogdiana），也包括费尔干纳地区（Ferghana），其语云："石，或曰柘支，曰柘折，曰赭时，汉大宛北鄙也。去京师九千里。东北距西突厥，西北波腊，南二百里所抵俱战提，西南五百里康也。圆千余里，右涯素叶河。王姓石，治柘折城，故康居小王窳匿城地。西南有药杀水，入中国谓之真珠河，亦曰质河。东南有大山，生瑟瑟。"[15]

提及此词的另一段文字见于《新唐书》卷 216 上《吐蕃上》："其官之章饰，最上瑟瑟，金次之，金涂银又次之，银次之，最下至铜止，差大小，缀臂前以辨贵贱。"[16]

布谢尔（Bushell）评论道，瑟瑟乃是石国（Tashkand）东北方高山中所产的一种宝石。而按这段文字，它似乎不太可能是指绿松石，因为它排位在黄金之上。但是，尽管西藏人很看重绿松石，它却从未占有比黄金更高的地位，也不可能与之价值相等；其他各地的情况也与此相同。如上文所述，它甚至未被古代藏人视作一种宝石。此外，假如瑟瑟确是指当地所产的绿松石的话，那么西藏人更无理由从石国进口绿松石了，因为他们自己境内就蕴藏着丰富的绿松石。

绿松石也不可能成为吐蕃最高官阶的标识，因为它始终是一切阶层之人的装饰品之一，尤其是妇女的装饰品。因此，西藏人高官的"瑟瑟"肯定是另一种东西，是更为罕见和更为珍贵得多的一种宝石。《新五代史》卷 74《四夷附录·于阗》的一条引文提供了有关瑟瑟之价值的看法："吐蕃男子冠中国帽，妇人辫发，戴瑟瑟珠；云珠之好者，一珠易一良马。"[17] 这似乎是我驳斥"瑟瑟即是绿松石"之说的最充分铁证了：在西藏，一颗绿松石的价格不过在几美分到一美元之间，过去和现在都不可能珍贵到相当于一匹良马的程度。[18]

　　《旧唐书》卷 198《西戎传·拂菻国》强调拂菻国（东罗马，此处指今叙利亚之地。——译者）的富庶，描述其珍宝道："其殿以瑟瑟为柱，黄金为地，象牙为门扇，香木为栋梁。"[19] 那么，假若瑟瑟即是绿松石，就很难令人明白了：柱子怎么能用绿松石充当材料？汉文古籍并未说明殿柱是用瑟瑟装饰还是镶嵌，而只是说用它制成。

　　《新唐书》卷 221 上《西域传上·于阗》也谈到了瑟瑟。它载云："初，德宗即位，遣内给事朱如玉之安西，求玉于于阗，得圭一，珂佩五，枕一，带胯三百，簪四十，奁三十，钏十，杵三，瑟瑟百斤，并它宝等。"[20] 这条十分有意思的记载表明，以"瑟瑟"为名的这种宝石确是从域外进口而输入中国内地的，而其交易市场则在于阗。

　　然而，还有更早的资料谈到"瑟瑟"：《北史》卷 97《西域传·波斯国》和《隋书》卷 83《西域传·康国》最早谈及了它。[21] 这两部史籍都谈到了瑟瑟，一谓它是康国（Sogdiana，相当于撒马尔罕地区）的物产，一谓是波斯的物产。[22]《北史》所载的这段文字亦见于《魏书》[23] 中（卷 102《西域传》）。但是这段文字并无独立的价值，因为《魏书》卷 102《西域传》只是宋代范祖禹（1041 — 1098 年）等史家据《北史》卷 97《西域传》抄录而成。沙畹对此有很好的说明。[24]

　　显然，在唐代之前，中国人就已知道瑟瑟了，其产地则为波斯和索格底亚那（Sogdiana），亦即在伊朗文化圈内。值得注意的另一点是，较早的文献并未像嗣后的两《唐书》那样，指出瑟瑟的产地为某个具体的地区或山脉：当《北史》和《隋书》将瑟瑟产地置于索格底亚那（康国）时，并未提到塔什干（石国）。

　　我由于不知道夏德教授凭借什么证据才将瑟瑟确定为绿松石，遂向他请教了这个问题。承蒙他惠赐答复；今获得他慷慨同意，将其解释抄录如下：

　　"瑟瑟"一词（广东话读作 *shat-shat*、*sit-sit* 或 *sok-sok*），除了其他含义外，还意为一种宝石，称"碧珠"，如《佩文韵府》所言（卷 93 之二）。《本草纲目》（卷 8）说："（宝石之）碧者，唐人谓之瑟瑟。"Geerts 所引的日文资料并未明显地提及瑟瑟（见 *Les Produits de la nature japonaise et chinoise*, p.481）；但是《古今图书集成》（第 27 典《食货典》，卷 335）则收录了一段出自《天工开物》的文字，谓"（宝石）属青绿种类者为瑟瑟"。《唐国史补》谈到了一个"瑟瑟枕，大如半斗"；有人认为，这只是"美石，非真瑟瑟"。同样的故事亦见于《演繁露》卷 15，第 11 页。

　　据我所知，贝勒是最早发现瑟瑟并非乐器（如 Pauthier 所推测）而是宝石的第一人（见 Bretschneider, *Chinese Recorder*, Vol. VI, p.6）。[25] 他在对《辍耕录》有关宝石的一段文字的翻译中指出，称为"甸子"的宝石产于尼沙普尔（"你舍卜的"，Nishapur）和起儿漫（"乞里马泥"，Kirman）（见 Bretschneider, *Mediaeval Researches*, Vol.I, pp.73—76）。贝勒说道："我几乎不怀疑，对于'甸子'一名，这位中国学者是理解为绿松石的；其波斯语名是 *firuzé*。"尼沙普尔和起儿漫都产绿松石。*Nachworte* (p.81) 提到，费尔干纳的山中也产绿松石，因为据 von Kremer 之说（*Kulturgeschichte des Orients*, Vol.I, p.329），费尔干纳境内出产绿松石。这即是我认为"瑟瑟"意即"绿松石"（Türkis）的理由。[26]

在我看来，夏德（Hirth）坚持根据色彩来命名，似乎是不太令人信服的。汉字"碧"（原义是指一种玉）的蓝色和绿色的含义是相当模糊的，因为除了尚有其他许多种蓝、绿色的宝石（诸如翡翠、天青石、孔雀石、蓝宝石等 [27]）外，隋唐时代的记载中并未赋予瑟瑟以蓝、绿色的特性，而后世著述的作者又未曾亲自了解过这种宝石。在中国，冠以此名的宝石在当时的知名度有限得很，而在后世，它则纯粹变为一个颇具诗意的名称，除了代表稀有的宝石之外，没有任何其他的意义。

这个事实清楚地表明，"瑟瑟"被人看作宝石——这个断语还需要更多的证据，而这便证明，它几乎不可能是绿松石。在中国收藏者看来，最重要的是确认该物属于哪个类别。这些类别始终十分稳定，并显示出归入该类别的物件的特性。任何中国人都未曾认为绿松石是一种宝石，而只不过将它视作周边部族用以装饰的一种普通石头罢了。[28] 在西安，绿松石是论重量出售的，每斤售价 5 两银子，约合 3.5 美元。假如著名的"瑟瑟"只值如此的价格，则古代的那些汉人学者也不会对它表达出这般热情了。[29] 夏德引自布莱资奈德著述中的话几乎无助于他那"瑟瑟即绿松石"的观点。布莱资奈德的说法只是表明，到了元代（1271 — 1368）末年，绿松石已为中国汉人所知（《辍耕录》成于1366 年）。

有三个实例可以证明，宋代汉地居民所知的"瑟瑟"不能被解释为"绿松石"。

吕大临撰成于 1092 年的，有关古代青铜器的《考古图》在卷 10 中列有一幅带钩图，名为"瑟瑟钿山水字钩"。这是高度美化的饰件，刻有细线，末端则弯成一个龙头。如果此物的材质为绿松石，那么就技

术而言是绝对不可能的，因为绿松石只能加工成线条僵直棱角分明的物件。（比照本书的图版 VI — VIII）

《古玉图谱》撰成于 1176 年，但于 1779 年印刷出版。它介绍了几种饰有瑟瑟的玉器，其中有宋太祖（960 — 976 在位）的一把剑，剑柄为青玉，剑鞘为琥珀，并饰以瑟瑟和珍珠（见卷 28）。而中国人则几乎不可能品位低到将绿松石这样的普通石料与珍珠放在一起作装饰。《古玉图谱》卷 97 还载有宋代宫中所用的棚灯，共有八面，由巨大碧玉整体雕镂而成，饰以珊瑚、琥珀及瑟瑟等宝物。在此情况下，说瑟瑟即绿松石又成了问题，因为中国人并不认为绿松石是种宝石，相反，只觉得它是普通石头而已。[30]

在此所引的两部著述都出自宋代，而同时代的其他资料也显示，当时所谓的"瑟瑟"是中国汉地出产的一种可雕琢的石头，因此，宋代的"瑟瑟"与《北史》、《隋书》、两《唐书》中所称的产于波斯、索格底亚那、费尔干纳和吐蕃等地的"瑟瑟"完全不是一回事。高似孙是生活在 12 世纪下半叶的诗人和杂文家，[31] 也是涉及多种多样主题的名为《纬略》[32] 的一部有趣著作的作者。

高似孙在《纬略》卷 5 中辑录了好几条有关"瑟瑟"的记载。他引述《寰宇记》[33] 道，瑟瑟矿位于陕州 [34] 和平陆 [35]；而我们从未听说过这两个地方曾经出产绿松石。再说，绿松石在汉地的闻名和开采是见于宋朝后的元代的事情，所以我们更有理由确认，宋代的汉地居民尚未了解绿松石其物。此外，技术证据表明，绿松石的天然属性使之无法加工成如资料所载的瑟瑟制品。对于这一点，《纬略》提供了更多的证据。它表明，如果记载可靠的话，那么中国汉地所产的瑟瑟材料早在唐代就被使用了。

此事涉及主事福建盐铁局的一位唐代官员卢昂，他获得了一个用瑟瑟加工成的巨枕，置于金床上。[36]宪宗皇帝曾下令估算其价值，而结论则是有人称巨枕"至宝无价"，有人却说此枕只是用"美石"制成，而非"真瑟瑟"。《纬略》的作者评论道："今世所传瑟瑟，或皆炼石为之也。"[37]所以，似乎宋代的瑟瑟至少部分地是人工产品。显而易见，那个瑟瑟枕绝不可能由绿松石制成。众所周知，中国的枕头呈矩形，并有凹面，因此从采石场开采出的长条板状的绿松石原材料[38]不可能雕琢成枕头状。

《纬略》还谈到了《明皇杂录》所载的两则故事。[39]

据说明皇（唐玄宗）在华清宫建造了广达数十间屋的大浴池，并在池中设有一船，船用银子包镀，并饰以珠、玉。他还在池水中堆砌了瑟瑟（"叠瑟瑟"）。《纬略》作者认为，"其言叠者，当是珠类，非石类也"，亦即认为瑟瑟是珍珠而非石头。然而，这个推测并不正确，因为它完全没有解释这些珠子（或珍珠）为何置于浴池中。而在《明皇杂录》的原文[40]中，则指出瑟瑟是用来砌成山状，以模仿神话传说中海外仙山瀛洲、方丈、蓬莱。这一表述看来更为合理。因此这里所言的"瑟瑟"似乎应该是建筑用的一种石头。[41]

另一则故事谈到虢国夫人，著名美妃杨贵妃[42]的姐姐，她在中堂建成后，奖给建筑师两只金杯、三斗瑟瑟等物。《纬略》的作者认为，此物既以"斗"来衡量，则必为珍珠无疑。随后，他又据《物类相感志》（据云为宋代苏轼所撰）谓唐懿宗（859 — 873 在位）赐给公主一件"瑟瑟幕，纹如碧丝，贯以真珠"，认为这更加表明，瑟瑟乃是珍珠。[1]

这类论说使得我们认为，宋代的作者已经不再了解唐代所说的"瑟瑟"到底是何物了。他们不知道专属于唐代的"瑟瑟"到宋代业已失传，而宋代只是流行着与其同名的替代品而已，其产地则被归之于中土的陕州和平陆。他们甚至相信，当时以"瑟瑟"为名的材质乃是熔炼而成的人工产品。**43**

如果说，早在宋代人们就已丧失了对六朝和唐代之"瑟瑟"的一切正确认识，那么，更为迟晚的作者完全混淆了相关概念也就不足为奇了，因为他们只满足于重复前人的说法。方以智撰于明末的百科全书式的著述《通雅》对此物的特点做了一番解释："（瑟瑟，）或曰宝石。《纬略》确以为珠类。（程）泰之则曰：'今世所传瑟瑟，皆镴石为之。'

---

[1]　补注："瑟瑟"一词在苏鹗撰写的《杜阳杂编》中出现过好几次。该书卷上谈论东海弥罗国所贡的奇特的碧玉丝道："纵之一尺，引之一丈，撚而为鞘，表里通莹，如贯瑟瑟。"既然瑟瑟是莹亮的宝石，那么就不能说它是指绿松石，因为绿松石是不透明的。《杜阳杂编》卷上还谈到本属杨国忠（杨贵妃之兄，卒于 756 年）的一扇绝妙的屏风，上面雕刻着古代的美女和乐伎，并以玳瑁和犀角为框，下部则悬以真珠和瑟瑟缀成的穗饰，"精巧之妙，殆非人工所及"。同书卷下还谈到同昌公主的嫁妆中有一件瑟瑟帘子（瑟瑟幕）："色如瑟瑟，阔三丈，长一百尺，轻明虚薄，无以为比。向空张之，则疏朗之纹如碧丝之贯真珠，虽大雨暴降不能湿溺。云以鲛人瑞香膏傅之故也。"她去世后的丧礼上则有用金、银、瑟瑟制作的帐幕等贵重物品。又，唐宪元和十四年（819）于凤翔法门寺迎佛骨，游行队伍中的幡幢都用珊瑚、玛瑙、珍珠、瑟瑟为缀。

以上有关唐代的五段文字都表明，当时中国使用的瑟瑟都是透明的宝石，它们与真珠、贵金属相提并论。这些文字还展示了这样一个事实：瑟瑟并不比真珠大，否则它们无法与真珠串在一起。所有这些证据都使得"瑟瑟即是绿松石"之说不能成立，从而确认了我的观点——它是指玫红尖晶石。我们坚信"瑟瑟"在唐代十分流行，这一看法由《杜阳杂编》这部有意思的著述得到充分的证实：比照行文的措辞，我们可以清楚地看到，"瑟瑟"一词在当时是人们十分熟悉和普遍了解的。该书的卷中描述了三种令人长生不老的植物：双麟芝、六合葵、万根藤。位列第一的双麟芝"色褐，一茎两穗，隐隐形如麟，头尾悉具，其中有子，如瑟瑟焉"。

智按：瑟瑟有三种：宝石如珠，真者至宝，透碧；番烧者圆而明；中国之水料烧珠，亦借名瑟瑟。"[44] 将瑟瑟当成绿松石的中国学者肯定不止一个，无论是在元代，还是在绿松石已经完全为汉人所知的清朝，都有人坚称绿松石即是唐代流行的"瑟瑟"。[45]

博物史巨著《本草纲目》的作者李时珍在该书卷8《金石部·宝石》中对"瑟瑟"有个简短的描述："碧者，唐人谓之瑟瑟；红者，宋人谓之靺鞨。今通呼为宝石，以镶首饰、器物。"这段文字表明，李时珍将"瑟瑟"视作专属唐代的一种宝石；并且，他将其视为"宝石"，而非普通之石。[46] 他之所以对此缺乏具体描述，是因为他个人对这种宝石并无了解，故只能根据贫乏的传说而略微谈及。

显而易见，在不同的时代和不同的地区，中国人对"瑟瑟"一名有着不同的看法。同样明显的是，后世的记载对于确定较早之六朝和唐代的瑟瑟的性质并无价值；即使对唐代而言，也必须清楚地区别域外的瑟瑟和国内所产的瑟瑟。

《北史》《隋书》和两《唐书》等谈及外国的各种文献证明，当时的"瑟瑟"是珍贵的珠宝；出于这个原因，"瑟瑟"一词几乎不能被认为是指绿松石。我不知道冯·克雷默（von Kremer）说费尔干纳出产绿松石的根据何在（遗憾得很，我未能找到他的书），但是我想，他不会被视作矿物学的权威；因此我推测他所引证的是马克斯·鲍尔（Max Bauer）所暗示的那些阿拉伯作者的作品（参见下文）。

我并不怀疑夏德（Hirth）所说的"绿松石在近代见于费尔干纳地区"之语，尽管我找到的证据颇为薄弱。[47] 另一方面，鲍尔声称，绿松石原产于撒马尔罕地区。[48] 鲍尔并未谈及他的资料来源，而我也无意追查它。"（绿松石于）某个未知的时代（在那里被开采）"的表述方式是不能令人满意的。该地区早在唐代就已开采绿松石一事肯定还有待证实。另一方面，如果该地当今的矿物环境诚如鲍尔所言，那么就可作为证据，证实夏德和沙畹所引《新唐书》中的"瑟瑟"可能即是指绿松石。[49] 然而，如前文已经展示的那样，不能认为若干早期史料中的"瑟瑟"乃是绿松石的代称。毕竟并无任何有说服力的证据支持这种猜测；相反地，有关"瑟瑟"的高昂价值和使用方式强有力地反驳了此说。

另一个可供讨论的问题是：在"瑟瑟"一名流行的地区，绿松石的历史地位如何？在西亚，未见很古老的绿松石，因此也就没有与之相应的考古研究。绿松石未见于亚述、巴比伦和古波斯；在古代的希腊和罗马也几乎未发挥作用。[50] 埃及是古代世界中有可能使用产自西奈山之绿松石的唯一国家。[51] 还有一些镶嵌着绿松石马赛克的器物则被归于西伯利亚青铜器时代，尽管无论是其发现地点还是制成年代都无法确切断定，而只能说其年代相当久远。据我所知，在波斯或突厥斯坦至今未见真正的古代绿松石雕刻物，[52] 在形形色色的波斯凹雕宝石——特别是萨珊王朝时期的凹雕宝石——中，绿松石引人注目地罕见。[53] 由于缺乏考古证据，我仍然不太敢相信《北史》和《隋书》所言的"瑟瑟"即是指绿松石。

接着，重要的问题出现了：波斯的绿松石古物到底是什么？波斯绿松石矿的最初运作是在什么时候？绿松石从何时开始在波斯人的文化和生活中发挥作用？很显然，所有这些问题都是因我们的"瑟瑟"问题而起。我肯定没有能力回答这些问题，而必须由我的阿拉伯或波斯领域的同事最终解决这些问题。但是，即使对于这个专题只有很少知识的局外人，他在相继看到若干观察资料后，也会相当谨慎和不无怀疑地看待"波斯人很早就了解绿松石"的假设，就如在没有可靠证据的情况下经常会做的那样。

首先，古伊朗语中并无指称绿松石的词汇。据我所知，《阿维斯陀》文献没有提到或暗示绿松石。优秀的学者盖格（W.Geiger）强调了这样的事实：在《阿维斯陀》中，并未谈到伊朗的矿物特色，如绿松石、红宝石、天青石等。[54] 绿松石的伊朗语词汇的缺失，再加上梵语词汇的缺失，遂使"古代的雅利安人和伊朗人都不知道绿松石"的推测变得非常可能。*Ferozah* 是新波斯语，因此，它的出现不会早于 9 世纪。在中古波斯语或帕拉维语（Pahlavī，即安息王朝和萨珊王朝所使用的语言）中，似乎也未留有指称绿松石的词汇，除非它由更古老的形式 *fīrūzag* 来表达，这是伪亚里士多德之 *lapidarium*[55] 和比鲁尼（al-Bērūnī）著述中使用的词汇。

在请教考古学者后，我们获得了少许证据。阿瑙（Anau）的古墓中曾发现绿松石珠，并有红玉髓珠和天青石珠，它们被声称"位于最早的文化层"。[56] 这是一副儿童骸骼的殉葬品。报道此事的出版物做出结论道，这些珠宝肯定来自波斯，那里的绿松石闻名于阿瑙之南及更东的高原。然而，阿瑙的这些古物的年代却不太能确定，对我而言，这绝不是已经毫无疑问的事情；此外，声称阿瑙绿松石"肯定"源自波斯的推断根本不可靠，它尚未经过证实。因为它们也有可能源自西伯利亚，那里在青铜器时代就使用绿松石了，虽然西伯利亚古绿松石的开采地点至今尚未探知；或许，它们也可能源自中国西藏，或者突厥斯坦某个被遗忘的矿井。

如今再回到波斯，浏览一下萨珊王朝的历史，[57] 我们看不到任何证据可以表明，绿松石成为这一时期内波斯文化的基本组成之一。我能找到的唯一的一条线索是克里斯坦森（A.Christensen）说，波斯国王库萨和二世（Khosrau II）拥有的一副双陆棋中的棋子人像是用珊瑚与绿松石雕成的。[58]

对于这些绿松石的雕刻物，我不免有些疑问，尤其是因为波斯矿物学者曼苏尔（Muhammed Ibn Mansūr）在 1300 年左右写道 [59]，在尼沙普尔（Nīshāpūr）附近发现了一块类似绿松石的石料，用它制成棋子后，色彩却很快消退了。因此，有关库萨和国王的双陆棋棋子的记载即使真有历史依据，棋子也可能是用这种石料制成的，而它只是外表与绿松石相似而已。[60]

我们现在来看看中世纪阿拉伯作家们提供的比较可靠的证据，他们确实使我们最早注意到尼沙普尔的绿松石开采。[61]生活在 9 世纪下半叶的金迪（Al-Kindī）曾经简短地谈及绿松石，却未涉及波斯；贝伊塔尔（Ibn al-Baiṭār）引述了他的文字。[62]而阿拉伯矿物学最古老的原始资料《宝石》（lapidarium，此书的作者被错误地归于亚里士多德；按鲁斯卡 Ruska 之见，此书成于 9 世纪中叶以前 [63]）也未将绿松石与波斯联系起来。这两部著述均未提及波斯，这一点并不是决定性的因素；与此相反，两位作者的内心想的倒十分可能是波斯绿松石，因为他们用古波斯语词汇 fīrūzag 来称呼它，并如鲁斯卡指出的那样，[64]引人注意的是，在他所翻译的古代资料中，波斯、呼罗珊、印度、中国等是被最频繁提到的绿松石产地。

在我所见到的资料中，最早提及尼沙普尔绿松石矿的是郝卡尔（Ibn Haukal，约卒于 978 年）的著述，他的记载据自伊斯坦赫里（Iṣṭakhri，卒于 957 年）。[1]他说道："尼沙普尔周围平原上的村庄和城

---

[1] 补注：Guy le Strange 先生曾好意地写信给我，告诉我说，Ibn Haukal（其他人拼作 Hauqal 或 Hawqal，是为 Iṣṭakhri 著述的续写者或重编者）的这段文字见于 De Goeje 的 Bibl.Geogr. Arab.p.313。按 De Goeje 的记载，绿松石矿在 Nūqan 附近，即今 Meshed 以北的 Tus。同书第 302 页谈到了河外地区（Transoxania）暗色的绿松石矿区，分布在 Jabal Duttam 山脉附近。

镇极多，并且人烟稠密。在尼沙普尔和土斯（Tus）的山中有矿，出产黄铜、铁、绿松石、檀木，以及被称为孔雀石的宝石；据说还出产黄金和绿宝石。"[65]

比鲁尼（Al-Bīrūnī，973—1048）是明确提到尼沙普尔的第二位重要作者，他说，绿松石产自安沙尔山（Ansār），那是里旺德城（Rīwand）附近群山中的一座山。[66]他同时代的塔利比（al-Ta'ālibī，961—1038）也进一步谈论了尼沙普尔的绿松石。[67]

然后，证据来自提法西（Tīfāshī，卒于1253年），他有关宝石的著述成书于13世纪中叶。他说道，绿松石出自尼沙普尔的一座山的矿场，并由此出口到所有的国家。[68]这似乎是首次明确地声称尼沙普尔的波斯绿松石曾经参与国际商贸活动。至此，我们还能说中国于1366年首次出现有关该地绿松石的记载，以及波斯绿松石至伊斯兰化时期才首次出现在印度这些现象仅仅属于巧合吗？

最后，让我们来看看上文提到的曼苏尔的《波斯矿物学》。据欣德勒（Schindler）说，此书成于1300年左右；按鲁斯卡（Ruska）说，则撰成于13世纪；[69]按阿克法尼（al-Akfānī）的说法，则成书时间更晚，因为阿克法尼卒于1347—1348年，而他在其有关宝石的文章中也谈及了绿松石。[70]

1294年穿越波斯的马可·波罗也提供了证据。他说道，起儿漫国盛产称为绿松石的石料；它们产于山中，是从岩石里开采出来的。[71]欣德勒（Gen.A.Houtum Schindler）从地质学角度出色地描述了波斯的绿松石矿，但是他至今未能解决这些采矿活动始于古代何时的问题。[72]曼苏尔（Ibn Mansūr）的报告是他引征的唯一文献。[73]他的一段评论（见第307页）说道："这些矿的开采已有千年之久。"显然，这不过是他的个人感觉而已。

我们如今生活在无神论流行的时代，若未见到过硬的事实依据，是不会轻易相信"千年期"之类的说法的。每个人类活动都有时间的限定；语言和历史似乎不利于这类毫无根据的臆测。[74] 这些有关波斯绿松石历史的言论导致我更加难以接受"早期文献（如《北史》《隋书》、两《唐书》等）中的'瑟瑟'即指绿松石"的解释；它们所言瑟瑟流行的时代是否即是绿松石闻名于波斯并在其文化中占据重要地位的时代？汉文史料明白指出，瑟瑟流行于萨珊王朝时期，而其他所有资料——至少就我们的知识范围所及——则都将波斯的绿松石置于萨珊王朝之后的时期。

当我们试图探讨古代记载中有关这类石料的名称时，千万不能忽视了考古、历史和矿物学的清楚证据。当我们以更加广阔的视野探讨这个问题时，会发现自上古时代以来红宝石、天青石始终是伊朗最突出的珍宝；它们既可由古代的真品提供确证，也可以追溯到其确切的产地。与索格底亚那、波斯、中国和阗同样接近的珍宝大产区是巴达赫尚（Badakshān）地区（《新唐书》称"拔特山"），它位于兴都库什山以北，在唐代闻名于中土汉人；而每个现代矿物学者都知道它是两种宝石——天青石和玫红尖晶石（或尖晶石）——的生产中心。[75] 前一种宝石在唐代进入中国人的视野，也是经过西突厥的统治区而传入中土的。[76] 由于它还有"金青"一名[77]，并且该地区除了玫红尖晶石或尖晶石外，不出产其他重要的珍宝，如今也看不到任何其他的替代物产，所以通常说来，"瑟瑟"十分可能即是尖晶石。我们将在下文看到，某些场合谈到的用作雕刻和建筑材料的瑟瑟则或许是缟玛瑙。

我得到的另一个结论是·在谈及宝石时，应该将所谓的"瑟瑟"

理解成有两个品种的宝石，一种是巴达赫尚和伊朗其他诸地的玫红尖晶石；另一种很可能是古代吐蕃所产的翡翠。

　　首先可引用一条资料来支持瑟瑟与玫红尖晶石的关系。在当今的汉语中，玫红尖晶石称为"碧鸦玺"[78]，而雷穆萨特（Abel-Rémusat）早在 1820 年就正确地将它译作 le lubis balais（巴拉斯红宝石）了。[79]按照他的看法，这个中文名源自 balash 或 badaksh，而后者又源自 Badakshān（巴达赫尚）的地区名；然而更可能的是，这种宝石之名源自它的产区名。[80]

　　威德曼（E.Wiedemann）最近的一篇有价值的文章[81]使得我们有可能追溯"碧鸦玺"汉文名的语源。比鲁尼（al-Berūnī）在谈到 Badakshān（阿拉伯语作 al balachsh）的玫红尖晶石时说道，最好的一种名叫 pijāzakī，亦即是产自 Pijāzak 的宝石。我倾向于认为，可以将该词视作汉文名"碧鸦玺"的语源，这样，其涵义也就进一步得到肯定了。诚然，这个汉文名称的出现不会早于 18 世纪，但是它无疑还有在很早时期就流传于口语中的称呼，这称呼当时并未被记录在正式的辞书中。[1]然而，它亦如其他许多口语词汇一样，被列入了乾隆时代所编的（汉、满、蒙、藏）四语词典《御制四体清文鉴》中。《大清会典图》称，朝廷命妇在其貂皮冠顶饰以碧鸦玺。[82]

---

[1]　补注：我想在此顺便提到 T.de Lacouperie 的一项古代研究：《关于公元前 5 世纪从阿曼到华北的 Yakut 宝石》（*On Yakut Precious Stones from Oman to North China, 400 BC*），刊载于 Babylonian and Oriental Record, Vol.VI, 1893, pp.271—274。他将指称红宝石的阿拉伯文名 Yakut 与汉文名"夜光珠"联系在一起（这是从语音和历史角度都说不通的语源追溯；"夜光珠"根本不是外文音译，而是完全具有含义的汉文名称），并将"夜光珠"也确定为红宝石，说它们"可能来自巴达赫尚，当时这类宝石的主要产地"。

　　然而，在蒙古时期的一份文献中可以追溯到此词的更古痕迹；依我之见，贝勒对此是有误判的。中国旅行家常德于 1259 年奉蒙古大汗蒙哥之命觐见大汗之弟——波斯统治者旭烈兀。在其名为《西使记》的行记（由刘郁撰成于 1263 年）中，常德说道，在西南诸地的群山岩石中出产一种名为"兰赤"的五色宝石，其中名为"鸭思"者最为珍贵。贝勒（Bretschneider）倾向于将"鸭思"认定为阿拉伯语中的 *yashm* 或 *yashb*，[83] 即英语所谓的 *jasper*（碧玉）。但是我认为这一说法似乎不能成立。

　　常德是同时谈及天青石（"兰赤"）与"鸭思"的，声称它们产于同一地区。而由于巴达赫尚即是出产天青石和玫红尖晶石的地方，故常德所言的"鸭思"非常可能即指"碧鸦玺"，亦即巴达赫尚的玫红尖晶石。《西使记》只是使用了不同于后世所用的汉字来称呼这种宝石，而并非指称所谓的碧玉。另一方面，如上文所引，《西使记》谈到波斯所产的珍宝时，瑟瑟和天青石（"兰石"）一起被提及，因此可以认为，瑟瑟即是鸭思，也就是巴达赫尚所产的玫红尖晶石。

　　《隋书》卷 83《西域传·波斯》谈及该国出产的珍宝时，列数了"珊瑚、瑠璃、玛瑙、水精、瑟瑟"等；此处的"瑠璃"若意指天青石的话，那么我们就遇到了同样的情况——瑟瑟相当于玫红尖晶石。埃及和西亚之天青石出现的年代非常古老，则它出现在中国的年代也相应较早，这必然导致我们得出这样的结论：与天青石产于同一矿区的玫红尖晶石也会出现在较早的年代。

　　凭借以上所列几条有关瑟瑟的记载（其中并无与瑟瑟出现同时代的描述），肯定不足以使我们确认这一结论。然而，尖晶石或玫红尖晶石暂时仍然远比绿松石更适合于这个结论，因为它毕竟是一种宝石，并且见于具有瑟瑟特性之宝石的各产区的中心，并被历史资料和考古资料所证实。"瑟瑟"一词显然并非固有的汉语词汇，而是源自某种外语。它或许是该宝石的突厥语或波斯语名称的汉文音译，或为某个地方、山脉或河流的名称。[84]

《北史》和《隋书》的记载将瑟瑟归为波斯的物产，《新唐书》则谓该珍宝著称于拂菻（东罗马叙利亚）。唐代，西亚的三大宗教拜火教、景教、摩尼教高度发达，传播到了中亚，也进入了中国。有一条奇特的资料使我们相信，是这些宗教——很可能是摩尼教——的信徒把这些珍宝带入中国的。这段记载收录在《蜀典》中。此书收集了有关四川的社会、风俗等方面的各种有趣资料，由张澍编纂，成于1818年。

有关瑟瑟的这段文字（载《蜀典》卷8《器物类》）[85]源自收载有关四川史料的《华阳记》，我不知道其作者和成书时间。[86]该文[1]载云："开明氏[87]造七宝楼，以真珠结成帘。汉武帝时，蜀郡火烧数千家，楼亦烬。今人往往于沙土中获真珠。赵抃[88]《蜀都故事》：石笋在街西门外，二株双存，云真珠楼基。昔胡人于此立为大秦寺，门楼十间，皆以珍珠、翠碧贯之为帘，后摧毁堕地，至今基地每有大雨，多拾珍珠、瑟瑟、金翠异物。按杜甫《石笋行》'雨中往往得瑟瑟'，即指此也。"[89]

---

[1] 补注：对于这段文字的解释，我得向伯希和致以深切的谢意，他把它置入有关中国景教史的研究中。伯希和说道，他未能在《华阳国志》中找到这条记载；另一方面，也未见到有关《华阳记》为独立著述的线索。此处所引赵抃的这段文字未见于《蜀都故事》中，当出自其他著述。按《宋史》，赵抃的生活年代为1008－1084年，如刚才提及的伯希和将要发表的文章所言。然而，不能肯定他便是《蜀都故事》的作者。对于文中所说的"石笋"，伯希和认为当是巨大的石碑。这些石质废墟是一座古墓的遗物（参看《成都县志》卷2和《四川通志》卷48），而与"大秦寺"并无关系。在最近一期《亚洲杂志》（*Journal asiatique*, Mars-Avril, 1913, p. 308）中，沙畹与伯希和提到了《能改斋漫录》中的记载，倾向于将此"大秦寺"视作景教的寺院。

大体而言，"大秦"乃是古代汉人对罗马帝国东部的称呼。夏德（Hirth）教授曾经根据一切可用的文献，在其《大秦国全录》（*China and the Roman Orient*）中对这个专题进行了出色和彻底的探讨。汉文资料首次谈及"大秦寺"则在贞观五年（631），有穆护何禄从波斯来到唐朝都城长安，并奉圣旨在京城建造大秦寺。[90]

天宝四载（745），诏令全国各地原称"波斯寺"的摩尼教寺院都改称"大秦寺"。[91] 这条诏令的要旨无疑与摩尼教有关，即，朝廷之目的是要公正地恢复摩尼教的真正名称。它们的礼拜场所之所以称为"波斯寺"，仅仅是因为其信徒多来自波斯。但是该宗教的基础是基督教，而基督教则源自"大秦"，即叙利亚。所以我认为，上文所言的"大秦寺"应该是指摩尼教寺院。

如果这条资料可靠的话，那么我们就得知了一个颇有意思的史实：摩尼教教徒可能在 8 世纪上半叶就已定居在遥远的四川了。这件事的要点是，他们肯定将包括瑟瑟（玫红尖晶石）在内的大批宝石带到了四川。在此情况下，则可明确地声称，绿松石不在其内。认为摩尼教也会使用绿松石，尤其是与珍珠、宝玉一起装饰其寺院的想法似乎是十分荒谬的。宝石在摩尼教的宗教体系和象征符号中扮演着重要的角色；由于他们的宗教观念始终环绕着明暗二元论，故璀璨的珍宝显然被他们视作光明的象征，因此用以装饰其教堂。[92]

还有几个这样的例子见于新发现的摩尼教汉语文献中，它们由沙畹与伯希和共同作了非常出色的翻译。[93] 例如，"其怜愍者……亦如明月宝珠，于众宝中而为第一"。又，光明使者（"明使"）被比喻成"广大众宝香山"，并是"任众金刚宝柱"。经文的末尾称："（我等）心得开悟，纳如意珠。"这些观念可以解释四川摩尼教寺院中大量使用珍珠的现象。

我们还知道，摩尼教的信徒们喜欢鲜花、芳香和饰物，甚至一个有关珠宝源流的传说似乎与其复活信仰相关。临终前的摩尼教徒会被加以盛饰（显然是象征光明），以准备好被接引到明界。诸神带着饰品降临垂死者，具有驱魔的作用。[94]至于玫红尖晶石在摩尼教中象征着什么，则似乎不得而知。[95]但是，随着该教之失逸文献的逐步被发现，有赖于缪勒（F.W.K.Müller）、勒珂克（Le Coq）、伯希和（Pelliot）及沙畹（Chavannes）等学者的努力，在未来有望揭示其真相，或许，令人难解的"瑟瑟"一词会出现在摩尼教的著述中。[96]

我对于宋代所言的本地瑟瑟以及唐代相关的玄幻故事并无明确的看法。显然，它既非尖晶石，也非绿松石，而是具有漂亮外观的一种中国石料；我们不可能对它进行明确的辨别，因为相关的记载过于模糊和模棱两可。在唐代，"瑟瑟"显然是非常招人喜爱的一个名称，或许是源于其读音的悦人韵律。最初发现这种宝石的遥远地区赋予它具有传奇色彩的光环，于是，该名称也可能轻易地转移到中国的其他类似的宝石上。

假若让我表达一下个人的观点，那么我认为这种"瑟瑟"可能是指缟玛瑙。我们从伪亚里士多德的《宝石》（lapidarium）一书中得知，[97]中国出产缟玛瑙之事闻名于阿拉伯人中。有人推测，阿拉伯语称缟玛瑙为djaza，相当于波斯语djiza；它们在梵语中的形式为çesha[98]，而在藏语中则作zé[99]；它们都有助于具有宝石含义的"瑟瑟"汉语名的形成。

此前，人们一直没有认识到古代中国存在缟玛瑙，因为按照传统习惯，当地对此物的称呼被认为是"玉"的意思，无人知道这应该属于哪种玉。翟理斯（Giles）的《词典》第9009条将其列入"碧玉"，英文作"greenish or bluish jade"（绿色或蓝色的玉）。福克（A.Forke）最早表达了对这条译名的怀疑，他指出，中国学者是为区别"碧玉"与"玉"（jade）才用此名称的（见 *Mitteilungen des Seminars für Orientalische Sprachen*, Vol.III, 1904, p.147）。[1]

如今，我们发现，在上海商务印书馆于 1908 年出版的《英华大辞典》（*An English and Chinese Standard Dictionary*）中，anyx（缟玛瑙）被译成了"碧玉"，[100] 亦作"带纹玛瑙"，我毫不怀疑古文献中的"碧玉"也是指缟玛瑙。所以我认为，《魏略·大秦传》中提到的"碧"[101] 即是缟玛瑙。同样地，《旧唐书》谈及的拂菻国建造宫殿柱子的材质"瑟瑟"亦即缟玛瑙。

《魏略》撰成于 429 年以前，在这份较早的记载中，还保留着该石材的汉文名；但是到了唐代，人们更偏爱西亚的名称，从而也用以指称中国的本地矿产了。于是，似乎可以比较合理地解释中土"瑟瑟"的情况了：此名在唐代是指东罗马的物产，尤其是指唐代传说中所描绘的雕刻品；但是在宋代的考古著述中，它确实只是指缟玛瑙，被汉人视为品位次于玉的一种石材。[102] 由于我们缺乏有关中国矿物学的知识，故增大了这方面的研究难度，我们仍然缺少有关该研究的坚实的科学基础。

假如允许一位有经验的矿物学家对日本奈良正仓院收藏的见于中国器物上的大量宝石进行近距离的考察研究，那么，唐代使用的宝石的问题便能得到很好的解决了。《东瀛珠光》用图片华美地展示了正仓

---

[1] 补注：Qazwīnī 也谈到了中国的缟玛瑙，他在一条古怪的附注中说道，普通的中国人不愿开采缟玛瑙矿，故此事只能留给没有其他办法维持生计的奴隶去干，随后将这些石料卖到中国境外去。见 J.Ruska, *Das Steinbuch aus der Kosmugraphie des al-Qazwīnī*, p.12。

院收藏的宝物，但是描述得并不准确，从而珍宝的重要性被忽视了。例如，我们在第一卷第5页上见其谈到游戏中使用的碟片，第35页谈及水晶、琥珀，第20页谈及黄色天青石、天蓝色天青石，第15页谈及浅绿天青石、绿色天青石；在描述刀剑时，该书反复提到绿色天青石。毋庸赘言，实际上并不存在黄色的天青石和绿色的天青石，因此这些定义都是基于猜测，而非调查研究。这一评论也适用于大部分的考古收藏品。若对突厥斯坦，尤其是中国和阗的凹雕以及波斯萨珊王朝时期的雕刻宝石进行充分的考察，也会在这个有意思的研究课题上取得新成果。

在未来的某时，宝石在中国的考古学中也会占据突出的地位，那么我们现在所做的这种研究的实际功能就会显现出来。如今，宝石见于中国陵墓中这一事实已很清楚，其中有一些，特别是天青石、红玉髓、玛瑙以及其他不知名的宝石，已收藏在菲尔德自然史博物馆。可是由于缺少证据，目前还难以探讨这个课题。据我判断，以及从中国专家处获知，中国的陵墓中迄今尚未发现绿松石。当中国的考古学也以切实的考古发现证据为基础时，这一天就不远了。时间会证明一切的。

有关藏地的情况，似有一个说得通的解释：汉文名称"瑟瑟"是音译了古代藏人非常珍视的一种珍宝，故可溯源至一个藏文词。藏文词 *zé*（或者 *zé-ba*，*ba* 只是个后缀）不同于上文提到的 *zé*，在《藏梵词典》中，它被译成梵文 *açmagarbha*；而按 *Rājanighaṇṭu*（Garbe 编，第77页），此词是翡翠的名称，故藏文 *zé*（等于汉文"瑟瑟"）也就相应地是翡翠的名称。[103] 这一推断与汉籍所言藏地的瑟瑟十分珍贵之说非常吻合。

还有藏语词汇 *mar-gad*，源自梵文 *marakata*，此词充分表明藏人是了解翡翠的。杰勒德上尉（Captain A.Gerard）在谈到西藏极西端的斯皮提（Spiti）时说道，当地有珊瑚珠和另一种宝石做成的珠子，材质与红宝石、翡翠及黄宝石相似。[104] 在羊卓桑丁的一座陵墓上缀满了大颗的绿松石、珊瑚珠、红宝石、翡翠和珍珠。[105] 特纳（Saneul Turner）在《西藏与周边诸地间常见商贸物品清单》中注明了翡翠是由孟加拉出口至中国西藏的。[106]

雷穆萨特（Abel–Rémusat）错误地认为翡翠即是汉籍所谓的"绿松石"。另一方面，他又将汉文名"祖母绿"误译成"橄榄石，或为绿松石"；而实际上"祖母绿"即是翡翠，相当于满文 niowarimbu wehe（意为绿色石）。这可由四种语言的《四体清文鉴》予以证实：在此，该汉文名和满文名便相当于藏文名 mar-gad（亦作 ma-rgad）和蒙文名 markat，它们都衍生自梵文名 marakata；而梵文名本身又是希腊语名 zmaragdos 或 maragdos 的借词。[107] 至于汉文名"祖母绿"则似乎可以直接溯源至波斯语 zumurrud，[108] 若谓中国从与波斯的大规模商贸中获得了翡翠，好像是合乎情理的。中土汉人可能在元末首次了解了翡翠。[109]

让我们再回到中国绿松石历史的问题上来。陶宗仪撰写的有趣著述《辍耕录》（出版于 1366 年）充满了有关蒙元时期的有价值资料，其中有一段对伊斯兰世界宝石的简短列举，这些宝石都是在此期间通过商贸活动输入中国的（见卷 7）。最后一组宝石称为"甸子"（见 Giles, Dictionary, No.11180，但是并未解释其含义）。[110] 它被分为三种：一为"你舍卜的"，即来自波斯尼沙普尔（Nīshāpūr）的石料，称为"回回甸子"，纹理较细；第二种称"乞里马泥"，是来自波斯起儿漫（Kermān）的石料，称为"河西甸子"，即唐古特人（Tangutans）地区（西夏）所使用者，其纹理较粗；第三种称"荆州石"，亦称"襄阳甸子"，会变色。

　　显而易见，正如贝勒业已指出的那样[111]，尼沙普尔和起儿漫的绿松石都在这里谈到了，因此，"襄阳甸子"也就是指"襄阳的绿松石"了。襄阳乃是湖北省的一个城市及其之前的省会，而荆州则是古代的一个行政区，包括了今湖南与湖北省的一部分。"甸子"的色彩变化确实符合绿松石的特性：它若长期暴露在阳光下，其蓝色会褪去而成淡绿色。[112]

　　假如这个结论正确的话，那么这即是汉籍谈及 14 世纪下半叶汉地绿松石产地的最早资料了，也是真正用汉语命名绿松石的最早资料。[113] 有意思的是，杜绾在其 1133 年出版的《云林石谱》卷上中专门谈到了用于建筑的襄阳石，但是并未指出这是绿松石，以及这种石料的其他产地。[1] 因此很显然，宋代的襄阳已经开采这种石料，但是"绿松石"之名尚未出现；可以确认的事实是，在蒙元时期之前，绿松石的采矿业并未展开。值得注意的是——如下文将看到的那样——当今的中国绿松石开采仍在湖北地区进行。如果再回顾马可·波罗的记载，则我们在前文似乎曾正确地说过，汉人了解绿松石不会早于蒙元时期，亦即 13 世纪和 14 世纪。湖北地区的早期采矿并没什么重要性，因为它并未在后世的资料中留下痕迹。我们还注意到，波斯的绿松石在 14 世纪为中国人所知，并被认为优于中土本地的产品。[114]

　　上文的考证使我们获知，《元史》中也谈及了绿松石，只是它在该书中被称作"碧甸"或"碧甸石"；此处的"甸"字与前引《辍耕录》

---

[1]　译注：据《云林石谱》原文，该书虽谈到"襄阳石"，却未指明供建筑之用。兹录其文，以供参考："襄阳府去城十数里，有山名凤凰，地中出石，积长尺余，或如拳者，巉岩嵚怪，往往如大山势。色稍青黑，间有如灰褐者，扣之有声。土人不甚重。政和间，惟镇江苏仲恭留台家有数块，置几案间。"

中的"甸"字相同。《元史》卷78谈及，绿松石用于帝王的龙袍和大臣们的朝服上；还特别谈到，金珠和绿松石都用于耳环上。蒙古人显然早在占领中原地区之前就已了解绿松石，或者是通过西藏人，或者是通过突厥人，抑或通过这二者接触到了绿松石。

我们知道，考古学者曾发现过西伯利亚青铜时代饰以绿松石和翡翠的金质匾牌。[115] 除了埃及之外，这一古西伯利亚技术可能代表了世界上最古老的绿松石应用。对于中土汉人而言，绿松石是种陌生的产品，从未成为珠宝首饰中的大众消费品。他们通过突厥人、波斯人、西藏人、蒙古人了解了绿松石；我的印象是，蒙古统治者是最早将绿松石引入中原的，他们对绿松石的使用推动了中土绿松石矿的发现，并导致了马可·波罗所说的朝廷对绿松石开采权的垄断。《元史》所载云南省会川路上呈的有关绿松石的报告，可能与蒙古君主渴求绿松石有着因果关系。

元代兴起之后，规定金、银、珠、玉、铜、铁、水银、朱砂，以及绿松石等矿物产地的居民每年都得以纳税的形式向朝廷交纳一定数量的这类特产。[116] 当时，绿松石的产地定为和林与会川。史料还谈到，至元十年（1273），由一位名叫乌玛喇的官员负责征收和林的绿松石（"碧甸子"）。[117]

和林的另一个中文名是哈剌和林[118]，是成吉思汗的继承者窝阔台、贵由及蒙哥的驻跸地，也是蒙古国时期巨大的工业和商业中心。我们并不知道，绿松石是否曾经见于或者如今仍见于这一古都的周围，亦即鄂尔浑河流域。十分可能的情况是，13世纪的哈剌和林只是绿松石的主要集散地，绿松石由此再销往蒙古与东胡诸部落。《元史》卷94《食货志二》将绿松石列入全国的天然物产中，其中包括金、银、珠、玉、铜、铁、水银、朱砂、铅、锡、矾、硝及碱等。

显然，在蒙古国时期，至少有三个地区的绿松石矿在运行，即湖北、云南和四川（即马可·波罗所说的 Caindu）。

当时，西藏的绿松石也运往中原地区。这可从曹昭所撰《格古要论》（出版于 1387 年，是艺术与古物的评释集成）卷 3 的一条记载推衍出来。此书撰于明初（明朝建于 1368 年），故作者必定经历了元代末期。他借用了元代对绿松石的奇特称呼"碧甸子"，但用同音字"靛"替代了"甸"，从而名之为"碧靛子"。而"靛"的意思为靛蓝、深蓝，故此名便有了"绿色和靛蓝色之石"之意。他声称这些石料产自"南蕃"和"西蕃"，这当是指吐蕃（西藏）的南部和西部。[119] 他还说，这些石料呈"青绿色"，质地好的接近"马价珠"（价格相当于一匹马的珠子）。此语显然沿用了前文所引《新五代史》关于藏族妇女之瑟瑟的说法。[120] 他还说道，黑绿色的碧靛子则不甚值钱。明朝撰写的另一部著述《博物要览》（出版于 1621 — 1627 年间）卷 6《纪宝石》列举了一系列的西藏宝石，最后谈道："土番国所产青宝石，石色淡青，如天晴色。"该书在此使用了"宝石"一词，我不知道这是否意指绿松石。

中国的陶器中有一种深青色的釉，被收藏家称为"绿松石釉"。有人猜测，这种釉是旨在模仿绿松石的色彩，如《中国瓷器摩根藏品目录》（*Catalogue of the Morgan Collection of Chinese Porcelains*）所言。[121] 然而，这个观点是错误的。盖因"绿松石釉"只是一个外来名称，而在中土汉人的心目中，这釉与绿松石无关。这釉是用一种铜硅酸盐制成的，汉文名叫"翡翠"，因它类似于翠鸟的羽色而得名；或者也叫"孔雀绿"。[122] 这种釉最初见于宋代（960—1279）的陶器上，[123] 至明代臻于鼎盛，成功地作为彩釉使用在瓷器上。在这两个时期内，绿松石几乎不为中土汉人所知，在他们的生活中并无什么作用。[124]

就我所知，现代名称"绿松石"出现的时间不会早于 18 世纪。[125]
当然，也可推测汉地绿松石矿的开采曾在明代中断，而于 18 世纪再度
恢复。明清时期的资料都未涉及绿松石的开采。16 世纪有关博物史的
伟大著述《本草纲目》也未谈及此事。乾隆时期（1736 — 1796），绿
松石偶然地用于京师的朝廷制品中，这一点可从纽约大都会博物馆的毕
晓普藏品部的几件器物上获得证实。例如，其中有一件黄金凸雕的剑
鞘，饰有绿松石雕刻的佛教"八宝"，显然是某位蒙古亲王的礼物；还
有一把御用短刀，标有乾隆的印章，刀柄上镶嵌着天青石、红玉髓和绿
松石。[126]

清朝的皇帝们似乎偏爱喇嘛教，他们对蒙古人和西藏人的兴趣源
于这些人对绿松石的使用，以及在这方面追随蒙古大汗的嗜好。而在
汉人中间，这种宝石从未普遍流行过。[127]他们偶尔使用绿松石镶嵌器
物，不过往往只是为了配合其他宝石而产生色彩多样的效果。布谢尔
（Bushell）描绘了一个红漆雕盒，饰以镶嵌着绿玉、黄玉、天青石、绿
松石和紫晶的植物图案、水果、花卉等。[128]在菲尔德自然史博物馆的
中国藏品部有一对玉树各置于景泰蓝珐琅盆中，其树叶由绿松石华美地
雕刻而成。[129]

同样是在乾隆年间，我们首次见到绿松石被官方采用，并被容许
使用在皇家的祭典中。

《大清会典图》记云，绿松石在某些情况下使用于龙袍上（见卷
42）。帝王在天坛主持祀典时，佩挂天青石的念珠；在地坛时，则佩挂
琥珀念珠，盖因琥珀的黄色象征地土之色；在日坛佩珊瑚念珠；在月坛
佩绿松石念珠。至于在月坛所用的腰带则镶以白玉。[130]普通朝服的腰

带为黄色丝绸，饰红宝石或蓝宝石和绿松石。《皇朝礼器图式》反复地谈到绿松石，它们用在朝冠上，剑鞘上，也用于皇后和命妇的首饰中。它们往往与蚌珠、珊瑚及天青石组合在一起使用。[131]

如今，中原地区有两个绿松石集散中心，一为北京，主导着蒙古的市场；一为西安，控制着与藏地的贸易。在西安，约有十多家商号在从事这宗贸易。他们都位于同一条街道上，在各自的店铺里加工原材料。他们制作任何尺寸的珠子和片材（见图版六中的图 1），打磨，抛光，以及钻孔。钻孔是一项基本的操作，因为西藏人不愿意接受未钻孔者，除非只是嵌在指环上的小珠，或者用以镶嵌耳环和祈祷盒的饰板。

西藏人检测一件绿松石制品的第一个方法，便是确认其钻孔质量如何：往孔内吹气或吐些唾沫，或者用针穿过孔眼。假如检测结果不能令人满意，他便立即把物品还给商家，不再购买。在西安，绿松石按重量计价，根据不同的质量而在每斤 5 — 8 两银子（约合 3.5 — 5.6 美元）之间。异常华美的或者极小的和仔细抛光的珠子则具体论价。在此，汉族商贩与西藏人的绿松石珠和绿松石原材料的贸易通常以实物交易的方式进行。于是，我适当地采用了这一方式，从而获得了西藏人用以交换绿松石制品的大量绿松石原料。

在这些汉人的制品中，方形的扁平石料（见图版六的图 1）和用以串成念珠的大颗珠子位列第一。此外，还有设计新颖的雕刻品，状如山岩（见图版六的图 2 — 4）或飞鸟（图版七的图 1），用以装饰喇嘛的桌子，或者作为镇纸。再有虎、鱼等动物形状的饰品，用以挂在腰带上（图版七的图 3、图 4）。又有巧妙雕镂的鼻烟壶（图 2），以及雕有双重花瓣的纽扣饰物，用以装饰帽子或妇女的头发（图 5）。图版七之图 6 的绿松石雕像是五禅定佛中的阿弥陀佛，这是在北京制作的。图版八所示者是黄道十二宫的十二种动物，对应十二年的循环圈，每一年对应一种动物，它们分别为鼠、牛、虎、兔、龙、蛇、马、羊、猴、鸡、狗、猪，均用绿松石雕刻而成，出自北京工匠之手。这组雕刻品供富裕的蒙古人使用，帮助他们计算年份。[132]

柔克义（W.W.Rockhill）在 1889 年去过西安，有人告诉他道，河南发现了绿松石。[133] 我没有理由怀疑这个说法的正确性，但是我不敢肯定在 1909 年时情况仍然未变。因为即使在中国，二十年的时间里也会发生相当大的变化，我倾向于认为，河南的绿松石矿如今很可能已被开采光了。

贝勒（Bretschneider）在其《中世纪研究》（*Mediaeval Researches*, Vol.I, p.176）中引述了庞佩利（R.Pumpelly）在其《中国蒙古、日本之地质研究》（*Geological Researches in China Mongolia, Japan*, p.118）里所说的话：一种类似于绿松石的矿石"松耳石"产于云南省。然而这个说法需要证明，因为在其他有关云南的资料中均未谈到松耳石。[134]

西安的一个绿松石经销商告诉我，这里经营的绿松石来自湖北省的郧阳；而另一位商人则更具体地指出，产地就在郧阳的竹山。《大清一统志》[135] 卷 272 谈及郧阳府，却从未涉及此事；在所举竹山地区的诸山中，只有一座山出产石料，即矾石山，因早先产矾而获其名。

必须注意的是，《大清一统志》所言的物产并不反映出基于实际勘察而得知的中国现状，而仅仅是偶然摘录自早期的文献，乃至上及唐代，因此这种地理特色是非常不完善和不能令人满意的。例如，郧阳府的物产全部抄自《大明一统志》。很可能郧阳府的绿松石开采只是近世之事，其年代要晚于《大清一统志》出版的日期。我认为，似乎河南绿松石矿的枯竭推动了湖北新产地的搜寻和勘探。假如这些思路能够导致矿物学者或地质学者造访中国的这些绿松石矿，探知它们的分布范围、使用的采矿方法，以及绿松石的产量和贸易情况，那将是令人十分高兴的一件事情。

绿松石未见于日本，日本人始终不知道绿松石。日本的矿物学者通过我们的著述而了解绿松石后，新创了"土耳其玉"一名（トルコだま，拉丁拼写作 *torukodama* 或 *turkodama*）。

注释

1 因此之故，有关中国汉地之绿松石的知识也就不可能太过古老；这一结论将因我们的历史研究而得到肯定。

2 参看 *The Middle Kingdom*, Vol.I, p.310, New York, 1901。

3 见 *Letters*, p.108。

4 在广东话中，"绿松石"分别读作 *luk ts'ung shek* 和 *ts'ung i shek*。这些字的含义可见 Eitel 和 Giles 的《华英字典》(*Chinese-English Dictionaries*)，以及 Palladius 的《中俄字典》(*Chinese-Russian Dictionary*) 中。Couvreur 及其他作者则未列这一条目。满、藏、蒙、汉四种语言的《御制四体清文鉴》确认了"绿松石"的译名：汉文作绿松石，相当于满文 uyu、藏文 gyu、蒙文 ugyu。出版于 1785 年的《卫藏图志》中有"松蕊石"一名 (No.5723)。鲁南天主教传教团出版的《德华词典》以"绿色石"之名称呼绿松石。G.Schlegal 在其 *Nederlandsch chineesch woordenboek* (Vol.IV, p.232, Leiden, 1890) 中除了列有通用的名称"绿耳石"外，还有"青玉"一名也用以指称绿松石。这肯定是现代的伪造名称，或者是个谬误，因为中国人从来未将绿松石列在"玉"一类中，而是只列于普通的宝石类中。有关这个问题，下文将会进一步谈论。

5 参见 Giles, *Biographical Dictionary*, pp.606, 698。

6 参看 d'Herbelot, *Bibliothèque orientale*, Vol.IV, p.165, La Haye, 1779。汉文类书不正确地引录了这段文字，并且随意篡改，如《格致镜原》卷 7 将河名写

成了"康于",又略去一整句,最后还添上"(石)有松文"一语。

7 见《佩文韵府》卷 100 之一,第 31 页。

8 参见 Wylie, *Notes on Chinese Literature,* pp.200,221,他将《录异记》作者的生活年代定在公元 10 世纪。L.Wieger 说,《录异记》被收入了《道藏》(见其 *Le canon taoiste*, p.111, no.586),不过,他将此书及其作者置于 9 世纪。伯希和(M.Paul Pelliot)为我们提供了新的线索,认为杜光庭生活在唐末,而其所有著述都完成于 10 世纪初以降(*Journal asiatique*, 1912, Juillet-Aout, p.149)。布莱资奈德(E.Bretschnerder)在其 *Botanicon Sinicum*(pt.I, p.172, No.492)中声称,《录异记》的书名早在 6 世纪时就已存在了,因为当时有本书引用了《录异记》;然而,他似乎并不确定所指的那本《录异记》是否即是杜光庭的《录异记》。怀利(Wylie)指出,当这位作者的所有作品都失去了真实性时,那么说它们失去了历史价值,确实是不错的;然而,我们不能这样判断作品的全部价值,而应该意识到,作者作为一位道家隐士和幻想家,通过对想象中的龙、虎、龟、蛇、鱼等的描绘,向我们揭示了道家心理的有趣状态;他讲述了奇特的梦境和发生在墓地附近的古怪现象,还记录了道教信徒在全国各地隐居的著名山川湖泊,讲述了诸如以产茶闻名的福建武夷山的故事。

9 张华(232—300 年)所撰的《博物志》记载道:松树的根会吸食天然的石头。石头碎裂之后,会溶解在泥土中,从而生成松树。而经过三千年后,松树会又变回石头。《博物志》在宋代失逸,后世将散见于其他著述中的各段文字再行辑集(见 Wylie, *Notes*, p.192),因此不能保证其现行版本中的各段都出自 3 世纪的原著。上文所引的诸文都很有趣地关联到中国古人的化石知识,日后我会将它们归纳在专文中讨论。《博物志》有大量的资料涉及源于三趾马化石和犀牛化石的龙骨、龙牙,并有关于鱼、蟹、燕化石,以及可从药铺中获得的一切药物的资料。阿拉伯人也有类似的记载(见 N.Reinaud, *Relation des voyages faits par les*

Arabes, Vol.I, p.21; P.A.van der Lith, *Livre des merveilles de l'Inde*, p.171 ），
还有 E.v.Lasaulx 所探讨的古生物学知识对此也有涉及，见其 *Die Geologie der Griechen und Römer*, pp.6-16（*Abhandlungen der bayerischen Akademie*, München, 1851 ）。

10 此书被收载于大型丛书《知不足斋丛书》第 28 集中，也见于《唐宋丛书》中。此书与"本草"风格类型的书籍大不相同，在"本草"书中，天然物质的医疗价值形成了主要观点，而杜绾的书则是从经济地理学的角度撰写的，其书中的矿物都以其产地命名；并且，作者主要感兴趣的是它们的工业利用价值。这个特色使他的记载颇具实用价值，因此，若将该书全部译出，则除了纯粹的科学意义外，还可借以研究中国的经济矿物学。

11 陆龟蒙的著名作品有《小名录》（参看 Wylie, *Notes on Chinese Literature*, p.182 ）和短文《耒耜经》（参看同上书第 93 页，以及 O.Franke, *Kēng Tschi T'u*, p.45, Hamburg, 1913 ）。Bretschneider（前引书第 72 页，No.493 ）引《新唐书》卷 196《陆龟蒙传》，谈到了他的诗集。其诗集被《高斋漫录》所援引（《守山阁丛书》卷 91 ）。

补注： 按 M.Pelliot 的通信，陆龟蒙的诗集收载在他的《笠泽丛书》中，共四卷和一个附录。我曾在《北梦琐言》卷 6 中见到他的一段简短传记。

12 贝勒（Bretschneider）在其 *Botanicon Sinicum* (pt.I, p.55) 中曾探讨首版于 1596 年的这部有趣著述的文献史。我尽管花了诸多努力，却并未获得此书的初版，似乎它完全失逸了，不见于中国的任何图书馆中。布莱资奈德说，现存的最早版本似乎出版于 1658 年。然而，我在东京得到的却是 1645 年出版于杭州的十六卷版本，今收藏在芝加哥的约翰·克里勒图书馆（John Crerar Library）；它并有 1826 年的三十一卷版本和 1885 年的四十卷版本，是为现存的最佳版本。最好的影印版是上海集成书局据 1657 年张朝璘版在 1908 年出版的。顺治年间诸版

比乾隆版和道光版更为准确。夏德教授谈到了1603年的明版，这可能是该书的第二版（见 Hirth, *Journal China Branch Royal As.Soc.*, Vol.XXI, 1886, p.324）。

13 怀利（A.Wylie）在其《中国石棉》（*Asbestos in China: Chinese Researches III*, Shanghai, 1897）中引用了《图经》之语（p.152）："今处州山中出一种松石，如松干而实石也。或云松久化为石，人家多取以饰山亭及琢为枕。"这段文字显然源自《本草纲目》，而《图经》则是苏颂之《本草图经》的略称。可参看 F.de Mély, *Les lapidaires chinois,* p.86, Paris, 1896；其中"pour représenter des tranches d'arbres"一语的译文可理解成"to represent pillows"（代表枕头）。在第208页，de Mély 引了 de Rosny 的一段有意思的注释，据此，1806年曾在日本发现过变成化石的一棵松树。

14 "蜜蜡"是浅黄色琥珀的名称，其中可能也含有柯巴脂和人造物。《大清一统志》（卷274）将它归为湖北省施南府的物产，但是在另一段中则把它说成由荷兰人引进的产品。其他的中国学者则谓蜜蜡原产于云南和西藏。其藏文名为 *ko-shel*；蒙文名为 *tabarkhai shel*；满文名为 *meisile*，而此即汉文"蜜"（*mi*）与藏文"晶体"（*shel*）的混合名。我曾在四川省的省会成都获得用这种材质制作的若干小型腰带垂饰；他们声称这种材质产自云南，但是我至今尚未检测其成分。

15 见 F.Hirth, *Nachworte zur Inschrift des Tonjukuk*, p.81（in W.Radloff, *Die alttürkischen Inschriften der Mongolei*, Vol.II, St.Petersburg, 1899）。沙畹（E.Chavannes）在其 *Documents sur les Tou-Kiue (Turcs) occidentaux* 中（p.140, St.Petersburg, 1903）翻译同一段时也接受了夏德的解释。此外，翟理斯（Giles）在其《华英字典》的第二版中也同意将"瑟瑟"译成绿松石。帕拉迪乌斯（Palladius）音译了"瑟瑟"一名，却不同意其他人的观点；他在其高质量的《汉俄词典》中（Vol.II, p.569），对瑟瑟所下的定义是"天蓝色的透明宝石"。他对另一个名称 she she（翟理斯《华英字典》第9600条）的解释则为"翡翠"。

Couvreur 在其 *Dictionnaire classique de la langue chinoise* (p.584) 中解释"瑟瑟"道："一种漂亮的石头和玻璃之名。"又，他在其 *Dictionnaire chinois français* (p.13) 中对此所作的解释则是"蓝色和透明之石"；对"瑟"字则释为"宝石的透明性；纯粹，洁净"。如果再回到汉文资料来检视一下帕拉迪乌斯（Palladius）与库弗留（Couvreur）有关瑟瑟之透明度的说法，那么我将十分遗憾地发现，我所掌握的汉文资料中根本没有这样的表述。鉴于绿松石的矿物学属性——这点是非常重要的，因为绿松石的突出品性中没有一个是属于"透明性"的——我们只能认为，帕拉迪乌斯与库弗留都将他们的定义建立在汉文文献的基础上，那么这必然会导致人们对瑟瑟相当于绿松石的无力假设产生异议。

帕克（E.H.Parker）将瑟瑟定义为西藏人、东胡，甚至大月氏人（印度塞人）大量用于制作箭镞和其他物件的一种玉（见 *China Review*, Vol.XVIII, 1890, p.221）；而大月氏人嗣后信奉佛教，其神圣的食钵也是用这种材料（"青石"）制成的。依他之见，瑟瑟即是"青石"，意为绿色或蓝色（也可能更深色一些）的石头。

然而，这个观点很难说是正确的。东胡诸部落的箭镞材质已由黑龙江地区的考古资料予以证实，不是别的，只是普通的燧石而已。印度塞人之食钵所用的"青石"极其可能是天青石，因此在这个场合也就意为"蓝色之石"。在佛教绘画中，佛钵通常都绘成深蓝色或天青石蓝色。还有其他几个例子表明"青石"即是这个意思（见 Hirth, *China and the Roman Orient*, p.72，以及 *Chinesische Studien*, p.250）。没有汉文资料声称"瑟瑟"是一种玉，或者是"青石"，抑或用来做箭镞。

补注：伯希和认为，Palladius 对于瑟瑟的定义是依据《康熙字典》"瑟"字条，而《康熙字典》则按 13 世纪的《古今韵会举要》将瑟瑟定义为"碧珠"。至于 Couvreur 的说法则依据《诗经》的注释，然而，这仅仅解释了"瑟"而非"瑟瑟"，故后者乃是外来词的音译。相应地，Palladius 和 Couvreur 都未对"瑟瑟"的性质作出定义。

16 见 S.W.Bushell, *The Early History of Tibet*, p.8 (Journal Royal Asiatic Society, 1880)。乾隆版的《新唐书》卷 216 上并未写成"瑟瑟"，而是作"琴瑟"，是为指称乐器的一个常用词（见翟理斯的《华英字典》第 2109 条）。显然，这样的写法是错误的，这恐怕表明抄写者并不懂得不常见的"瑟瑟"一词的真实含义。"瑟瑟"一名未见于《旧唐书》，而只见于《新唐书》中。

17 这段引文见于 938 年使臣高居诲的报告。Abel Rémusat 在其 *Histoire de la ville de Khotan* (p.77, Paris, 1820) 中翻译了这段记载，并将"瑟瑟"一词译成珍珠（pearls）。

18《南诏野史》（出版于 1550 年）谈到，南诏国（大致相当于今云南省辖境）在 794 年曾向唐朝进贡瑟瑟（见 C.Sainson, *Histoire particuliére du Nan-Tchao*, p.54, Paris, 1904）。初看之下，此处所言的瑟瑟可被视作绿松石，因为 R.Pumpelly（下文还将谈及他的著述）曾提到，云南是类似于绿松石的一种矿石的产地，虽然此说尚需确认。

《元史》卷 16《世祖纪十三》提供了另一条证据：至元二十七年（1290）十一月庚戌，"罢云南会川路采碧甸子"，而"碧甸子"即是绿松石。我的朋友伯希和教授非常善意地提醒我注意这条史料。另有一段文字则表明，至元二十一年（1284），会川曾送往朝廷一千多颗绿松石："（碧甸子）在会川者，二十一年，输一千余块。"（《元史》卷 94《食货志二》）然而，按照下面将进一步谈及的有关中原汉人在蒙古时期才首次获得绿松石的资料来看，云南的绿松石矿只是在该时期的稍前才开始开采的。不管怎样，我并不倾向于毫无保留地把这段记载置于 794 年，也不相信"瑟瑟"与"碧甸子"是指同一物品。我只认可这类假设的可能性，并可以对此情况做出另外的历史解释。

8 世纪，构成南诏国主体的傣族（掸族）与正处鼎盛时期的吐蕃人建立了密切的同盟关系，因此有理由认为南诏的瑟瑟源自西藏，并认为即是古西藏的瑟瑟——下文将展示，这很可能是翡翠。《新唐书》卷 222 上《南蛮上·南诏上》载云，中国南方的土著部落，即所谓的"南蛮"的妇人多"以两股辫为鬟髻，耳缀珠贝、瑟瑟、虎魄（琥珀）"。在此情况下，很容易令人在初见之际将"瑟瑟"理解为绿松石，因为如上文所言，绿松石与琥珀的组合确实见于西藏的诸部落中。然而，"南蛮"并不属于藏族，并且，因事实而产生的另一个难题是，无论是古代还是现今的记载中，都未提到"南蛮"的任何部落使用绿松石。因此，为妥善起见，还是不要将上文所言的"瑟瑟"理解成绿松石为宜。

补注： 伯希和认为，《南诏野史》的内容源自更早的唐代《蛮书》，其卷 10 中的一段文字谈及瑟瑟。《蛮书》的作者为范绰，该书出版于 860 年左右。有关此书的历史，见 Pelliot, *Bulletin de l'Ecole française d'Extrême-Orient,* Vol. IV, 1904, p.132。

19 见 Hirth, *China and the Roman Orient*, p.53。当时（1885 年），夏德（Hirth）并未进一步确定"瑟瑟"一词所指。

20 朱如玉回国后诈称这些于阗珍宝被回纥抢走，事发后被判流放而死于服刑期间（参见 Chavannese, *Documents*, p.128, note 2）。

21《北史》是由李延寿编撰的（见翟理斯《华英字典》第 474 页），约成于 644 年。它包括了自 386—618 年间统治中国北方的诸朝的历史。《隋书》由唐朝的魏徵编撰，成于 636 年。

22 值得注意的是，声称瑟瑟为波斯物产之说只见于《北史》和《隋书》，却不见载于两《唐书》。《旧唐书》卷 198《西戎传·波斯》列数了波斯所产的诸多宝物，如珊瑚树、车渠、玛瑙、火珠等，但是《新唐书》只说波斯产珊瑚，以及献给唐皇的玛瑙床（见 Chavannes, *Documents*, pp.171, 174）。车渠通常是指白色的大贝壳，藏文作 *dung*，梵文作 *çaṅkha*，阿拉伯文作 *shenek*（见 M.Reinaud,

Relation des voyages faits par les Arabes, Vol.I, p.6）。它有时候似乎也指一种目前尚未确认的宝石（见 Hirth and Rockhill, *Chau Ju-kua*, p.231；Pelliot, *T'oung Pao*, 1912, p.481）。

"火珠"乃是水晶制成的凸透镜，号称可以产生火（见 F.de Mély, *Les dapidaires chinois*, p.60；Chavannes, *Documents*, p.166；Pelliot, *Bulletin de l'Ecole française d'Extreme-Orient*, Vol.III, 1903, p.270；《本草纲目》卷8）。

《隋书》中，瑟瑟与真珠、玻璃、琥珀、珊瑚、天青石、玛瑙、水精（水晶）、火齐、金刚（石）等珍宝一起被提及。"火齐"一名至今尚未得到恰当的解释，所谓它就是"火珠"的说法还有待证实。在《南史》卷78《夷貊上》中，"火齐"被说成是中印度（中天竺国）的物产，并描述它"状如云母，色如紫金"（见伯希和，同上引书）。而困难之处是，这里所谓的"云母"是否即是如今现实中的云母（mica）和珠母，仍是不能断然确定的。"火齐"有可能指的是石榴石。

在《隋书》卷83《西域传·波斯》中，"瑟瑟"之后紧跟"呼洛羯吕腾"一词。最初，我倾向于将"呼"理解为其字面的意义，即"称呼""名叫"等，并认为它后面的几个汉字乃是波斯语或阿拉伯语中某种宝石的名称，被音译成了汉文。若重构这些汉字的古音，则可得到 lok（或 rok）-ket-li-dang 的读音；然而，却没有一个波斯词或阿拉伯词是作这种读音的。我向伯希和教授请教了这个问题，他非常好意地写信给我道，这段文字已经引起了他的注意，他认为"呼"字也是汉文音译名的一部分，它们一起指称两种物产的波斯名。所以，此语应该理解成"瑟瑟、呼洛、羯吕腾"。尽管后二名尚未获得比定，但是有了伯希和这个十分合理的观点，相信将能获得更好的研究。

杰克逊教授（Prof.A.V.Williams Jackson）提醒我注意一个事实：*katlidang* 可能是 *qutlān* 的复合词，而后者在阿拉伯语、突厥语和波斯语中都有连结、鳞片等意；波斯语 tan 则是"身体"之意，所以整个词的意思便是指鳞甲或链甲。这是个非常有启发性的观点，因为波斯确实是向中国输入锁子甲的国家（其古代样品收藏于菲尔德自然史博物馆）。《旧唐书》卷198《西戎传·康国》说，开元六年（718），康国遣使向唐廷贡锁子甲等物。关于这个问题，我随后将在其他著述中讨论。

《梁书》卷54《诸夷传》谓波斯国产"珊瑚树，长一二尺。亦有琥珀、马脑（玛瑙）、真珠、玫（王回）等"。夏德（Hirth）和柔克义（Rockhill）在其《赵汝适》（*Chau Ju-kua*, St.Petersburg, 1912）中据《魏书》和《隋书》谈及波斯的物产时，完全删略了"瑟瑟"和其他一些土产（p.16）。这两位作者声称："当然，这些物品中的大多数来自印度或东南亚的一些地区，只有少量物品来自阿拉伯半岛或者波斯湾沿岸国家。"此话似乎令人怀疑，因为它只在某种程度上是正确的。无论如何，南北朝汉文史料从未谈到印度或东南亚出产瑟瑟，却将它当作波斯和索格底亚那的特产；嗣后的唐代，拂菻、石国、吐蕃和"南蛮"等也被说成是瑟瑟的产地。

23 魏政权（包括北魏、东魏、西魏）始自386年，终于556年。《魏书》由魏收（507—572）编撰，于554年上呈皇帝。

24 见 Chavannes, *Documents*, p.99。

25 下文将指出，具有珠宝含义的"瑟瑟"一词乃是汉文对一个外来词的音译。单独一个"瑟"字则是一种弦乐器，即一种琴，参见 J.A.van Aalst, *Chinese Music, p.62, Shanghai*, 1884。但是，《佩文韵府》卷93所引《三国志》卷19《陈思王传》的一段注释中提到的"瑟瑟"似乎是一种乐器。《晋书》卷97《四夷传》谈到辰韩时，说当地人善弹瑟瑟，其形似筑。

译注： 劳费尔在此引自《晋书》的资料，显然是错误句读了汉文古籍。盖因原文谓辰韩人"善弹瑟瑟形似筑"，若作现代标点，显然应为"善弹瑟，瑟形似筑"，而非"善弹瑟瑟，形似筑"。故此语中的"瑟"当然是指乐器，而与宝石"瑟瑟"毫不相干。

26 我要补充的一点是，贝勒是最早认为"瑟瑟"即是绿松石的人（见 Bretschneider, *Mediaeval Researches*, Vol.I, p.140），但是他加了一个限定词"可能"（probably）。

27 "碧珠"在颜色方面的定义其实没有多大意义，因为其他珍宝也可以使用此名，例如，名为"木难"的珠（见 Hirth, *China and Roman Orient*, p.59）在其他著述中甚至被描绘成黄色（见《格致镜原》卷32）。可比照《佩文韵府》卷7之一的"碧珠"条。因此，此名中的颜色可以不必认真看待。W.Tassin 在其 *Descriptive Catalogue of the Collections of Gems in the U.S.National Museum* 中列有宝石颜色的比较表（*Report of National Museum*, 1900, pp.541, 542），它列数的绿色宝石为：锆石、蓝宝石、石榴石（翠榴石和钙铬榴石）、金绿玉（紫翠玉）、尖晶石、黄宝石、钻石、橄榄石、碧玺、绿宝石（翡翠和蓝晶）、水晶（绿玉髓、绿石英和碧玉）、绿松石。蓝色的宝石则为：蓝宝石、尖晶石、黄宝石、钻石、碧玺（蓝碧玺）、绿宝石（蓝晶）、堇青石（水蓝宝石）。也不应忽视的一点是，现代名称"绿松石"是用"绿"字而非"碧"字来描述该物品之颜色的。

28 A.J.C.Geerts 在其 *Produits de la nature japonaise et chinoise*（Yokohama, 1878）中非常谨慎地注意分辨《本草纲目》里普通的"石"与"宝石"（p.202）。

29 在伪亚里士多德的 *Lapidarium* 中，有关绿松石的一段话说道："它的色泽令悲伤者高兴，但是它并不使用在国王的袍上，因为这将贬损君主的体面。"（见 Juius Ruska, *Das Steinbuch des Aristoteles*, p.152, Heidelberg, 1912）另一段类似的话见于 Ibn al-Baitār 的著述中："它较软，有点脆，不用作君主们的装饰品。"（见 L.Leclerc, *Traité des simples*, p.50）成于1175年的一本阿拉伯文著作说道："许多国王都几无佩戴绿松石的热情，因为普通百姓经常把它用作一种标志，并佩戴最优质绿松石的赝品指环。"（见 Wiedemann, *Beiträge zur*

Geschichte der Naturwissenschaften, XXX, *Zur Mineralogie im Islam*, p.234, Erlangen, 1912）在欧洲，绿松石也很廉价。例如，"（绿松石）在此卖不出更高的价钱了，因为有大量的货物从东方运来"（A.Boetius de Boot, *Gemmarum et lapidum historia*, p.271, ed.of A.Toll, *Lugduni Batavorum*, 1636）。在任何时代，人们都会对贵金属和宝石的价格形成大体一致的共识，从而制订普遍的规则和标准；此外，自古至今影响人们之宝石评估标准的价格变化十分微小，这主要是因为人们的风俗习惯以及宝石供应源的变化不是很大。因此，当今不受世人看重的一种石头在古代被视若珍宝，几乎是不可能的事情。

30 宋代的其他作者也曾提及这样的瑟瑟雕饰。例如，周密在其颇有意思的《云烟过眼录》（评论作者亲眼所见的古代青铜器、绘画、玉器等）中谈到唐氏所雕的玉器"黄鹄秋啸"是用瑟瑟装饰的（见卷下）。这件玉器体现了宋代艺术家的品位，故在此情况下若把"瑟瑟"视作绿松石，简直是不可思议的；这不仅出于技术上的原因，更是出于艺术方面的原因。《云烟过眼录》被收载在《十万卷楼丛书》中，编者是陆心源（1834—1894 年）；伯希和对它进行过透彻的分析（见 *Bulletin de l'Ecole française d'Extreme-Orient*, Vol.IX, 1909, p.246）。

31 参见 Giles, *Biographical Dictionary*, p.368；Wylie, *Notes on Chinese Literature*, p.161。

32 收载于《守山阁丛书》卷 74。

33 概述中国——主要在地理方面——的一部书，由乐史撰于宋代的太平兴国年间（976—981）。

34 陕州位于河南省（见 Playfair, Cities and towns of China, No.6157）。

35 平陆位于山西省（见 Playfair, No.5812）。

36《纬略》的这则故事引自成于 1175 年的程大昌《演繁露》。《佩文韵府》将此事列于《新唐书·卢简辞传》之后，所以这无疑是唐代的事情。

37 这个故事有不同的版本流传下来，但是其细节与我们所谈的主题关系不大。按照唐代李肇的《唐国史补》（记载 723—821 年间的史事；也被《图书集成》所引录），卢昂因贪污而被免职；那个半斗大的瑟瑟枕被充公，上呈宪宗皇帝。皇帝遂召人来估价，他们的意见并不一致，有人称它是无价之宝，有人则说它不过是漂亮的石头，并非真瑟瑟。

38 获自西安的显示这类基质的几件绿松石样品今收藏于菲尔德自然史博物馆。

39《明皇杂录》由唐代的郑处诲撰写，成于 855 年。

40 参见《守山阁丛书》卷 84 所载《明皇杂录》。

41 白居易（772—846）的《北窗竹石》诗中所表达的似乎也是这个意思："一片瑟瑟石，数竿青青竹。"（参见《佩文韵府》卷 100）如果此处的"瑟瑟"是指宝石，那么诗中既不能用"片"也不能用"石"来描绘它了。

42 参看 Giles, *Biographical Dictionary*, p.908。

43 于 1259 年访问巴格达的元朝使臣常德谈到了哈里发宫中的瑟瑟，同时提及的还有珍珠、天青石、钻石等（见 Bretschneider, *Chinese Recorder*, Vol.V, p.5）。布莱资奈德在其引文中并未试图确定"瑟瑟"为何物，当他据《康熙字典》说它是一种"珍珠"时，我们得注意，汉语中的"珠"只是泛指球形的小饰物，而并不涉及它的材质，而"真珠"或"珍珠"才是真正昂贵的小球状饰品。然而，布莱资奈德在其 *Mediaeval Researches*（Vol.I, p.140）中说道，"瑟瑟"可能是绿松石。

《元史》卷 21《成宗纪四》谈到，西京道宣慰使将 2500 多斤瑟瑟卖给政府，以替代 11900 余锭银子。不过，皇帝旋即叫停了这笔交易。在此情况下，"瑟瑟"绝不可能是指绿松石，因为如下文将看到的那样，在蒙元时期，这种石头被称为"碧甸"，并且在《元史》中始终这样称呼。另一段文字则令人可以推测出，元代称为"瑟瑟"的那物乃是源自满洲的一种石料。《康熙字典》引《正字通》（成于17世纪）之语道，据说在元仁宗年间（1311—1320），金州（在奉天府，即盛京）知府向朝廷献"瑟瑟洞"，请求开采。这段文字亦见于《元史》卷24《仁宗纪一》中，谓皇帝拒绝了采矿的请求，说道："所宝唯贤，瑟瑟何用焉？"因此，蒙元时期中国境内的"瑟瑟"不可能是绿松石，因为它受到蒙古统治者的高度重视。

44《通雅》卷48《金石·瑟瑟》。亦见方以智《物理小识》卷8《器用类》，谓彩色玻璃珠称为瑟瑟。他是17世纪上半叶之人，是我能追溯到的提及"瑟瑟"的最晚近的作者。

45 贝勒在其《中世纪研究》（*Mediaeval Researches*）中声称，《本草纲目》谓"甸子"即是唐代流行之"瑟瑟"这一说法（Vol.I, p.175）是完全错误的，因为《本草纲目》根本没有说过这类意思的话。其作者李时珍在有关宝石的一段文字的开头说道，蓝色者称为"甸子"；而这并不是《辍耕录》和《元史》中使用的"甸子"一词。接着，是十来句与此主题毫不相干的话；随后，李时珍继续前文的话题，说宝石碧甸被唐人称为"瑟瑟"。因此十分明显的是，这两个说法相隔好几行，相互之间毫无关系；相反，在李时珍的心目中，"甸子"和"瑟瑟"是完全不同的两种物质。他既未说甸子即是瑟瑟，也未称瑟瑟即是甸子，他未在任何地方将一方认定为另一方。即使他这样说了，其断言也是毫无价值的，因为他只是重复了文献的记载，而并未展示涉及所言宝石的真实知识。我们可以大胆地说，李时珍及其明代的大部分中国人都从未见过绿松石。《大明会典》经常将玉、玛瑙、珊瑚、琥珀、珍珠、象牙等与政府财富和宫廷服饰联系在一起，却显然从不提及绿松石。

46 大型类书《图书集成》也将瑟瑟归在"宝石"类中；同样地，宋应星撰成于1637年的工程技术著述《天工开物》也作如此分类。夏德（Hirth）教授在上引注释中引录了《图书集成》的一段话后，暗示引文出自《天工开物》。我曾获得这部珍稀著述的日本1771年版（我在中国尽管努力搜寻，却无任何结果），我敢说，该书中未见阐述"瑟瑟"的丝毫内容，它只是简单地说，"（宝石）属青绿种类者，为瑟瑟珠、祖母绿（翡翠）、鸦鹘石（红宝石）、空青之类"（最后一项可参看 F.de Mély, *Les lapidaires chinois*, p.112, Paris, 1896）。所以，作者只是重复了书本上的记载，而并无有关这些宝石的真切知识或经验，它们对他而言仅仅是几个名称而已。所以，最为重要的是，通过学术研究确认，中国学者对此物的谈论是出于对它的直接认识，还是仅仅重复了前人的说法？换言之，我们在得出任何结论之前，都必须采用健全和批判性的文献学方法对其进行验证。显而易见，明清时期诸学者有关瑟瑟的说法纯粹是一种书面表述和对过去的微弱反响，这对"旧时之瑟瑟究为何物"之问题的研究毫无价值。

47 绿松石产于费尔干纳之说大体上据自兰斯德尔（H.Lansdell）的一段评论（*Russian Central Asia*, p.515, London, 1885）。他说道，绿松石产于俱战提（Khojend）东北 24 英里处的卡鲁马加尔山（Mount Karumagar）。然而，兰斯德尔是具有新闻记者倾向的业余旅行家，他的观察可信度并不高。

K.P.Patkanov 将亚美尼亚文的 *lapidarium* 译成了俄文著述，题为《宝石之名称与属性：据自亚美尼亚史料》（St.Petersburg, 1873）。他谈到，费尔干纳是绿松石的一个原产地（p.48）。另一方面，我们也不能忽略了最优秀的费尔干纳探险家之一乌吉法尔维（Ch.E.de Ujfalvy）的说法，他曾详细地描述了这一地区（参见 *Le Kohistan, le Ferghanah et Kouldja*, p.51, Paris, 1878）。他评论费尔干纳的矿产资源道："在费尔干纳的群山中发现了铁、铅、炭、石英、氧化钾、紫晶、岩晶、银、云母片岩、硫磺等（Aravān 附近的一个山洞中有钟乳石和石笋）。在 Andidjān 地区有丰富的优质萘并吡咯矿，还有 38 摄氏度的硫磺矿。"他并未谈到绿松石。

至今，塔什干及其周近的萨尔特人仍用绿松石装饰银质的项链、马勒、腰带等物（例见 H.Moser, *A travers l'Asie centrale*, pp.104-107, Paris, 1885）。我的同仁 Karutz 博士（就职于 Lübeck 博物馆）曾在俄属突厥斯坦作过大范围的旅行。他写信告诉我，他见到两个地区散布有绿松石，一在俄国的鞑靼人聚居区，一在突厥斯坦的萨尔特人居住区。然而，他并未在土库曼人和吉尔吉斯人的地区内发现绿松石。因此他认为，绿松石只见于城镇居民，而不是草原游牧民中。他对有关当地绿松石矿产资源的问题一无所知，但相信绿松石是从阿富汗进口的。他说，有个传说声称绿松石产于吉尔吉思草原，但是他怀疑这个说法，因为未见吉尔吉思人的装饰中使用绿松石。

补注： 绿松石矿位于费尔干纳之 Upper Nasiyā 地区之说出自 Ibn Haukal（成书于 978 年；见 De Goeje 编 Bibl.Geogr.Arab., p.397），这是英国剑桥大学的优秀波斯学家 Guy le Strange 先生写信告诉我的。伯希和在谈及俱战提的绿松石时，提到 Pavet de Courteille, Baber Nameh, Vol.I, p.7。我未能得到这部书，然而我在 A.S.Beveridge 的新版英译文 The Memoirs of Bāber（p.8）中见到了这样一段话："在俱战提（Khojend）城与河流的北面有一座名为穆努古尔（Munūghul）的山脉；据说那里出产绿松石和其他矿物，并有许多蛇。"因此，我们不再有理由怀疑费尔干纳本地出产绿松石了，并且，由此推测 10 世纪下半叶那里已经开采绿松石矿也是正确的。

48 Max Bauer 在其 Precious Stones 中（p.396）对该地区的绿松石做了如下解释："据说，那里有绿松石矿，主要出产绿色宝石。该地在西北方的波斯边界外，赫拉特（Herat）和西突厥斯坦之间。据古代的阿拉伯作家说，这种宝石产于俱战提（Khojend），那里还出产普林尼（Pliny）所说的绿色橄榄石（callais），如今，这被认为即是绿松石（引者按：此说极为可疑。鲍尔在第 392 页上说：'古人是否了解绿松石，是颇可怀疑的。'）该地区的另一处绿松石矿也曾被记载下来，例如，1887 年报道的距撒马尔罕 50 公里的喀拉秋别山（Kara-Tube）便是。那里的绿松石见于褐铁矿和石英板岩中；在某个未知的时代，那里是采矿现场。当今在同一地区也发现了绿松石，例如，在锡尔河流域喀拉马扎尔山（Kara Mazar）中的库拉明斯克地区（Kuraminsk），以及吉尔吉思草原[西伯利亚的塞米巴拉金斯克（Semipalatinsk）境内]的卡尔喀拉林斯克地区（Karkaralinsk）。这个地区内的这些或那些矿场并无经贸上的重要性，故不必再作深入探讨。"

49 然而，我并不相信此说。在下文将会看到，汉人有关绿松石最初的真正知识是在蒙古人统治时期获得的，当时为此创造了一个新名称，而"瑟瑟"一名仍然有着与之完全不同的含义。我认为，有关某物——尤其是像绿松石那种引人注目的物品——的知识一旦被人们获得之后，是绝无可能再度消失的。而蒙元时期的传说则完全不同于唐代的传说，二者毫不相干。假如费尔干纳的"瑟瑟"确是绿松石，那么唐代汉地所见的瑟瑟为什么未被清楚地描述？它们显然是某种建筑石料。鉴于此，则又可产生一个问题：《新唐书》谈及的塔什干附近出产瑟瑟的山是否真的具有非凡的重要性？此事是有些模糊的，甚至《新唐书》连山的名称也未给出，这显然是源于道听途说。

《北史》和《隋书》的较早记载将这类珍宝说成是源出邻近地区的，而未标出明确的地点；在我看来，这倒似乎更切合事实。因此，能够确认的情况只是：在5—7世纪期间，瑟瑟见于费尔干纳和撒马尔罕地区。由于上引的其他一些文献也必然涉及这个问题，所以在此不必再对这一事实予以特别强调：瑟瑟也见于波斯、叙利亚，并在中国于阗进行贸易。于是，它们的流布范围是西亚和西突厥人的控制区域。在下文我将会谈及，它们由摩尼教信徒或景教信徒带到中国内地。

50 见 H.Brümner, *Technologie und Terminologie der Gewerbe und Künste bei Griechen und Römern*, Vol.III, p.248, Leipzig, 1884。我比布留姆纳（Brümner）更加怀疑有人猜测的普林尼所言的"橄榄石"（*callaina* 或 *callais*）即指绿松石的说法；支持此说的证据极为无力。普林尼是说，这种宝石产于远印度（Farther India）和高加索山；而我们确切地知道，那里不产绿松石，这便证明普林尼所言者并非绿松石。"希腊人几乎不曾用过绿松石；希腊—罗马艺术家也很少使用。"见 D.Osborne, *Engraved Gems*, p.284, New York, 1912。

51 古埃及位于西奈半岛的 Wadi Maghara 和 Wadi Sidreh 绿松石矿于 1849 年由 C.Macdonald 少校首先发现，然后，H.Brugsch 造访过那里（见 *Wanderung nach den Türkisminen und der Sinai-Halbinsel*, Leipzig, 1866），W.M.Flinders Petrie 则于 1905 年重新考察该地。

52 在和阗周围发现的一批古代凹雕收藏品中，有尖晶石和天青石制的器物，唯独没有绿松石制品。A.F.R.Hoernle 对此有所描述，见其 *A Report on British Collection of Antiquities from Central Asia*, pt.I, p.38, Calcutta, 1899。F.Grenard 在和阗附近的一个洞窟中发现了一尊木质像，其眼睛用红宝石制成，见其 *Mission scientifique dans la Haute Asie*, Vol.III, p.143, Paris, 1898。1877 年，人们在阿姆河北岸发现了一处著名的宝藏，A.Cunningham 和 O.M.Dalton 都对它作了描述（分别见 *Relics from Ancient Persia*, Journal Asiatic Society of Bengal, 1881, pp.151-186 和 *The Treasure of the Oxus*, London, 1905）；其中尽管有大量首饰，却未见绿松石的丝毫痕迹。此外，在有关波斯艺术的著述（M.Dieulafoy, *L'art antique de la Perse*；Perrot and Chipiez, *History of Art in Asia, London*, 1892）中，也未提到绿松石。

53 可参看学者们所列的萨珊波斯时期的宝石，如 Ed.Baumann, *Allgemeine Geschichte der bildenden Künste*, Vol.I, pt.2, p.538；G.Steindorff, *Mitteilungen aus den Orientalischen Sammlungen des Berliner Museums*, No.4；J.Menant, *Cachets orientaux, Intailles ssassanides* (Cat.Call.de Clercq, Vol.II, pt.I, Paris, 1890)。

54 见 W.Geiger, *Ostiranische Kultur imm Altertum*, p.147, Erlangen, 1887。

55 见 J.Ruska, *Das Steinbuch des Aristoteles*, p.43, Heidelberg, 1912。

56 见 R.Pumpelly, *Explorations in Turkestan*, Vol.I, pp.60, 64, 199, Washington,

1908。

57 见 Th.Nöldeke, *Geschichte der Perser und Araber zur Zeit der Sasaniden* (Leiden, 1879); Nöldeke, *Aufzätze zur persischen Geschichte* (Leipzig, 1887); M.K.Patkanian, *Essai d'une histoire de la dynastie des Sassanides* (Journal asiatique, 1866, pp.101-238); J.Marquart, *Untersuhungen zur Geschichte von Eran* (Göttingen und Leipzig, 1896, 1905); K.A.Inostrantsev, *Sassanian Studies* (in Russian, St.Petersburg, 1909)。显而易见的是，古波斯诸王以及嗣后的萨珊朝诸君的国库和陵墓中都拥有大量宝石，然而却无任何资料表明它们属于什么宝石。Arrian（*Anabasis* VI, 29）谈到，镶嵌宝石的金耳环是帕萨尔加德（Pasargadae）之居鲁士墓内宝藏的一部分。可进一步参看 M.Dieulafoy, *L'art antique de la Perse,* Vol.V, p.137，以及 O.M.Dalton, *The Treasure of the Oxus*, p.9。

58 见*L'empire des Sassanides, le people, le'état, la cour,* p.105（Copenhague, 1907）。此说来源于 H.Zotenberg, *Histoire des rois des Perses*, p.700 (Paris, 1900)。但是 al-Ta'ālibī（961—1038）所写的这部阿拉伯文著述（由 Zotenberg 编辑和翻译）几乎没有什么历史依据，它纯粹以传说为特色，可称是 Firdausī 之《列王纪》（*Shāh-nāmeh*）的模仿版。

59 其译文见 Gen.Schindler, *Jahrbuch der k.k.Geologischen Reichsanstalt*, Vol.XXXVI, Wien, 1886, p.310。

60 J.de Morgan 在其 *Mission scientifique en Perse* (Vol.IV, p.320, Paris, 1897) 中列有一幅 Takht-i-Bostān 的浮雕图，描绘的是库萨和二世（590—628 在位），他全身甲胄，骑在马上。作者解释道，其剑鞘镶嵌的宝石的中间一排似为绿松石。然而，浮雕上并无色彩，故他的这个说法似乎纯属随意猜想，故被 F.Sarre 和 S.Herzfeld 斥为胡思乱想（见 *Iranische Felsreliefs*, p.203,

Berlin, 1910）。

61 尼沙普尔（Nīshāpūr）是北呼罗珊（Khorāsān）的一个省份和城市之名。该城建始建于沙普尔二世（Shāpūr II）在位期间，所以他的名字成为城名的第二要素。古波斯语称此名为 Nēw-Shāpūr，而 nēw 义为善良、优良。新波斯语作 Nēshāpūr，今作 Nīshāpūr，阿拉伯语作 Naisābūr。参看 Nöldeke, *Geschichte der Perser und Araber zur Zeit der Sasaniden*, pp.59, 67。杰克逊（A.V.W.Jackson）提供了有关该城历史的有趣简介，见其 *From Constantinople to the Home of Omar Khayyam*, pp.246-260, New York, 1911。

62 见 L.Leclerc，同前引书，Vol.VIII, p.51。

63 见 J.Ruska, *Das Steinbuch des Aristoteles*, p.151。

64 同上引书，p.43。

65 见 A.V.W.Jackson，同上引书，p.254。

66 见 E.Wiedemann, *Der Islam*, Vol.II, 1911, p.352。

67 见 Wiedemann, *Zur Mineralogie im Islam*, p.242, Erlangen, 1912。

68 见 L.Leclerc，同上引书。

69 同上引书，p.31。J.v.Hammer 选译了其中的一部分，载于 *Fundgruben des Orients*, Vol.VI, pp.126-142, Wien, 1818。该书原文尚未全部编成。参看 Wiedemann，同上引书，p.208。

70 见 P.L.Cheikho, *Al-Machriq*, Vol, XI, 1908, pp.751-765。参 看 Wiedemann, *Mitt.d.deutschen Ges.für d.Med.und Nat.*, Vol.VIII, pp.509-511。Wiedmann 的译文见 *Zur Mineralogie im Islam*, p.225, Erlangen, 1912。贝勒将《明史》（卷332《西域传四·撒马儿罕》）中帖木儿使臣提到的"照世之杯"比同于波斯诗人经常谈及的以及拉施德丁（Rashid-eddin, 1247－1318）所言的用绿松石制成的"杰姆谢德花瓶"（Vase of Djemshid）（见 *China Review*,

Vol.V, 1876, p.124）。这个说法并不正确，因为按波斯传说，这一宝物"光明洞彻，照之可知世事"；而绿松石一点也不透明（是为含水的磷酸铝，由 20.6% 水、46.8% 氧化铝以及 32.6% 磷构成），这样的成分和不透明性异于其他的大部分宝石。参看 O.C.Farrington, *Gems and Gem Minerals*, p.170, Chicago, 1903。

71 见 Yule and Cordier, *The Book of Ser Marco Polo*, Vol.I, p.90。Gen. A.Houtum Schindler 曾阐述过马可·波罗在波斯南部的旅程（*Journal Royal Asiatic Society*, 1881, pp.1-8 and 1898, pp.43-46）；G.Le Strange 也做过类似的事情（*The Cities of Kirmān*, 同上引书，1901，pp.281-290）。在这些文章的第一篇的第 2 页上，欣德勒（Schindler）就起儿漫省（Kermān）的绿松石矿作了一个注释，说它们见于不同的地点，其中一个地点距 Shehr-i-Bābek 有 12 英里，为 7 个老矿井，至今已有好长时间未开工了。矿中所产之石为淡绿色，价值不大。中国学者陶宗仪也强调了起儿漫绿松石的质量之差（1366 年）。

然而，有人想让我们相信，这类绿松石应该被认为即是普林尼所说的 Callais（橄榄石）："最好的一种产于 Carmania（Kermān）。"此语仿佛是说在广大的 Carmania 未见其他的石料了，仿佛它证明了那里在公元 1 世纪就开采绿松石了。然而，显然马可·波罗才是这类报告的第一人，而从普林尼到马可·波罗，其间有着多大的时间间隔呀！阿拉伯作家塔利比（al-Ta'ālibī）清楚地说，绿松石只产于尼沙普尔附近（见 Wiedemann, *Zur Mineralogie im Islam*, p.242）。赛克斯少校（Major P.M.Sykes）研究了起儿漫地区的考古资料，报道墓地的情况道："每座墓内都有黄色的陶罐、三种尺寸的圆形碗、一对手镯、两根发簪，以及若干箭镞和矛头。除了容器外，所有的器物都用青铜制成。此外，还发现了两三颗红玉髓宝石，以及一些小的银耳环和银手镯。将刻有十二伊玛目名字的红玉髓放在死者口中的风俗只是现代才形成的。"（见其 *Historical Notes on South-East Persia*, Journal Royal Asiatic Society, 1902, p.942）我们没有见到起儿漫地区墓中发现绿松石的任何报告。

72 见 *Die Gegend zwischen Sabzwār und Meschhed in Persien* (Jahrbuch der k.k.geologischen Reichsanstalt, Vol.XXXVI, pp.303-314, Wien, 1886)。

73 曼苏尔说，尼沙普尔最好的绿松石矿是以色列先祖以撒（Isaac）发现的那个矿，因此称其为"以撒矿"；这肯定是毫无历史价值的一个传说。曼苏尔的记载似乎是由不同来源的资料拼凑而成的。他显然使用了伪亚里士多德的《宝石》（*lapidarium*）。例如，他说绿松石在晴天会闪亮发光，但在阴天则昏暗无光。按鲁斯卡（Ruska）之见（同上引书，p.35），曼苏尔著述的材料和架构基本上依赖于提法西（Tīfāshī）的作品。对于中土的汉人，曼苏尔说，他们就像 tarmaleh 人（对于此名，欣德勒颇有质疑），绿松石与其他石料共同用作他们的偶像和妇人的装饰。他在此所说的"中土汉人"（Chinese）显然是错误的，而应该说成"吐蕃人"（Tibetans）。杰克逊（A.V.W.Jackson）援引了访问过那些绿松石矿的旅行者们的记载（见同上引书，p.259）。

74 最新版（第11版）的《大英百科全书》在两个条目中出现了相互矛盾的说法。Vol.XIX (p.710) 谈及尼沙普尔城西北32英里的 Mādan 时说道："那里有著名的矿产，向世界各地供应绿松石至少已达2000年之久。"而 Vol.XXVII (p.483) 的条目则说法较为保守："波斯的绿松石矿已开采了至少8个世纪。"

75 见 Max Bauer, *Precious Stones*, pp.278及以下（德文原版见 *Edels-teinkunde*，第二版，p.374）；O.C.Farrington, *Gems and Gem Minerals*, pp.96, 202。T.Wada 描述了源自中国的尖晶石（*Beiträge zur Mineralogie von Japan*, N.I, p.20, Tokyo, 1905 ）；而 R.Pumpelly 则似乎在云南境内见到了尖晶石（*Geological Researches*, p.118, Smithsonian Contributions to Knowledge, Vol.XV, Washington, 1867 ）。马可·波罗描述了红宝石矿和天青石矿（Yule and Cordier 编, Vol.I, p.157 ）。10 世纪的阿拉伯地理学家 Istakri 和 Ihn

Haukal 都曾谈及它们（O.M.Dalton, *The Treasure of the Oxus*, p.9, London, 1905）。Wiedemann 翻译了 Ibn Haukal 的一部分文字（*Zur Mineralogie im Islam*, p.236, Erlangen, 1912）。阿拉伯地理学家 Yākūt（1179—1229）和史家 Maqrīzī（1365—1442）都曾谈到巴达赫尚的玫红尖晶石（Wiedemann，同上引书，pp.235-236）；al-Ta'ālibī（961—1038）也谈及了它（同前引书，p.243）。

　　这些古代作家是通过古代凹雕了解了尖晶石的，但是据 M.Blümner 说，它在古典时代的名称却不得而知（见 *Technologie und Terminologie der Gewerbe und Künste bei Griechen und Römern*, Vol.III, p.236, Leipzig, 1884）。然而，H.O.Lenz 则将尖晶石归于希腊文名称 anthrax（*Mineralogie der alten Griechen und Römer*, p.17, Gotha, 1861）；而作了同样认定的还有 Daremberg 和 Saglio（*Dictionnaire des antiquités grecs et romains*, Vol.II, p.1462），以及 Pauly（*Realenzyklopädie*, Vol.XIII, col.1108）。一些阿拉伯和亚美尼亚学者都曾谈到过一个传说：在阿拔斯王朝时期，巴达赫尚的一场大地震粉碎了一座大山，从而露出了尖晶石（见 K.P.Patkanov，同前引书，pp.19-20）。

　　巴达赫尚在上古时代的矿产开发也反映在早期天青石的广泛分布上。马可·波罗说，巴达赫尚的天青石是世界上最优质的品种；玉尔注释道，Lājwurd（由此衍生出 l'Azur 和 Lazuri）的矿石像红宝石矿一样，著称于古今（Yule, Vol. I, p.162）。Max Bauer 说道，这种石料并非运往布哈拉（由此再销往俄罗斯），而是与该地所产的红宝石一起运往中土和波斯；这些地区及小布哈里亚（Little Bokharia）和中国西藏所见的天青石可能是从巴达赫尚进口的（*Precious Stones*, p.442）。这位作者还说，在亚洲其他地区——诸如阿富汗、俾路支斯坦、印度等——销售的石料十分可能是从阿姆河上游的附近地区进口的。Bauer 还说，古埃及用以雕刻圣甲虫的天青石可能来自巴达赫尚；包括古代其他地方大量使用的石料也出自同一地区。

天青石在古巴比伦的早期使用因许多器物的考古发现及费希尔（Heinrich Fischer）的矿物学分析而得到证实（分别见 P.S.P.Handcock, *Mesopotamia Archaeology*, pp.76, 102, 315 和 H.Fischer and A.Wiedemann, *über babylonische Talicemane*, p.4, Stuttgart, 1881）。颇有意思的现象是：苏美尔的古物中有项链珊瑚珠、天青石珠、珠母和玛瑙珠等饰物（均为吐蕃人最喜欢的首饰），却唯独没有绿松石；显然，绿松石属于更近代的亚洲文化层。

巴比伦的天青石来源至今仍未获得令人信服的确认。Fischer 认为是布哈里亚（Bokharia）；Blümner 基于普林尼"最佳天青石产于米底亚（Media）"之说而建立自己的观点，倾向于认为现今出产天青石的西藏是其源头。说西藏出产天青石，固然不错，但是它在古代的情况就不同了。所以，更可取的是 Max Bauer 的观点（至少就现代而言是这样），即，巴达赫尚的矿藏是巴比伦之天青石的来源。

Noetling 谈到了俾路支斯坦的史前天青石（见 *Zeitschrift für Ethnologie*, Vol.XXX, 1898, Verhandlungen, p.470）；Belck 和 Lehmann 则谈及了亚美尼亚的天青石（同前引书，p.590）。R.Lepsius 认为古埃及人使用的天青石来自巴达赫尚（*Les métaux dans les inscriptions égyptiennes*, p.31, Paris, 1877）。至于印度的情况则比较明确，那里的天青石似乎并非土产。G.Watt 说道："我所了解的印度的情况虽然不是十分肯定，但确定其天青石是进口的，使用于好几个方面。"（*A Dictionary of the Economic Products of India*, Vol.IV, p.587）

梵文词汇 *rājavarta* 或者 *lājavarta*（印度斯坦语 *lājward*，比哈尔语 *lājburud*，古吉拉特语 *rājāvaral*）明显地源自波斯语 *lāzuward*（L.Finot, *Les lapidaires indiens*, p.XVIII 将它与阿拉伯词 *lāzurd* 联系起来）。而 Rājanighaṇṭu 所列的天青石的五个名称（R.Garbe, *Die indischen Mineralien*, p.90）尽管都以梵文形式表达（其意为"适于国王的前额""前额珍宝"等），但都在波斯语外来词的基础上予

以重新解释（《圣彼得堡梵文词典》小型版还列出了另一个复合词 suvarṇābha）。

Tavernier 在成于 1676 年的著述中有个颇为模糊的说法："靠近西藏，在克什米尔国之外的某王国的辖境内，有相互靠得很近的三座山，其中的一座山出产优质黄金，另一座山产 grenat，第三座山则产天青石（*lapis*）。"（V.Ball 编，Vol.II, p.156, London, 1889）编者 Ball 倾向于认为，这里所说的天青石矿当在巴达赫尚的 Firgāmu 附近。天青石在古代印度，尤其是在佛教徒中占有一定的地位，但是这个课题仍然需要专门的研究。

补注： 有关亚述碑铭中谈到的 *uk-nu*，Pinches 先生认为即是指扎格罗斯（Zagros）山脉中的天青石（见 *Journal Royal Asiatic Society*, 1898, p.259, note 1）。我对此并无异议。

76 见 Chavannes, *Documents*, p.59 和 *T'oung Pao*, 1904, p.66。但是天青石恐怕在公元 2 世纪就为中土汉人所知了（参看 F.Hirth, *Zeitschrift für Ethnologie*, Vol.XXI, 1889, *Verhandlungen*, p.500，或者 *Chinesische Studien*, p.250）。夏德谈及 134 年疏勒王向汉帝进献饰以海西青石的金腰带；成书于 2 世纪末的《通俗文》将"点黛"（画眉毛）解释成用"青石"染饰，亦即是用天青石制成的深蓝色颜料画眉。《隋书》有关漕国的记载更证实了这一点：该国的物产中有一种为"青黛"，而这即是用天青石制成的用以化妆的颜料。夏德将漕国确定为巴达赫尚或帕米尔高原，而沙畹则忽略了这一点（Chavannes, *Documents*, p.130）。夏德并未说巴达赫尚是天青石的古代产地，但是这一事实本身则使他的结论更为可靠：古代汉人是用矿物化妆的，而不是如其后人所认为的那样用植物作为原料。

77 我打算在其他文章中谈论的，是古代除了称天青石为"金青"外，还名之曰"金星石"。《旧五代史》卷 138 将它说成是吐蕃（西藏）的物产，《大明一统志》卷 189 说它是和阗的物产，《大清一统志》卷 398 则归之于贵州省思州的物产；可再参看《本草纲目》卷 10 "金星石"条。"金星"一名所反映的观念与古代西方对于该宝石的观念相同，他们称之为 sappheiros、sapphirus，这些称呼源于闪语，意为蓝宝石（见 O.Schrader, *Reallexikon*, p.152）；这种宝石被描绘成石上显示有闪烁的金色小点，犹如星空一般（参看 Blümner，同前引书）。

现代汉人称天青石为"青金石"。在乾隆时代所编的汉、满、蒙、藏四种语言的词典（《四体清文鉴》）中，满语称此石为 *nomin*，藏语称 *mu-men*，蒙语称 *nomin* 或 *momin*，其含义全都相同。Abel Rémusat 道，回鹘语称之为 *nachiver*，而这便源自波斯语 *ladjiver*（*lazvard*）（见 *Histoire de la ville de Khotan*, p.168）。《英华大辞典》（*An English and Chinese Standard Dictionary*, Shanghai, 1910）将 *lapis lazuli* 译作"蓝琉璃"。蒙元时期，*lapis lazuli* 的汉文名是"兰赤"（见 Bretschneider, *Mediaeval Reaserches*, Vol.I, p.151，以及 Chinese Recorder, Vol.VI, 1875, p.16），显然是源自波斯语或阿拉伯语词汇。依我看来，刘郁所撰《西使记》中的"兰"字似乎是"蓝"之误。又，富有天青石矿的巴达赫尚的首府之所以名为"蓝市"（见 Chavannes, *T'oung Pao*, 1907, p.188），显然与天青石的蓝色有关。

补注： 有几位作者认为天青石产于中国。A.Williamson 曾写过一篇有关华北物产的有趣文章（见 *Journal China Branch R.As.Soc.*Vol.IV, 1868, p.41），他声称，他曾听说在山西以及陕西南部的群山中出产多种宝石，如天青石、红宝石等，储藏量很大，而他有充分的理由相信此说是正确的。F.Porter Smith 在 *Materia Medica and Natural History of China*（p.129, Shanghai, 1871）中认为，琉璃即是天青石，他说道，这种蓝色的矿石被制成精美的物件而以此名闻名于中国和中亚。在 *Catalogue special des objects exposés dans la section chinoise a l'exposition de Hanoi, 1902* 中他谈到了海南岛的天青石。对于后一种情况，更可能是出于错误的判断——仅仅是将钴与天青石混淆了，因为众所周知，海南是产钴的（Hirth, *Chinesische Studien*, p.251）。按 R.Pumpelly 之说，天青石产于浙江省衢州常山县的砚山，以及浙江省温州的乐清县（见其 *Geological Researches*，p.117, *Smithsonian Contributions to Knowledge*, Vol.XV, Washington, 1867）。他声称，这些说法及其整张矿产清单都是基于《大清一统志》和通过"作者的中文秘书"查检而得的其他汉文资料。我不知道这位中文秘书是如何找到这些说法的，因为在《大清一统志》中根本未见这类记载。该书卷 233 谈及衢州的物产，但是它只说常山县和开化县产砚，却未提及任何矿产。至于介绍温州府的卷 235 也未见载录任何石料矿产。可能他的说法来自"其他的汉文资料"。但是即使如此，我们也得知道他译成"天青石"（lapis lazyli）的矿物的汉文名是什么。若他不列出此名，则其说法就毫无价值。

上文注释中曾指出，《大清一统志》卷 398 称，贵州省思州府出产一种名为"金星石"的石料，其矿位于城东架溪潭（星石潭）。翟理斯在其 *Dictionary*（p.252C）中解释说，金星石是"铁和铜的黄铁矿"，与 F.Porter Smith 的说法相同（见 *contributions towards the Materia Medica and Natural History of China*, p.123, Shanghai, 1871）。我不想再推进对这个问题的讨论，因为前一个问题未解决，后面的话就不能说。必须获得各地疑似天青石的样品，由具备资格的矿物学者检验之后，才能得出结论。他如 T.Wade 则认为中土汉地不产天青石，而只是从中亚进口天青石（见 *Beiträge zur Mineralogie von Japan*, no.1, p.12）。

78 见 Giles, *Dictionary*, No.9009；他将其译作"一种红玉髓"，并不正确。

79 见 *Histoire de la ville de Khotan*, p.168。其结论是根据《四体清文鉴》得出的。

80 Yule 和 Burnall 在谈到 *balas* 一词时说道："这是 *Balakhshī*（即 *Badakhshī* 的通俗形式）一名的舛讹，因为这些红宝石出自 Badakhshān（巴达赫尚）的辖地之一，乌浒河（阿姆河）上游的著名矿区。"他们并引伊本·白图泰（Ibn Batūṭa）之语，谓 Badakhshān（巴达赫尚）山区赋予了"Badakshī 红宝石"之名（*Hobson-Jobson*, p.52）。我认为，Eitel 的观点是十分正确的（见 *Handbook of Chinese Buddhism*, p.131）：他认为玫红尖晶石的梵文名称即是 *rohitaka* 或 *lohitaka*，因为还有其他梵文名用以指称见于印度的这类红宝石（例见 L.Finot, *Les lapidaires indiens*, Vol.XXXIX）。对于佛教之梵文和巴利文文献中出现的所有宝石名称，我们必须进行仔细的、批判性的研究，并一定要比照它们与相应的汉文名和藏文名的读音关系。须知，在许多场合，佛教的命名法与印度矿物学家的命名法迥然不同。

81 *über den Wert von Edelsteinen bei den Muslimen*, Der Islam, Vol.II, 1911, p.349.

82 "碧鸦玺"中的"碧"字也解释了为何有的作者将瑟瑟称作"碧"（翠绿之意）；实际上，"碧"在此名中只是一个外文词的音译。此外，威德曼所引比鲁尼的文字称，玫红尖晶石有四种不同的颜色：红、紫、绿、黄。亚美尼亚文的《宝石》（*lapidarium*）声称，尖晶石的颜色有的为红色，有的则为石榴、火、醋、葡萄酒、蝎子、豌豆等颜色（见 K.P.Patkanov，同前引书，p.19）。R.Miethe 将尖晶石描述为黑色或棕黑色，通常为棕色，罕见绿色和蓝色者（见 Krämer, *Der Menschen und die Erde*, Vol.V, p.377）。O.C.Farrington 则除了提到红色外，还列举了橙色、绿色、蓝色、靛蓝、白色和黑色的尖晶石（见其 *Gems and Gem Minerals*, p.96）。

Max Bauer 在其 *Precious Stones*, p.297 说道："玫瑰红的或者色彩浅淡，趋向于蓝色或紫色者被称为'玫红尖晶石'（balas rubies）。它们往往会伴有奇特的乳白光泽，这将相当程度地损害其价值。绿色或紫色更为明晰（因此色彩也更浅），类似于铁铝榴石的宝石被称为'铁铝尖晶石'。色泽不是太浅的紫罗兰色尖晶石往往与真正的紫晶和'东方紫晶'很相像，并且有时候确实以这种名称在市场上销售。"这位作者在第 299 页上还讨论了蓝色和黑色的尖晶石。杨慎也分辨了红色和紫色的玫红尖晶石（见《格致镜原》卷 33《珍宝类二·宝石》）。按 Mayers 之说（见 *Chinese Reader's Manual*, p.270），杨慎生活于 1488—1559 年间；Giles 将其卒年置于 1529 年（*Biographical Dictionary*, p.912）；而 Wylie 则认为其著述之一成于 1544 年（见 *Notes on Chinese Literature*, p.154）。

补注： Mayers 所说的杨慎的去世年代是正确的，这与沙畹（Chavannes）所言者相同（见 *T'oung Pao*, 1904, p.474）。杨慎所撰《南诏野史》成于 1550 年。

83 见 Bretschneider, *Mediaeval Researches*, Vol.I, p.151，以及 *Chinese Recorder*, Vol.VI, 1875, p.16。

84 马可·波罗称呼出产玫红尖晶石的矿山为 *Syghinan=Shignān*，这很可能是汉字"瑟瑟"（广东话读作 *sok-sok*）的语音基础。同样重要的是，《新唐书》载有 Shighnān 的中文古名，作"瑟匿""识匿"或"尸弃尼"，其中的"瑟"字与瑟瑟之"瑟"完全相同（参看 Chavannes, *Documents sur les Tou-Kiue occidentaux*, pp.162, 322）。因此，归根结底，"瑟瑟"一名可能源自它的产地，意为"Shighnān 之宝石"。从语音学角度看，这种情况类似于上文谈到的 *pijāzakī*（碧鸦玺）和 *badakshī*。

在蒙元时期，玫红尖晶石被称为"刺"（见《辍耕录》卷 7，1469 年）。贝勒将此字溯源至波斯语 *lāl*（见 *Mediaeval Researches*, Vol.I, p.173），但是他没有提到的一点是，《辍耕录》的作者陶宗仪说这个"刺"字"亦方言也"。这个外来词的采用表明了商贸环境的变化：在唐代，玫红尖晶石是从西突厥的控制区（于阗）销往中国的，而在蒙元时代则是从波斯运来。

在此得纠正一下贝勒的一个错误:《辍耕录》谈到四种红色宝石，并清楚地说它们产于同一矿藏（"同出一坑"）。那么，既然玫红尖晶石（"刺"）产自巴达赫尚，则余下的三种，"避者达""昔刺泥""苦木兰"必定也产自同一地点，而不可能如贝勒所猜测的那样，"昔刺尼"可能"出自锡兰"；这个观点即使从语言学角度看，也是站不住脚的。

"避者达"相当于阿拉伯语 *bigādī*，义为石榴石（见 Wiedemann, *Der Islam*, Vol.II, p.352，以及 *Zur Mineralogie im Islam*, pp.217, 236, Erlangen, 1912）。假如布莱资奈德补充说，ruby 在当今的中文名称为"红宝石"，那么就不能将它理解成玫红尖晶石（balas ruby），而是缅甸红宝石（Burmese ruby）（参见 G.E.Gerini, *Researches on Ptolemy's Geography*, pp.39, 742, London, 1909）。

17 世纪的俄文手稿清楚地谈到了"中国刺"（*Chinese lāl*）（见 K.P.Patkanov, 同前引书, p.21），这表明中国确实存在尖晶石，并且还由此销往俄国。Julius Ruska（*Das Steinbuch des Aristoteles*, p.32）怀疑波斯词 *lāl* 与尖晶石的相互关系，而倾向于把它看成电气石。书中说道，这种宝石的颜色有红色、黄色、紫罗兰色和绿色等；同一块宝石往往呈半红半绿；它见于白石基质中，经常可见较小的宝石环绕着较大的宝石。

我对此事并无看法，只是想趁这个机会指出，在我们的波斯语和阿拉伯语同事们令人满意地解决这一问题，为我们提供能够达成结论的资料之前，我们是不可能只利用中国资料进行研究就获得可靠成果的。然而，从纯粹语言学的角度看，鲁斯卡（Ruska）的观点似乎是不能接受的。毫无疑问，*pijāzakī* 一词肯定是指玫红尖晶石，而就语音而言，中文名"碧鸦玺"是与之对应的。清朝的四语字典用藏文和蒙文 *nal* 以及满文 *langca* 对应此名（见 Laufer, *Jade*, p.109, note 3）。这二词显然只是波斯语词 *lāl* 的变体，而 *lāl* 肯定是指玫红尖晶石，故奥斯曼语和其他突厥方言也采用了此词。同样地，在 17 世纪的俄语中，尖晶石也称为 lāl（K.P.Patkanov, 同前引书, p.20）。

我将这个看法告诉了鲁斯卡博士，承他好意，他复函道，他的意思并不是反对"*lāl* 即指尖晶石"的解释，而主要是希望指出由对这种宝石的混杂的描绘而产生的难题。他认为，这种矿石中很少见到绿色者，因此不可能经常见到一半红一半绿的这类宝石；而这一特色在电气石（尤其是在中性、无色的中介区的电气石）上却并不鲜见。他又说道，他并不怀疑"碧鸦玺 = *pijāzakī*"以及"*nal = lāl*"的正确性，且好意地提到一个事实：Vullers 的《波斯—拉丁语词典》提到 *pijāzakī* 还有一个形式，即 *piyāzī*，而此名更接近汉文名"碧鸦玺"。按照 Vullers 之见，*pijāzek* 是拥有 *lāl* 矿的一个地区的名称。由于 *pijāz* 义为洋葱，故被误译成阿拉伯词 *baṣalī*，义为"洋葱般的 *lāl*"，乃至 *pijāzī* 也被理解为这个意思。鲁斯卡提到，他有关卡兹维尼（Qazwīnī）的研究著述正在印刷中，他在该书中已对这个专题作了评注。

同时，威德曼在关于 al-Akfānī 之矿物学的译著中评论了鲁斯卡博士的观点，他将 *al-balachsh* 等同于波斯语 *lāl*（*Zur Mineralogie im Islam*, p.216）。威德曼根据 al-Khāzinī 所给的比重，认为在此情况下，*lāl* 应该译成"玫红尖晶石"，但是他承认，在其他情况下，它可以意指电气石。

最近，鲁斯卡博士好意地向我提供了一个有关这个问题的证据（我上文的评论是一年前匆匆记下的），他说道，al-Akfānī 的著述确认了 *lāl* 与 *balachsh*（即巴达赫尚之宝石）的关系，以及 *lāl* 与 *rubis balais* 的关系。不过，他补充道："这并不排除此词较为自由地用以指称一切可能的红色宝石，因为谁会始终使用当时所知的唯一一分辨法——比重分辨法来区别宝石呢？"这个结果是完全令人满意的，于是，我们回到先前的结论：通常说来，*lāl* 是指玫红尖晶石，但是带有鲁斯卡博士所设的限制条件。无论如何，我们都肯定不能期望任何矿石、植物或动物的东方名称都与我们的科学物种名完全吻合；对于前者总得给予一些回旋余地。但是出于翻译的目的，我们不能不遵循有关这一专题的某种原则。

85《格致镜原》卷 32 也引录了同样的文字。同一故事还见于 12 世纪吴曾的《能改斋漫录》（编入《守山阁丛书》卷 70、71）卷 7 中（Wylie, *Notes on Chinese Literature*, p.160），这证明该故事在宋代已经流传颇广了。吴曾并将这个传说与杜甫（712—770）《石笋行》诗句"雨多往往得瑟瑟"联系起来；这段文字的小标题是"杜（甫）《石笋行》"，该故事便是用来解释杜甫之诗句的。假如这个解释正确的话，那么大秦寺被毁一事便当发生在杜甫的同时代或稍前。于是，此处所说的"大秦寺"应当建于 7 世纪末或 8 世纪初。

86 此书并非东晋常璩所撰的有关四川古史的《华阳国志》。

87 据伯希和所获资料，"开明"乃是蜀王丛帝的名号；其个人的名字被认为是"鳖灵"（见 Giles, *Biographical Dictionary*, No.2071）。其有关事迹，见《华阳国志》卷 3。

88 赵抃（1008—1084），宋代的一位官员，以正直著称，从而有"铁面御史"之号（见 Giles, *Biographical Dictionary*, p.73）。《能改斋漫录》用其谥号"赵清献"称呼之。

89 吴曾在转述这段故事后，紧接着对大秦国（罗马帝国东部）的珍宝作了评释，并得出结论道，大秦寺的建造者必定是大秦国人。《佩文韵府》卷 93 "瑟瑟"条引《辽史·礼志一》道："若旱，择吉日行瑟瑟仪，以祈雨。"此处的"瑟瑟"与珍宝无关，而只是契丹所操通古斯语的一个专称，《辽史》卷 116《国语释》解释"瑟瑟礼"道："祈雨射柳之仪。"在此仪式中，并不使用任何宝石，而是由皇帝、亲王和大臣们用长矛投掷柳树。《辽史》卷 2 对此有详细的描述（见 H.C.v.d.Gabelentz, *Geschichte der grossen Liao*, p.31, 以及《辽史》卷27）。乾隆年间出版的《钦定辽史语解》卷 10 将这一契丹词类比于满语 sekseri（色克色哩），并解释道："满洲语。箭射物钉住也。卷三作瑟瑟。"

90 见 Chavannes, *Le Nestorianisme*, Journal asiatique, 1897, p.61。

91 该诏令由沙畹（Chavannes）译成法文（同上引书，p.66），亦见于 Paul Pelliot, *Bulletin de l'Ecole française d'Extrême-Orient*, Vol.III, 1903, p.670。

　　译注：这条诏令的原文可见《唐会要》卷49"大秦寺"条："天宝四载九月，诏曰：'波斯教经，出自大秦，传习而来，久行中国。爰初建寺，因以为名，将欲示人，必修其本。其两京波斯寺宜改为大秦寺；天下诸府郡置者，亦准此。'"劳费尔据此诏令，随后花了一二千字的篇幅谈论摩尼教传至蜀地的问题，这是因为他误以为波斯寺或大秦寺即是摩尼教寺院（实际上当为景教寺院），才导致了这一学术错误。然而，汉译者不必也无权更改原著的内容，故仍保留原说，而只略加注释，以便读者自行辨析。

　　92 这种符号象征的基础肯定可以追溯到《新约》的内容，尤其是《启示录》第29章第18—21节。它类似于一些神秘的和说教的观念，中世纪的基督教作者将这些观念与犹太大祭司胸甲上之十二宝石、构成新耶路撒冷城墙墙基的十二宝石，以及圣母玛丽亚头冠上的珍宝联系起来。在圣母之冠的宝石中，玫红尖晶石见于15世纪 Sainte Françoise 的故事中，其中还提到了另外四种宝石，即钻石、石榴石、红玉髓和绿松石，它们未见于《圣经》所列的十二种宝石中（见 L.Pannier, *Les lapidaires français du moyen âge*, p.225, Paris, 1882）。但丁（Dante）也高度赞扬了尖晶石的光亮晶莹，声称犹如见到阳光那样（*Paradiso*, IX, 67）。通常说来，红宝石是荣耀的标志，往往用在主教的指环上，参见 H.Clifford, *Jewellery*, p.148, New York, 1908，以及 D.Rock, *Church of our Fathers*, Vol.II, p.171, London, 1849，其中谈到一枚教皇的金质指环，饰以一颗蓝宝石，其四周镶有四颗玫红尖晶石。

　　93 M.Chavannes and P.Pelliot, *Un traité manichéen retrouvé en Chine*. 选译于 *Journal asiatique*, Paris, 1912。

　　94 见 G.Flügel, *Mani, seine Lehre und seine Schriften*, pp.268, 339, Leipzig, 1862。

　　95 在西亚，与尖晶石相关的某些象征符号可见于亚美尼亚文的《宝石》

（*lapidarium*，由 K.P.Patkanov 译成俄文），它载云（第 19 页）："尖晶石与红宝石一样，一放入口中，就有解渴的功效。将它碾碎并和入一种药物服用后，便能令人愉悦，祛除悲痛和忧郁的情绪。将它与一种膏药混合，用以涂眼，便能增强视力，使人看得很远。其性温和而干燥。智者称，佩戴尖晶石饰物后，便能令人不生百病，祛除腰痛。它还能使人不做噩梦，不会中邪。尖晶石的佩戴者能与人和睦相处。"

96 我们甚至能将红宝石传入中国与摩尼教徒联系起来。据阿拉伯作家卡兹维尼（Qazwīnī，1203—1283）记载，有好几种宝石（如红宝石等）及大量黄金见于 Sandābil，而该地则被确定为甘州，即西夏（1004—1226）的都城。他说道，当时，摩尼教徒便居住在那里，并且完全不受制约。参看 J.Marquart, *Osteuropäische und ostasiatische Streifzüge*, pp.87-88, Leipzig, 1903。

译注： 作者谓甘州即西夏都城，似误。盖西夏虽曾占领甘州，设立宣化府，但是甘州更以甘州回鹘政权的都城而著称于世。

97 见 Julius Ruska, *Das Steinbuch des Aristoteles,* p.145, Heidelberg, 1912。Ibn al-Baiṭāl（1197—1248）也说，缟玛瑙产于也门和中国（见 L.Leclerc, *Traité des simples*, Vol.I, p.354, Paris, 1877）。关于波斯的缟玛瑙，可参看 G.P.Merrill, *The Onyx Marbles*, pp.577-579（Report of U.S.National Museum, 1893）。还可参看 E.Wiedemann, *Zur Mineralogie im Islam*, pp.245-249, Erlangen, 1912。

98 见 L.Finot, *Les lapidaires indiens*, p.17, Paris, 1896。

99 柔克义（Rockhill）先生告诉我们道，他曾在西藏的某些地区（如硕盘多附近的米日）见到人们佩戴珊瑚珠和另一种材质珠子的项链，他认为后者当是缟玛瑙，当地人称之为 *zé*。

100 鲁南天主教传教团于 1906 年出版的《德华词典》中的释文与此相同（见第 613 页）。

101 见 Hirth, *China and the Roman Orient*, pp.73, 113。

102 在 15 世纪的一份文献中，有两条资料关系到哈烈（Herat）和撒马尔罕（Samarkand），其中的"瑟瑟"无疑是种建筑石料。1415 年，陈诚在游历了 17 国之后，经中亚返回中国。他撰写的谈及所经诸国情况的书题为《使西域记》（参看《明史》卷 332，以及布莱资奈德 *China Review*, Vol.V, 1876, p.314）。此书的原本似已失逸，但是有一部分被《大明一统志》录引，该书卷 89《外夷》在"哈烈"的小标题下引述陈诚之语道："衣服喜鲜洁，色尚白，有丧易以青。国主之居窗壁以金银、瑟瑟为饰。"在谈到撒马尔罕时，《大明一统志》亦引陈诚之语道："人多工巧艺，善治宫室，门槛皆雕文刻镂，窗牖缀以瑟瑟。"

在这二例中，都没有涉及绿松石和玫红尖晶石；这二例中只涉及瑟瑟，它是一种建筑石料，而在此所言者最可能是缟玛瑙。随着我们对古代中国雕刻技术的日益了解，我们有望对古代几种石料的名称获得准确的定义，就像许多纪念碑的铭文中清楚地提到石材之名一样，尽管它们往往只使用"石像"一词。伯希和谈到的"玉石"（见 *T'oung Pao*, 1912, p.435）我也十分了解，它们多见于北朝和唐代的佛像上，但是我从来不认为它们具有"玉"的意思。按伯希和所说，"玉石"意为"似玉般的石"，可能只是优质和珍贵的石头。而"玉佛"一名也只不过是用譬喻方式指称"尊贵之佛"而已。我至今未在任何雕刻物的铭文中见到"瑟瑟"一词，然而它有可能在未来的某天显现。

补注： 谓《使西域记》似已失逸之说出自贝勒（Bretschneider）之见。除了此处的引文之外，他在其《中世纪研究》（*Mediaeval Researches*）中也已指出（Vol.II, p.268）。但这与他在同卷第 147 页上所说的话相矛盾：此书似乎尚存，见于《钦定四库全书总目》卷 64 中。伯希和也认为此书尚存，只是并无现代版本。

103 参看上引 Palladius 关于瑟瑟即翡翠之名的说法。值得注意的是，汉籍有关瑟瑟的记载在一定程度上奇妙地类似于古人有关翡翠的描述。在有的记载中，瑟瑟几与真翡翠无异；但在另一些记载中，则无法将瑟瑟与翡翠联系起来，例如，令人难以置信的记载声称埃及的翡翠长达4肘，宽3肘，还有翡翠构成的方尖塔。见 H.Blümner，同前引书，V.III, p.239，以及 Lessing, *Briefe antiquarischen Inhalts*, XXV。

104 见 Rockhill, *Ethnology of Tibet*, p.694。

105 见 S.Chandra Das, *Journey to Lhasa*, p.183, London, 1904。

106 见其 *An Account of an Embassy to the Court of the Teshoo Lama, in Tibet*, p.383, London, 1800。他在第261页上说道，他见到过已故班禅仁波切的念珠，是用珍珠、翡翠、红宝石和蓝宝石制成的。在第336页上，他描述了拉萨一位上层女士的项链，它用许多圈的玫红尖晶石、天青石、琥珀及珊瑚制成；她的头发上还饰有珍珠、红宝石、翡翠与珊瑚。

107 见 A.Weber, *Die Griechen in Indien*（Sitzungsberichte der Berliner Akademie, 1890, p.912）。《彼得堡梵文词典》（*Petersburg Sanskrit Dictionary*）说，*marakata* 一词最早出现在 *Rājanighaṇṭu* 一书中。然而，在梵文传奇故事中也发现了该词，例如，它见于7世纪的 *Vāsavadattā* 中。参见 L.H.Gray 编辑和翻译的此书，p.109, *Col.Un.Indo-Iranian Series*, Vol.VIII, New York, 1913。此外，藏文派生词 *mar-gad* 作为 *marakata* 的等同词也出现在梵文佛教词典《翻译名义大集》（*Mahāvyutpatti*）中（Minayev 和 Minorov 编，p.77, St.Petersburg, 1911），这使得我们猜测，该梵文词的出现早于7世纪。它同样见于佛陀跋达（Buddhabaṭṭa）的著述中（见 L.Finot, *Les lapidaires indiens*, p.XLIV），它可能撰成于公元6世纪。

因为 Cosmas Indicopleustes 在6世纪上半叶说道，居于比印度更北之处的白匈奴十分珍视翡翠，乃至将它们镶嵌在王冠上。埃塞俄比亚人与当地的无头族交易，将获得的翡翠运往印度，再用出售它们获得的钱款购买最华美的器物（见

J.W.McCrindle, *Ancient India as described in Classical Literature*, p.164, Westminster, 1901）。菲诺特（Finot）指出（p.XLIV），*Agastimata* 一书所载的传说似乎也暗示了埃及乃是翡翠的源头。O.Schneider 和 A.Arzruni 研究了埃及的翡翠（见 *Zeitschrift für Ethnologie*, Vol.XXIV, 1892, pp.41-100）。希腊人似乎是从埃及获得翡翠的。希腊语的"翡翠"一词与闪语 *baraqt* 或 *bāreqet* 有关联（见 Daremberg and Saglio, Vol.II, p.1467，以及 O.Schrader, *Reallexikon*, p.153），但是也可能与埃及语 *mafek-ma* 或 *mafek-en-mā* 相关（见 R.Lepsius, *Les métaux dans les inscriptions égyptiennes*, p.43, Paris, 1877）。阿拉伯地理学家们关于埃及翡翠矿的报告由威德曼（Wiedemann）译成德文（见 *Zur Mineralogie im Islam*, p.239, Erlangen, 1912）。

补注：由于 450 年左右的鲍尔手稿（Bower Manuscript）并未谈及翡翠，因此我们可以据此推测翡翠传入印度不会早于 6 世纪初。Cosmas 有关翡翠的段落可参看 Mac Crindle 的译文。见 Hakluyt Society 所编 *Christian Topography*, London, 1897。

108 见 Horn, *Neupersische Schriftsprache*, p.6（Grundriss der iranischen Philologie I, 2），以及 F.Justi, *Kurdische Grammatik*, p.XVI（St.Petersburg, 1880）。在道家小说《封神演义》中，作者将广目天王的伞说成是由翡翠制成。在 W.Grube 的遗著（*Metamorphosen der Götter*, Leiden, 1912）中，"祖母绿"一名并未被视作意译的外来词，而是按照中文的字面意义译成"祖母绿色"（Grandmother green）（p.512）；而编者 Mueller 在其所编的索引中则将其义释为"珍珠"，不过列其异名为"翡翠"（p.651）。杨慎与谷应泰也都使用了"祖母绿"一名，分别见《格致镜原》和《博物要览》。

R.Pumpelly 在其 *Geological Researches*（Smithsonian Contributions to Knowledge, Vol.XV, Washington, 1867）第 118 页上犯了一个奇特的错误：

他在谈论云南的矿产时说道："翡翠十分罕见，尽管中文名称为'绿宝石'，但是它们在宝石类中却名为'祖母绿'，可能源自'苏门答腊'（Sumatra）一名。"然而，Sumatra 的汉文名并非"祖母绿"，而是"室利佛逝"或"三佛齐"（见 Hirth and Rockhill, *Chau Ju-kua*, p.63）；并且，苏门答腊（Sumatra）也并不以翡翠著称。

109 见 Bretschneider, *Mediaeval Researches*, Vol.I, p.174。但是中国人从较早的汉译梵文佛经中听到过翡翠。所谓的"七宝"（saptaratna）有各种说法，其中的一个说法将翡翠排在钻石（金刚）之后，音译作"摩罗伽陀"，意译则作"绿色珠"，相当于梵文 harinmaṇi，为翡翠的梵文同义词之一。参看《教乘法数》卷 7，杭州，1878。是书为一部佛教词典，由圆瀞编撰，成于 1431 年（见 Wilie, *Notes*, p.211）。

110 事实上，凡是载有"甸子"条的所有词典都并未指明其是绿松石，其中甚至包括《康熙字典》。此词的源流和含义颇令人费解，因为人们无法根据"甸"字的含义做出解释。依我之见，这是因为混淆了同音的汉字而造成的：与"甸"同音的"钿"字意为用金、银、玉等镶嵌器物，而从这个动词衍生出的新名词"钿子"，意为"用以镶嵌之石"。镶嵌之石主要为绿松石，故"钿子"便成为绿松石的合适名称，并在某种情况下被讹成"甸子"。我们在明代的《格古要论》《本草纲目》中发现了该石料的新写法——靛子。而"靛"字意为深蓝、靛蓝，则可能暗示了该石料与蓝色相关。

补注： T.Watters 认为自己已将波斯词 *firūza* 的汉文名确定为"碧琉"或"碧琉石"，并说后者意指绿松石。但是他并未指明这汉文名的出处。

111 见 *Mediaeval Researches*, Vol.I, p.175。

112 绿松石的这一奇特属性是众所周知的。Ibn al-Baiṭār 根据 al-Kindī（卒于 870 年后不久，见 Wiedemann, *Zur Alchemie bei den Arabern*, Journal für praktische Chemie, 1907, p.73）的著述说道："绿松石与油性物质接触后便会变色，而汗水也会影响它（此说亦见于 Boetius de Boot，同前引书，p.269，以及 Max Bauer, Edelsteinkunde, p.488），并使它完全褪色。它与麝香接触后也会产生同样的效果，从而破坏其价值。亚里士多德认为，这种变色的宝石并无制作佩饰的价值。"（见 L.Leclerc，同前引书，Vol.III, p.51）

在伪亚里士多德的著述中，绿松石的色彩纯度被归因于大气纯度的变化：若大气环境不纯净，则宝石就变得昏暗；当它接触到灼热的金子时，其美丽的色彩便完全消失。后一句的说法令人怀疑（见 J.Ruska，同前引书，p.152）。这些话虽被指为亚里士多德的说法，但实际上并非他的言论，无论是亚里士多德还是西奥弗拉斯特（Theophrast）都未谈论过绿松石。绿松石的变色特性导致西方世界产生了这样一个观念：绿松石预示了不幸，当其主人患病时，石色会变淡；一旦主人死亡，其色彩就会完全消失。剧作家 Ben Johson（1574—1637）在其作品 Sejanus 中写有这样的诗句："犹如尊主指环上的绿松石，随着他的吉凶而变色。"Fenton 说道："当绿松石的佩戴者面临任何危险时，它的色彩就会发生变化。"（见其 Secret Wonders of Nature, 1569）

113 当然，《元史》谈及 1290 年云南会川开采绿松石的记载更为古老一些。然而，《辍耕录》是我们解开这一谜团的始发点，因为它提供以难以辩驳的方式确认"甸子"一名含义的资料。有了这条可靠的证据在手，我们便有望成功地解释《元史》中使用了"甸子"一词，却未指出其含义的那条资料了。此外，我们还握有如前文所述的马可·波罗提供的一条证据，它使我们得以确认这一事实：绿松石在蒙古时期闻名于中土，并被开采。马可·波罗熟悉绿松石，这从他谈及波斯起儿漫开采绿松石可以看出来，因此他有关中国 Caindu 地区（似指云南）绿松石的记载应该不必怀疑。

114 至此，我们应该停下来考虑一下，波斯大规模地进行绿松石开采究竟是否早于伊斯兰化时代。

115 见 Kondakoff, Tolstoi and Reinach, *Antiquités de la Russie méridionale*, pp.404, 405，以及 S.Reinach, *La representation du galop dans l'art ancient et modern*, p.66, Paris, 1901。就我所知，这些绿松石从未被具备足够资质的矿物学者检验过，也无人追溯过它们的原产地。Bauer 对出现在西伯利亚的绿松石未置一词。17 世纪亚美尼亚文的 *lapidarium*（同前引 K.P.Patkanof 的译著，p.48）将西伯利亚说成是绿松石的第四大出产地，并说这类绿松石不值钱。

116 见《钦定续文献通考》卷 23。

117 见同上引书。其中的"会州"系"会川"之误，可由《元史》卷 94 的同样段落予以证明。

118 见 Bretschneider, *Mediaeval Researches*, Vol.I, p.122，以及 Vol. II, p.162。

119 依我之见，产地应该在西藏的东部，位于汉人活动区之西；部分藏民则居于汉人的生活区域。

120 对于他的其他说法，可以不必过于认真看待。中国亦如其他地区一样，有些措辞只是属于文字上的修饰和譬喻，若按字面意义将它理解为真正的事实，则是十分荒谬可笑的。因此，在此所言的"马价珠"只是学者们相互袭用的一种说法罢了。即如宋代杜绾在其成于 1133 年的《云林石谱》中说道："河南府白马寺之野中，每大雨过，土中多获细石，颇碎。一种深绀绿，类西蕃马价珠。一种色稍次，一种色淡绿，纹理多斑驳，鲜有莹净者。间有廖成物像，其大不过如梅、李。色深绿者价甚穹。"作者最后下结论道，此石产于域外，但亦见于故都长安、洛阳之地（见卷下）。如果将这些宝石视作进口的绿松石，那么这段记载进一步证明了宋代尚未在境内开采绿松石矿。李时珍在其《本草纲目》卷 8 中也使用了"马价珠"一名来指称呈翠鸟般蓝色的宝石。

121 Vol.II, p.78, New York, 1911。

122 参见 S.W.Bushell, *Oriental Ceramic Art*, pp.265, 316, 375, New York, 1899。

123 见 Laufer, *Chinese Pottery*, p.316。

124 西藏流传着一个有关用于寺庙屋顶的汉地青釉瓦的传说，声称 7 世纪吐蕃的首位赞普松赞干布曾经熔化了大量绿松石，以制作这种青釉。参看 S.Chandra Das, *Narrative of a Journey round Lake Yamdo*, p.49, Calcutta, 1887。

125 也有可能如"碧鸦玺"的情况一样，属于口语性质的"绿松石"一词出现的时间早于我们的猜测。但是由于有关日常用语的早期资料十分稀少，故我们至今未能找到可靠的证据。

126 见 Bishop, *Investigations and Studies in Jade*, Vol.II, p.244。

127 绿松石缺乏大众性的最好证据是这样的事实：绿松石并未如在印度、中国西藏的情况那样，同样出现在汉人的药材中，汉人也没有关于绿松石的迷信传说。这对于几乎将一切材质都作为药材的汉人来说，确实是一个值得注意的现象。

128 见 *Chinese Art*, Vol.I, p.133。

129 见 Laufer, *Jade*, 图版六十六和图版六十七。中国玉树的原型可能是用宝石和金属制成的印度菩提树。《锡兰大史》（*Great Chronicle of Ceylon*）记载 6 世纪左右的史事道："国王的遗物室中央放着一棵玉制的菩提树，极为壮观。其树干高达 18 肘，并有五个分枝。其根部用珊瑚制成，坐落在蓝宝石上。纯银制成的树干饰以宝石制成的树叶；枯叶与果实用黄金制成，嫩芽则用珊瑚制成。八种吉祥物——狮、牛、象、水壶、扇子、旗帜、海螺、灯——饰在树干上；其他还有鲜花、多排漂亮的四足兽和大雁。"（见 W.Geiger, *The Mahāvaṃsa,* p.203, London, 1912）随后，他描述了用珍珠和宝石制成的华盖。

130 色彩的象征符号是中国祭祀仪式古老而显著的特点，最初和四个方位以及与方位结合的宇宙神灵相关联（参看 Laufer, *Jade*, p.120）。后来，色彩的象征符号也与五行及其他五种分类发生关联了（A.Forke, *Lun Hēng*, Vol.II, p.440 列有这些关联的比较表）。有人已将中国的这个体系和见于北美和墨西哥的体系进行了比较（见 Mrs.Zelia Nuttal, *The Fundamental Principles of Old and New World*, Arch.and Ethn.Papers, Peabody Museum, Vol.II, Cambridge, Mass., 1901, pp.286, 293），其结论是："该体系的基本原理是相同的，但是中国和美洲的实施模式则不相同；这个事实表明，在人类选择物质要素、色彩等用以指称空间方位的时代，新旧世界是在相互独立和隔离的状态下进行的。"

当然，这整个问题并不是历史的，而纯粹是心理学的问题。在上文所示的清王朝的皇家祀典中，色彩的象征符号依然是充分活跃着的。天坛所盖的是青釉彩瓦；在仪式进行过程中，所有的物品都是蓝色的；祭祀器皿都用青瓷制成；仪式的参与者都穿着青色锦缎的袍服；蓝色的细玻璃棒挂在窗户上，以使整个环境显出蓝色调。在地坛，则一切都呈黄色；日坛呈红色；而在月坛，则一切都如月光般明亮、洁白。

131 在松花江中，有一种外观貌似油膏的淡绿色石料，可用以制作砚台。它的汉文名为"松花玉"，但是它与绿松石和玉都毫无关系。满语称"松花江"为 Sungari，义为"牛奶路"；民间的汉语因此名的近似读音而讹成"松花江"。但是汉语的书面文字则将该江名写作"混同江"或"黑水"。相应地，"松花玉"也就意为"松花江的宝石"了。参看《满洲源流考》卷19（是为有关满族历史的一部著述，成于 1777 年）。

清代史料将绿松石与珍珠相提并论，这与前文所言中国人认为绿松石只是普通石料的说法并不矛盾。因为皇室所用的珍珠只是相当便宜的河蚌之珠，被称为"东珠"，是满洲的产物。它们得自松花江及其支流中。东珠外观匀圆莹白，大的直径半寸，小的如黄豆。它们主要用于王公的冠顶装饰，其数量的多少标志着官位的高低（见《满洲源流考》卷 19）。出产这种珍珠的蚌被认为属于淡水褶纹冠蚌（参看 Grum-Grzhimailo, *Description of the Amur Province*, 俄文, p.358, St.Petersburg, 1894。书中涉及黑龙江流域珍珠加工业的一些资料）。《皇朝礼器图式》称天青石为"青金石"（见前文）。用这种石料制作的珠子主要用于皇后和命妇的装饰，也用于仪式性的头饰。

132 这类组合并非出自现代的观念。早在唐代，就有大理石雕刻的这类制品。然而，似乎没有完整的十二生肖艺术品从那个时代流传下来，即使有至少并未引起人们的注意。不过，我在西安获得了不属同一套的若干单独的生肖雕像，如今收藏于菲尔德自然史博物馆。有一套用软玉雕刻的生肖见于纽约的毕晓普藏品中，十分奇特（见 Bishop, *Investigations and Studies in Jade*, Vol.II, p.241, No.730）。这套藏品中黄道的象征物呈人体兽首，穿着中式服装，手中所执之物显示了他们的属性。这一肖像组合也可以追溯至唐代，有菲尔德自然史博物馆收藏的一块墓志[1]作证，因为它将日期标为 861 年。

这套十二生肖分成四组，对应四个基本方位，每组的三个生肖正对着一块方石板的一面，其方式与沙畹发表的一份中国拓片相同（见 M.Chavannes, *T'oung Pao*, 1909, p.74）。然而，沙畹展示的画面为人像，即穿着官服的中国官员，他们抱着各自的生肖；而墓志上的雕像则为身着官服，手执玉笏的人体，都有一颗生肖动物的头颅。这与毕晓普藏品中的那套十二生肖的形制相同，而这套生肖中的每尊雕像都是独立的全方位的立体雕像。

在沙畹的拓片中，体现出官员主宰生肖动物的观念，而在其他两套生肖系列中，则动物本身即被想象成官员。同样的观念体现在二十八宿神像上，这使我

---

[1]　译注：原文该词作 tombstone，汉语通常译作"墓碑"。但在本段文字的特定场合，"墓碑"之译易生歧义，故将这里及下文的 tombstone 一并译作中文考古术语"墓志"。

旋即有机会就我们收藏的一组这类神灵的面具作出若干评说。众所周知，有关基于天体黄道分为十二部分的十二生肖的起源和传播，已有许多探讨和说法。我此前倾向于接受沙畹的理论（*T'oung Pao*, 1907, p.400 and 1909, p.71；沙畹之说见 *T'oung Pao*, 1906, pp.51-122），按他之见，十二生肖动物源于突厥部落，是突厥人将十二生肖说传播给了中原汉人。但在研究了 Franz Boll 的 *Sphaera*（Leipzig, 1903），以及他最近的论文 *Der ostasiatische Tierzyklus im Hellenismus*（T'oung Pao, 1912, pp.699-718）后，我认为，一般而言，他有关十二生肖源于埃及之希腊文化圈的观点具有某种程度的说服力，尽管在具体论证该体系如何从其发源地向突厥和中国传播方面仍有大量的工作要做。

　　然而，对于博尔（Boll）强调中国十二生肖体系非独立形成的第一条证据，我却有异议。他说道："在中国的十二生肖动物中存留着埃及的神圣动物，尤其是猴子，它们根本不见于中亚的寒冷高原上。"这个说法仅仅是似未完全消失的欧洲寓言，我已在 *T'oung Pao*（1901, p.28）上予以反驳。若要重提整个证据，则未免小题大做了，因为如今每个动物学家都知道，猴子曾从喜马拉雅山向外繁衍，经过西藏，进入云南、四川的丛山以及青海地区，遍及中国的中部和南方。汉语、藏语，以及所有的印度支那语言中，都有关于数种猴子的本地语称呼；当中国人采纳十二生肖体系时，他们已经十分熟悉猴子，频繁地在艺术作品中描绘它们。

　　对于博尔文章的另一条更为严肃的异议则是他未曾注意到其他一些学者的观点，其中包括 L.de Saussure 的文章（*T'oung Pao*, 1910, pp.583-648）和 A.Forke 的文章（*Lun-hēng*, Vol.II, pp.479-494）；还可参看伯希和的附注（*Journal asiatique*, 1912, Juillet-Août, p.163）。他们都支持十二生肖体系之中国本地起源的观点。被博尔完全无视的这些中国传说不可能如此轻易地被否定。尽管他清楚地谈到历史方面的情况，但是中国十二生肖起源心理学方面的问题仍然有待解决，而它迄今尚未被论及。

133 见 *The Land of the Lamas*, p.24, London, 1891。

134 庞佩利的作品发表在 *Smithsonian Contributions to Knowledge*, Vol.XV, article IV, Washington, 1867。我不知道庞佩利所说的"类似于绿松石的矿石"是否确实产于云南。庞佩利列举了这种宝石和其他八种宝石，说道："花了巨大的劳力和耐心，把它们雕刻成精细复杂的形状。"他并未指出云南境内该石料的任何具体产地（而云南则是绿松石的产地），只是想说，他在云南见过用这种石料制作的雕刻品；而从他所说的汉语名称判断，这无疑即是绿松石。不过，这种绿松石也可能是从境外输入云南的。G.Soulié 在 *La province du Yün-nan* 中说道："该省的西南部出产一些宝石，它们淀积在激流或河流的床基上。该省的西部和西南部以出产紫晶、蓝宝石和红宝石著称。"（p.24, Hanoi, 1908）

135 该书的第一版出版于 1745 年，第二版出版于 1764 年；现代的上海影印版质量甚差。其宫廷版如今已非常罕见。1902 年，我在西安时，一位官员告诉我道，1900 年，慈禧太后逃难到此时，急需此书阅读，故曾发电报给各地总督，要他们尽力搜求，结果仍一无所获。八年后，命运之神对我的宠爱超过了皇太后：我在北京的一位书商那里见到了此书的初版，可惜因为我当时缺少现金（他索价 400 墨西哥元），从而未能由我购得此书。

附　论

　　以上有关瑟瑟的讨论提供了充分的证据，证明这一汉文宝石名称可因地点之异而指称不同的品种，并且，该词的含义因时代不同而变化。此外，我们还发现，在域外使用的这一宝石名一旦使用于国内时，同样的名称未必指同样的物品。一个有趣的类似例子见于《后汉书》卷85《东夷传·倭》中：倭国（日本）"出白珠、青玉"。

　　本来，按中国人的习惯思维，"青玉"应该是完全意译的名称。然而，在本例中，这个想法显然并不正确，盖因我们确切地知道，日本并不产玉（见 Laufer, *Jade*, pp.351–354）。因此，"青玉"一名并不是指一种玉，而是指日本的一种石料，该名称当是源出日语；并且，还可推断这种石料为日本的特产，而为中国所无。

　　汉文"玉"在日语中读作 tama（たま），它可以指称任何宝石，甚至更为普通的任何石料做的珠子和小球。至于颜色字"青"，在日语中读作 aoi（あおい），它所指的范围很广，包括绿色、蓝色、黑色、灰色等，通常可指任何暗色调。青玉这种石料在古代的日本人和阿伊努人（Ainu）的社会生活中发挥了很大的作用，此即黑曜石。它不见于中国，却产于日本的好几个地方，如丰后、伊豆、甲斐、信浓、十胜等[1]（见 N.G.Munro, *Prehistoric Japan*, p.292, Yokohama, 1908）。犹如古代的墨西哥一样，这种石料主要用来制作箭镞，在开采遗址周近散布着大量的碎石片这一现象便证明了它使用得相当普遍。像其他地方一样，墨西哥也将黑曜石做成珠子，用于个人装饰。

西博尔德（P.F.v.Siebold）记载了获自虾夷（北海道）的黑曜石球："其直径达 2 — 2.5 英尺，如煤炭般黑。有些小块的蓝色石料恐怕即是所谓的'桦太玉'（からふとたま）或'桦太宝石'的原材料。"（见 *Geogr.and Ethnogr.Elusidations to the Discoveries of M.G.Vries*, p.175, Amsterdam, 1857）由此记载可以看出，西博尔德显然认为黑曜石和蓝色的"桦太玉"是不同的品种；但是，在同一本书的另一段中（p.105），他在评论弗里斯（Vries）所见的库页岛一位阿伊努妇女耳朵上的蓝色珠链时却说道："最珍贵的是蓝色黑曜石，他们称之为'桦太玉'，即产自桦太的宝石。这些蓝珊瑚（？）见于北半球极寒地区的所有居民中，从大洋直至白令海峡。这种石料是由冯·科策布（von Kotzebue）在（后来）以他之名命名的海湾处发现的。"

吉尔茨（A.J.C.Geerts）在其《日本和中国之物产》（*Les produits de la nature japonaise et chinoise*, p.294, Yokohama, 1878）中描述了名为る

---

[1] 译注：此处列举的应该都是日本的旧地名，即古代"令制国"（亦称律令国，即按律令制设置的行政区划；始自奈良时代，止于明治初期）的名号。大体而言，其古今地望的对应关系是：丰后，属西海道，又称丰州，约为今大分县除北部外的地区；伊豆，属东海道，又称豆州，约包括今静冈县东部的伊豆半岛和东京都的伊豆诸岛；甲斐，属东海道，亦称甲州，约当今山梨县；信浓，属东山道，也称信州，约当今长野县；十胜，属北海道，相当于今十胜综合振兴局的管辖范围。

りたま的宝石（汉文名即"琉璃玉"），说它是深蓝色的，古日本人用以串成项链（阿伊努人称为"粲"，しとぎ）。他把它们推定为天青石，并说，这些罕见的石料产于库里尔群岛（即日本所称的千岛群岛），其中的几件样品收藏于东京博物馆。该石料既称"桦太玉"，当是被视作桦太（库页岛的南部）和库里尔群岛最好的宝石，用以制成称为"粲"的项链。它们被打磨成蓝色或浅蓝色的圆珠，比"琉璃玉"的色泽要浅。吉尔茨又补充道，它们是尺寸迥异的深蓝色黑曜石制品；其流行时期晚于一种被称为"假玉"的石料，后者至今仍被库里尔群岛的土著居民用以制作首饰。

很可能"琉璃玉"和"桦太玉"是同一种石料，而它们也就是黑曜石。众所周知，黑曜石并非矿石，而是一种天然玻璃。某些熔岩急剧冷却后便会生成黑色的玻璃状火山岩，其色泽包括黑色、灰色、棕色、黄色、红色、绿色，有时候也呈蓝色；这种现象见于世界上的许多地区。矿物学家们都知道，在西伯利亚东部靠近鄂霍次克海的马雷坎卡河（Marekanka）流域特产一种黑曜石，称"马雷坎石"。这种黑曜石有的色彩较淡，有的呈棕色和灰色，也往往呈黄色和红色（见 Max Bauer, *Edelsteinkunde*, p.551）。法林顿（O.C.Farrington）也称之为"山地红木"，并说它是一种漂亮的石料，可用来制作一些物品（见 *Gems and Gem Minerals*, p.181）。这无疑即是桦太和库里尔群岛之珍贵珠子的原材料。

日本人和外国矿物学者对库里尔群岛出产天青石之事一无所知，所以吉尔茨的说法肯定是错误的。在菲尔德自然史博物馆的阿伊努藏品中有一条项链（目录号 88037），来自北海道的函馆。它串有 6 颗黑色的黑曜石大珠（直径约达 3 厘米），还有许多蓝、绿、白色的玻璃珠。

巴切勒（J.Batchelor）说道，阿伊努妇女极其喜爱的玻璃珠是日本所制，而其他珠子则显然来自中国；人们认为日本古人是从俄罗斯人和满人那里获得这种珠子的。《后汉书》卷115载云，夫馀国及其东北千余里的挹娄国都产"赤玉"。同样地，此处的"玉"字也不能理解成真正的"玉"，因为在夫馀和挹娄之地均未见产玉的痕迹。我倾向于认为这里的"赤玉"实际上是指黑曜石。

这个推测可从《杜阳杂编》卷下获得证据：841年，夫馀国向唐武宗进贡的物品中包括三斗"火玉"，其颜色为红色。这些火玉"长半寸，上尖下圆，光照数十步"；将它们积聚在鼎内则可燃烧，置于室内供取暖之用，乃至寒冬不必穿得太多；宫内嫔妃常常用它来加热域外所贡的澄明酒。毫无疑问，"火玉"一名即是指黑曜石。就汉文的字义看，"火玉"恐怕是意指源自"火山"之"玉"，而这与黑曜石的来源恰相吻合。记载称该物可燃，这是可信的，因为黑曜石"在吹火管前很容易熔化成多孔的灰色物质"（见 O.C.Farrington，同前引书，p.180）。此处所说的红色的火玉既然可称为"赤玉"，而它和见于《后汉书》的夫馀国的"赤玉"完全相同。鉴于此，我们可以得出结论道，上文谈及的"赤玉"即是黑曜石的名称，古代的中国对它并不了解。

图　版

图版一　锡金王后像

　　此为孟加拉画家达摩达尔·杜特（Damodar Dutt）所作锡金王后的油画像，今收藏于菲尔德自然史博物馆，编号117815。我在1908年获自大吉岭（Darjeeling）。王后是血统纯正的西藏地方首领之女，1864年生于拉萨，于 1882 年嫁给锡金的时任国王，成为他的第二任妻子。夫妻俩在 1893 年被英军俘虏，羁押在大吉岭。在被羁押期间，她经常坐在那位孟加拉画家面前，以供他描绘其画像，画像完成于 1908 年。

我曾在锡金首都甘托克（Gangtak）的王宫中谒见过她，当时她穿着与此画像中一样的朝服，佩戴着同样的首饰。这位锡金王后所用的特殊的冠冕和头饰由珍珠编成的束发带构成，并由绿松石与珊瑚交替点缀。她的金耳环用绿松石的马赛克镶嵌成同心圆。她的项链由珊瑚珠和大颗的黄色琥珀珠组成，并附有一个祈祷盒（藏语称 gau），上面嵌着红宝石、天青石和绿松石。她戴着珊瑚做的手镯以及两枚金戒指，分别嵌以绿松石和珊瑚。

怀特（J.Claude White）先生是英军的锡金政治专员，他在其《锡金与不丹》（*Sikhim and Bhutan*）一书中把她描绘成一位品格出众的女士，说她光彩照人，聪慧异常，极有教养；他说道，她是个善于控制别人的人，其仪态举止始终高贵典雅；她与他人交谈时，总是显出十分感兴趣的样子，或热情地注视对方，或认真地倾听。假如她出生于欧洲政治家的家庭，则必定会声名卓著，因为她无疑是个天生的谋划者和外交家（p.22, London, 1909）。

收藏于菲尔德自然史博物馆的出自同一位画家之手的另一幅油画是蒙古喇嘛喜饶嘉穆措（Shes-rab rgya-mts'o，意为"智慧海洋"）的肖像。他 1821 年出生于山西省，曾任班禅喇嘛的师父，后任英属印度行政署的翻译。他因其藏学知识而闻名，特别是在天文学和占星学领域。他在藏文书籍英译事业方面做了许多有益的工作。他 1902 年卒于大吉岭，终年 81 岁。杜特的这幅画像曾获孟买艺术展览会的奖章。

此处所列油画的实际尺寸为 1.74×1.06 米。

图版二　佩戴首饰的藏族妇女

　　藏南的一位妇女，展示了佩戴首饰的方式：镶嵌绿松石马赛克的金耳环；金质的祈祷盒，表面饰以金丝织成的网格图案，并镶嵌七颗上佳的绿松石；项链由大颗的绿松石、琥珀、珊瑚珠组成；银质腰带上配有装饰性的戟、牙签、耳匙、镊子，以及用以给头发刷油的小刷子（已遗失）。

　　这位妇女佩戴的所有首饰都被菲尔德自然史博物馆借去，在宝石室展出，同时展出的还有大量其他的中国西藏和尼泊尔珠宝。

图版三　穿着节日服装的藏族妇女

穿着中国丝绸质料的节日服装的藏族妇女。她的头冠戴在来自汉地的长发飘垂的假发上；绿松石缝在比较硬的红布底上，饰有成排人造珍珠的束发带则绕于两侧。

图版四　佩戴全套首饰的藏族妇女

佩戴镶有绿松石和人造珍珠的冠的藏族妇女。饰有绿松石的耳环；挂在项链上的嵌有绿松石的黄铜祈祷盒；附于念珠上的银质矩形祈祷盒；配有五件小物品（牙签、镊子、耳匙、发刷和用以梳发的野猪獠牙）的腰带银佩；一条银腰带，配有一根垂及围裙下部的长链（称为digra），它扣紧腰带，接着再扣紧马夹，其端头为银质的公鸡像，腰带覆以金丝匾牌，镶嵌绿松石，她双手的四指都戴了正中镶嵌绿松石的戒指，右腕上戴着白贝手镯，左腕则为汉地风格的银手镯。

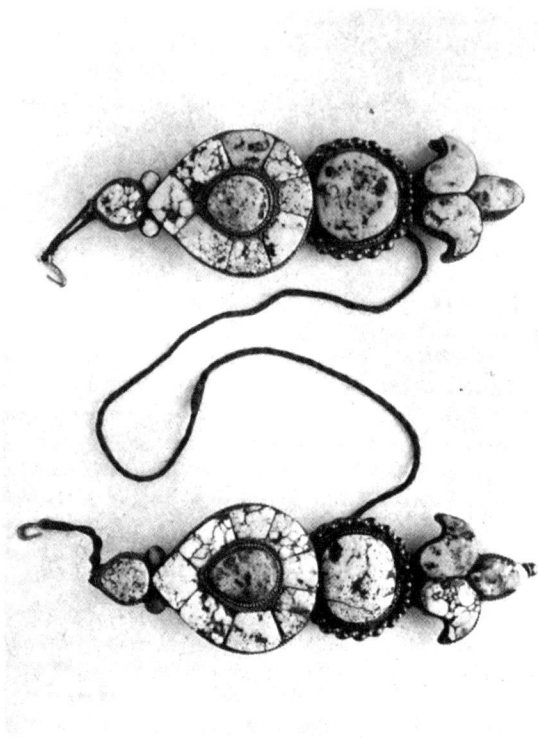

图版五　西藏的绿松石耳环

　　藏人常用的一对耳环，黄金基座上镶以绿松石制的马赛克。对这些马赛克的要求是：所用的绿松石必须颜色匹配，展示出色彩和谐一致的效果。正是出于这个目的，藏族妇女往往花费许多年用以搜集绿松石，直到获得所需颜色和数量的绿松石。这样的耳环属于藏族妇女最珍贵的财物，其售价达到 100 — 600 卢比，甚至更贵。此物为菲尔德自然史博物馆的藏品，陈列于宝石室。

```
1 | 3
2 | 4
```

图版六　中国汉地绿松石雕品

图 1：扁平、磨光和打孔的绿松石，深蓝色，有黑色岩层。产于湖北，加工于西安。目录编号 116679/3。

图 2 — 4：奇思妙想的绿松石雕刻品，加工地为西安。用作西藏和蒙古喇嘛桌子上的摆饰，亦作镇纸之用。分别高 10、8.5 和 12 厘米。目录编号 116663、116664、116666。

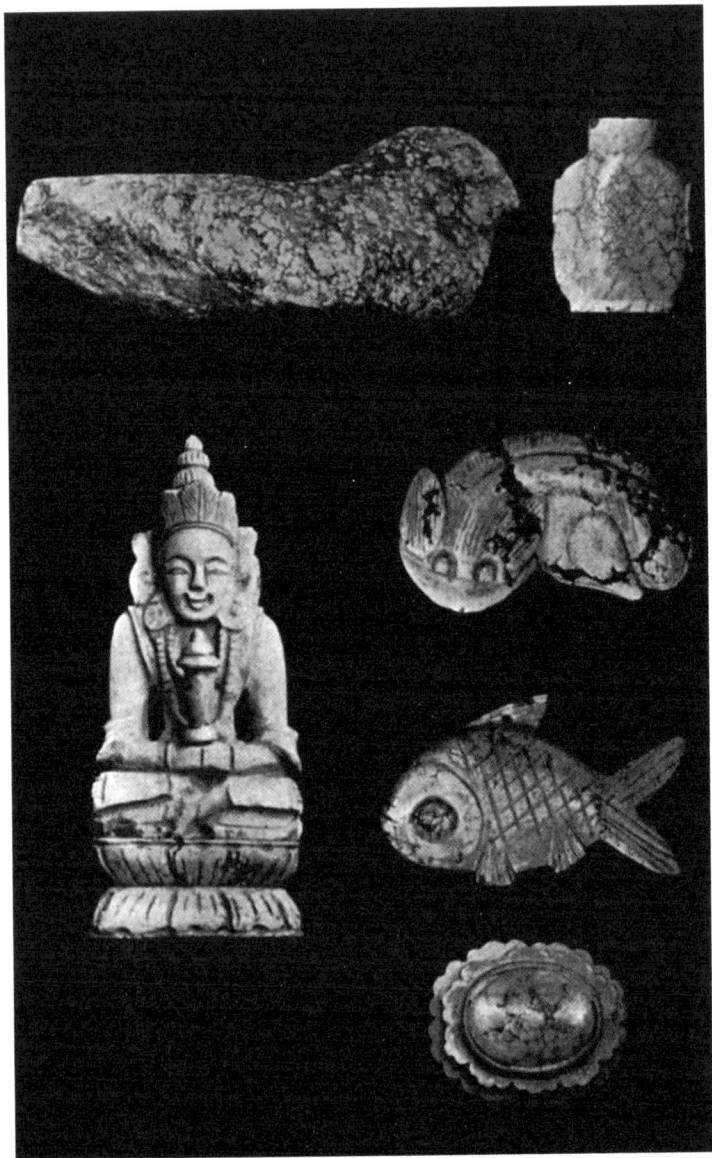

```
1 | 2
  |———
6 | 3
  |———
  | 4
  |———
  | 5
```

图版七　中国汉地的绿松石雕刻品

图 1：绿松石雕刻的鸟，用以装饰，或作镇纸；西安加工。长 12.4 厘米，高 3.8 厘米。目录编号 116665。

图 2：绿松石鼻烟壶，北京制作。高 3.3 厘米。目录编号 116670。

图 3：绿松石雕刻的躺倚之虎，用作腰带垂饰。西安制作。5.3 厘米 × 3 厘米，高 2.2 厘米。目录编号 116668。

图 4：绿松石鱼，两面相同，为腰带垂饰。西安制作。5.4 厘米 × 3.3 厘米。目录编号 116667。

图 5：绿松石装饰性纽扣，双重花瓣，饰于帽子或头带前方。西安制作。3.5 厘米 × 3 厘米。目录编号 116669。

图 6：五禅定佛中的阿弥陀佛像，喇嘛教风格。北京制作。高 6.7 厘米。目录号 116673。

图版八　中国汉地的绿松石雕刻品

此为象征十二年循环周期（地支）的十二种动物生肖，用绿松石雕刻，产地北京。平均尺寸5厘米×3厘米，高2厘米。目录编号116674。

图1：鼠　　　　图2：牛　　　图3：虎

图4：兔　　　　图5：龙　　　图6：蛇

图7：马　　　　图8：羊　　　图9：猴

图10：鸡　　　图11：狗　　　图12：猪